Christian Buschan

Der heilende Kuss der Gottesgebärerin

Christian Buschan

Der heilende Kuss der Gottesgebärerin

Marienverehrung aus psychologisch-logotherapeutischer Sicht

Fromm Verlag

Impressum/Imprint (nur für Deutschland/ only for Germany)
Bibliografische Information der Deutschen Nationalbibliothek: Die Deutsche Nationalbibliothek verzeichnet diese Publikation in der Deutschen Nationalbibliografie; detaillierte bibliografische Daten sind im Internet über http://dnb.d-nb.de abrufbar.

Coverbild: www.ingimage.com

Contact:
International Book Market Service Ltd., 17 Rue Meldrum, Beau Bassin, 1713-01 Mauritius
Website: www.bookmarketservice.com
Email: info@bookmarketservice.com

Gedruckt in: USA, UK, Deutschland. Dieses Buch wurde nicht in Mauritius produziert.

Imprint (only for USA, GB)
Bibliographic information published by the Deutsche Nationalbibliothek: The Deutsche Nationalbibliothek lists this publication in the Deutsche Nationalbibliografie; detailed bibliographic data are available in the Internet at http://dnb.d-nb.de.

Cover image: www.ingimage.com

Contact:
International Book Market Service Ltd., 17 Rue Meldrum, Beau Bassin, 1713-01 Mauritius
Website: www.bookmarketservice.com
Email: info@bookmarketservice.com

Printed in: U.S.A., U.K., Germany. This book was not produced in Mauritius.

ISBN: 978-3-8416-0306-7

Der heilende Kuss der Gottesgebärerin

Marienverehrung aus psychologisch-logotherapeutischer Sicht

Christian Buschan, MSc

Master-Thesis zur Erreichung des akademischen Grades
„ Master of Advanced Studies – MAS (Spiritual Theology) "

Betreuer: Univ.-Prof. Dr. Grigorios Larentzakis, Graz und Chania (Kreta)

6. Januar 2011, CH-8633 Wolfhausen

Inhalt

Das Göttliche ist unendlich und unfasslich,
und das einzige, was an ihm fasslich ist,
ist seine Unendlichkeit und seine Unfasslichkeit.

Johannes von Damaskus [1]

1. Abkürzungsverzeichnis

AG	Ad Gentes, Dekret über die Missionstätigkeit der Kirche
AP	Apophtegmata Patrum, Weisung der Väter
GW	Gesammelte Werke von Carl Gustav Jung
GS	Gaudium et spes, Pastoralkonstitution
KEK	Römisch-katholischer Erwachsenen-Katechismus der Deutschen Bischofskonferenz
LG	Lumen Gentium, Dogmatische Konstitution
MC	Marialis Cultus, Apostolisches Schreiben zur Marienverehrung in der Liturgie
NA	Nostra aetate, Konzilserklärung II. Vatikanum
NThW	Neues Theologisches Wörterbuch von Herbert Vorgrimler
PF	Professio fidei, Glaubensbekenntnis und Treueid
PG	Patrologia Graeca – Texte der Patristik, hg. v. Abbé J. P. Migne
RB	Regel des heiligen Benedikt
RM	Redemptoris mater, über die Selige Jungfrau Maria im Leben der pilgernden Kirche
SAO	Supremi Apostolatus Officio, Rosenkranzenzyklika
SC	Sacrosanctum Concilium, Konstitution über die Heilige Liturgie
UR	Unitatis Redintegratio, Ökumenismusdekret
VELKD	Vereinigte Evangelisch-Lutherische Kirche Deutschlands

[1] PG 94, 800 A

2. Vorwort

Als Autor dieser Arbeit will ich meine eigene innere und äußere Position darstellen: Ich bin im Winter 1948 in der Sowjetischen Besatzungszone Mecklenburgs geboren, auf der Flucht meiner Eltern aus Ostpreußen nach dem Westen. Sie hatten sich den Nazis aktiv widersetzt und hatten auf Erlösung durch die Rote Armee gehofft. Doch deren Soldaten vergewaltigten meine Mutter und ihre Schwester. Seither blieb alles „Russische“ oder „Östliche“ mit lastendem Schweigen bis in den Tod belegt. Verwüstung und Verlust der Heimat, bittere Armut, quälender Hunger und grimmige Kälte prägten meine frühe Kindheit. Nach unserer Flucht in die Schweiz durfte ich in Bern aufwachsen und zur Schule gehen. Ich studierte Humanbiologie, bildete mich laufend weiter und hatte der Reihe nach folgende Funktionen: Gymnasiallehrer, Polizeilehrer und Einsatzbeamter, Ausbildungsleiter beim Schweizerischen Samariterbund, Gründer und Leiter des ersten Trainingszentrums für Notfall- und Rettungsmedizin, Personalchef der Konzernzentrale des weltweit größten Uhrenkonzerns, Ausbildungsleiter beim Schweizerischen Katastrophenhilfekorps, wissenschaftlicher Mitarbeiter beim Bundesamt für Gesundheit, Kommissar bei der Bundeskriminalpolizei, und schließlich – nach einem weiteren Studium – Polizeipsychologe und Logotherapeut. Seit 2008 bin ich im Ruhestand.

Ich bekenne mich zum altkatholischen Glauben.[2] Doch in meinem innersten Herzenskämmerlein blieb ich durch meine Vorfahren und durch mein Leben ebenso eng mit der byzantinischen Liturgie[3] und mit der Gefühlswelt der Ostkirche verbunden, insbesondere mit der Gottesgebärerin: Wenn unsere damalige innere und äußere Not zu groß wurde, setzte ich mich als kleiner Junge oft in eine nahe römisch-katholische Kirche und schaute sehnsüchtig weinend auf das glückliche Jesuskindlein in den bergenden Armen seiner zärtlich liebenden Mutter. Dieses zunächst kindlich-naive Betrachten Marias sowie das spätere Verehren der Gottesgebärerin gaben mir Zuversicht und Kraft für alles weitere. So habe ich den Glauben an das wahrhaft Gute in all den Jahren und trotz aller eigener und anderer Leiden nie verloren, stets obsiegten letztlich Freude und Erfüllung. Dafür bin ich zutiefst dankbar.

---

[2] In der Schweiz sagt man dazu „christkatholisch“ und meint eine der drei öffentlich-rechtlich anerkannten Landeskirchen. Weiteres hierzu in der Präambel „Die ekklesiologischen Grundlagen der Utrechter Union“, Artikel 1 und 2: „Die Utrechter Union ist eine Gemeinschaft von Kirchen und der sie leitenden Bischöfe, die entschlossen sind, den Glauben, den Kultus und die wesentliche Struktur der ungeteilten Kirche des ersten Jahrtausends zu bewahren und weiterzutragen. Am 24. September 1889 wurde dieser Entschluss von in Utrecht versammelten Bischöfen in drei Texten dokumentiert, die zusammen die „Utrechter Konvention“ bilden: „Erklärung“, „Vereinbarung“ und „Reglement“. In ihrer Vereinigung zu einer Bischofskonferenz, der später weitere Bischöfe beitraten, kam zudem die volle kirchliche Gemeinschaft der von ihnen repräsentierten Kirchen zum Ausdruck. In der für altkatholische Lehre grundlegenden „Utrechter Erklärung“ bekennt sich die im Umfeld des Ersten Vatikanischen Konzils gebildete Gemeinschaft der Utrechter Union zum katholischen Glauben, wie er in der Kirche in Ost und West von den sieben Ökumenischen Synoden ausgesprochen wurde. Sie bejaht den historischen Vorrang des Bischofs von Rom als primus inter pares, lehnt aber die Papstdogmen [v. a. Unfehlbarkeit und oberste Jurisdiktion] des genannten Konzils [von 1870] und eine Anzahl anderer päpstlicher Verlautbarungen, sofern sie mit der Lehre der Alten Kirche im Widerspruch stehen, ab. Sie bekräftigt ihren Glauben an Wesen und Geheimnis der Eucharistie. Im weiteren weiss sich die Utrechter Union auf die Aufgabe verpflichtet, alles zu tun, was die Spaltungen der Kirche überwinden hilft, und auf der Grundlage des Glaubens der ungeteilten Kirche Einheit und Gemeinschaft mit anderen Kirchen zu suchen und festzustellen.“ Die altkatholische Kirche ist synodal-demokratisch organisiert und lässt Frauen und Männer zu allen liturgischen und kirchlichen Ämtern zu. Mehr unter: http://www.utrechter-union.org/german/ibk_grundlagen1.htm

[3] In der Ostkirche werden nur Eucharistie- bzw. Kommunionfeiern „Liturgie“ genannt. Vgl. hierzu Totzke, Irenäus, *Dir singen wir* – Beiträge zur Musik der Ostkirche, EOS Verlag, Erzabtei St. Ottilien 1992, 237ff

„Wir brauchen also nicht ängstlich, sparsam und karg zu sein, wenn wir Maria verehren. Es ist ein Zeichen wahrhaft christkatholischen Lebens, wenn in unserem Herzen langsam, aber wirklich in Demut und Treue gepflegt, eine persönliche, herzliche Liebe zur gebenedeiten Jungfrau wächst und zur Reife kommt.“[4]

Diese Arbeit wäre ohne das Mitwirken besonderer Menschen nicht zustande gekommen. Herzlich danke ich meiner Frau Alice für ihre unerschöpfliche Geduld mit meiner zeitraubenden Akribie, dem Abt der Benediktinerabtei Niederaltaich in Bayern, Dr. theol. Marianus Bieber OSB für seine tiefen Gedanken zu den Funktionen des religiösen Kultbildes, dem Altabt Emmanuel Jungclaussen OSB der selbigen Benediktinerabtei für das wohlwollende Überprüfen der Abschnitte über das Herzensgebet, der evangelischen Theologin, Pfarrerin und diplomierten Analytischen Psychologin nach C.G. Jung, Adelheid Glauser, für ihre Präzisierungen zur Psychoanalyse C.G. Jungs, sowie Corinne Braunschweig, Diplompsychologin FSP, für ihr kritisches Lesen dieser Arbeit aus der Sicht einer jüdischen Familienfrau und Mutter.

Mit besonderer Dankbarkeit gedenke ich meiner tapferen Eltern sowie zahlreicher lieber Menschen in Russland und in den ehemaligen Sowjetrepubliken. Letztere ganz besonders haben mir vorgelebt, was tiefe Frömmigkeit wirklich bedeutet. Ihnen allen, den noch Lebenden und den schon ins andere Leben Hinübergegangenen, widme ich diese Arbeit. Ich schrieb sie als der Mensch und Mann, der ich mit Gottes Hilfe und mit dem Beistand der Gottesgebärerin werden durfte und der ich heute bin.

Im Glaubensgeheimnis des unvermischten Ineinander-Einssein, in der Perichorese, haben wir alle teil am Leben des dreieinigen Gottes: Am In-Einander, Mit-Einander und Für-Einander von Vater, Sohn und Heiligem Geist, indem wir uns umgestalten lassen in Christus durch den Heiligen Geist. Glauben heißt leben in der Kraft des Heiligen Geistes, heißt „Christi Geist haben“[5]. Dieser Glaube wirkt in der und durch die Liebe, die die Frucht des Geistes Christi ist.[6] Ich hoffe und glaube fest, dass diese Arbeit ein klein wenig zum besseren Glaubensverständnis und zur erlösenden Versöhnung unter den christlichen Glaubensschwestern und -brüdern und damit auch zur Ökumene mit andersgläubigen Schwestern und Brüdern beitragen kann. Dazu verhelfe uns Gott. Amen.

Titelbild: Russische Ikone der Gottesgebärerin, gemalt vom Autor, geweiht während der Göttlichen Liturgie vom 28. Februar 2010 in der byzantinischen Kirche des hl. Nikolaus der Benediktinerabtei Niederaltaich, Niederbayern

---

[4] Rahner, Karl, Maria, *Mutter des Herrn* – Theologische Betrachtungen, Verlag Herder, Freiburg i. Br. 1956, 106

[5] 1 Kor 2,16

[6] Vgl. Gal 5

3. Einleitung

Die Paradoxie gehört sonderbarerweise zum höchsten geistigen Gut.
Die Eindeutigkeit aber ist ein Zeichen der Schwäche.
C. G. Jung [7]

Die postmoderne Zivilisation zumindest Westeuropas scheint wenig geneigt, diese Worte Jungs im Herzen bewegen und ihnen mit Vernunft folgen zu wollen. Als Spätgeborene des cartesianischen Zeitalters versuchen viele von uns vielmehr, paradox Erscheinendes rational abzuwerten, herausfordernde Gegensätze als lästige Widersprüche darzustellen, das Haben von Wahrheiten vor das Sein von Wirklichkeiten einzureihen. Dass wir alle die Wüste *und* den Marktplatz brauchen zum Leben, finden manche paradox. Paradox mag vielen auch die Überzeugung sowohl Meister Eckharts [8] als auch Evagrios'[9] erscheinen: Beide glaubten, dass sich das Mysterium Gottes einzig dem reinen, zur Schau fähigen Herzen zeige; Dialektik und Vernunft – selbst die noch so große Ratio auch eines Unreinen – genüge dazu niemals. „Diese Aussage zweier so bedeutender Mystiker enthält sowohl eine Warnung als auch eine Einladung: eine Warnung vor allem bloß äußerlich begreifen wollen des Unbegreifbaren, und eine Einladung, sich vielmehr existentiell von Ihm ergreifen zu lassen."[10] In den Kirchen des Westens hat es das implizit Paradoxe des Christentums schwer. So gilt gewaltfreie Feindesliebe wohl nur wenigen als „höchstes geistiges Gut", sondern eher vielen als „Feigheit vor dem Feind". Selbst das implizite Paradoxon alles Heiligen – hier verstanden als Gegensatz zum Profanen – wird oft nicht unmittelbar erkannt, geschweige denn allgemein anerkannt: Indem sich das Heilige uns beispielsweise *in* einer Ikone zeigt,[11] erscheint es dem unbedarften Auge trotzdem als etwas Profanes, als ein *auf* Holz gemaltes Bildnis. Ein weiteres zentrales Paradoxon des Heiligen ist, dass es die historisch gegenwärtige Zeit „umkehrbar" macht: So „gedenken" wir in der heiligen Eucharistie nicht des letzten Abendmahls unseres Herrn, sondern *hier und jetzt* nehmen und haben wir daran teil, der religiöse Mensch *ist* in Christus, und Christus *ist* in ihm.

Das wirkliche Erfahren Gottes bringt reiche Frucht – süße und bittere. In wahrer Gotteserfahrung erkennen wir sowohl das wunderbar Gnadenhafte als auch das unbegreiflich paradox Erscheinende, in Ihm und in uns selbst. Die Verbindung des Heiligen Geistes mit menschlicher Liebe und Geduld kann eine starke Weisheit hervorbringen, die alle nur zum Schein eindeutige, im Grunde jedoch schwache Rede widerlegt. Davon kündet das kürzeste und prägnanteste Ergebnis des jüngsten Vatikanischen Konzils:

> „So sind auch die übrigen in der ganzen Welt verbreiteten Religionen bemüht, der Unruhe des menschlichen Herzens auf verschiedene Weise zu begegnen, indem sie Wege weisen: Lehren und Lebensregeln sowie auch heilige Riten. Die katholische Kirche lehnt nichts von alledem ab, was in diesen Religionen wahr und heilig ist. Mit aufrichtigem Ernst betrachtet sie jene Handlungs- und

[7] C. G. Jung, *Bewusstes und Unbewusstes*, Verlag Fischer, Frankfurt am Main 1985, 67
[8] *um 1260 †1328
[9] *345 †399
[10] Vgl. Evagrios Pontikos, *Der Praktikos* (Der Mönch), Hundert Kapitel über das geistliche Leben, Weisungen der Väter Bd. 6, P. Gabriel Bunge OSB und Jakobus Kaffanke OSB (Hg.), Beuroner Kunstverlag, Beuron 2008, 12f, 33
[11] Hierophanie von gr. „hieros" = heilig, und „phainomai" = sich zeigen, bedeutet, dass sich das Heilige manifestiert, sich uns zeigen *will.* Vgl. hierzu Eliade, Mircea, *Das Heilige und das Profane* – Vom Wesen des Religiösen, Anaconda Verlag GmbH, Köln 2008, 8f

Lebensweisen, jene Vorschriften und Lehren, die zwar in manchem von dem abweichen, was sie selber für wahr hält und lehrt, doch nicht selten einen Strahl jener Wahrheit erkennen lassen, die alle Menschen erleuchtet."[12]

„Wer von Christus redet, kann von Maria nicht schweigen...Nur wer den Menschen ehrt, hat Aussicht, hinter sein Geheimnis zu kommen."[13] Die jüdische Mutter Maria ist im ursprünglichen Sinne katholisch, nach heutigem Verständnis ist sie sowohl römisch-katholisch wie evangelisch: Im „Evangelischen Erwachsenenkatechismus" finden sich Sätze wie „So ist Maria das Urbild des Menschen...Das Weibliche, das Empfangende, das Mütterliche ist nicht der schlechteste, eher der bessere Teil des Menschlichen und erst recht des Christlichen!"[14] Diese Arbeit versucht, das nach außen hin oftmals paradox Erscheinende der Marienverehrung unter den „Zeichen der Zeit"[15] zu würdigen. Sowenig wie die Kirchen die Zeichen der Zeit ungestraft außer Acht lassen können, sowenig dürfen wir dies als Einzelne oder als Gesellschaft. Wer die wahren Existenzprobleme der Menschen dieser Zeit übersieht, kann nicht im wahren Glauben sein.[16] Denn Gott ist in allen und in allem von Ewigkeit zu Ewigkeit. Das ist die Grundlage unserer Errettung durch Seinen Sohn Jesus Christus und implizit die Grundlage unseres Heils. Damit muss „Theo-logie", wörtlich verstanden als „Gott-Rede", d.h. Rede von Gott, „die gesamte Wirklichkeit vor Gott betrachten."[17] „(Religions-) Philosophie arbeitet die allgemein-menschlichen Fragen nach Sinn, Wert, Wahrheit, Hoffnung, Transzendenz aus, hellt die religiöse Dimension des Menschseins auf und eröffnet im Felde der Vernunft Möglichkeiten der Denkbarkeit Gottes und damit Anknüpfungspunkte für die Theologie."[18] Aus der Sicht sinnorientierter Logotherapie und Existenzanalyse [19] werden im Folgenden die heilenden Möglichkeiten besonders der

---

[12] Erklärung *Nostra aetate* über das Verhältnis der Kirche zu den nichtchristlichen Religionen, 28.10.1965, Art 2 Abs 2f, http://www.vatican.va/archie/hist_councils/ii_vatican_council/documents/vat-ii_decl_19651028_nostra-aetate_ge.html

[13] Beinert, Wolfgang (Hg.), *Maria heute ehren* – Eine theologisch-pastorale Handreichung, Verlag Herder, Freiburg i.Br./Basel/Wien 1977, 5

[14] Ebd. 11

[15] Vgl. Pastoralkonstitution *Gaudium et spes* des II. Vatikanischen Konzils über die Kirche in der Welt von heute, Art 4: „Zur Erfüllung dieses ihres Auftrags obliegt der Kirche allzeit die Pflicht, nach den Zeichen der Zeit zu forschen und sie im Licht des Evangeliums zu deuten."

[16] Vgl. Sander, Hans-Joachim, *Die Zeichen der Zeit* – Die Entdeckung des Evangeliums in den Konflikten der Gegenwart, in: Fuchs, Gotthard/Lienkamp, Andreas, Visionen des Konzils – 30 Jahre Pastoralkonstitution „Die Kirche in der Welt von heute", Schriften des Instituts für christliche Sozialwissenschaften der Westfälischen Wilhelms-Universität Münster 1997, Band 36, 97f

[17] Kessler, Hans, Den *verborgenen Gott suchen* – Gottesglaube in einer von Naturwissenschaften und Religionskonflikten geprägten Welt, Verlag Ferdinand Schöning GmbH, Paderborn/München/Wien/Zürich 2006, 9f

[18] Ebd. 15

[19] Der Autor ist u. a. Eidgenössisch diplomierter Logotherapeut NDS HF. „Logotherapie – nicht zu verwechseln mit Logopädie – ist eine auf Sinn zentrierte Psychotherapie. Ihr Begründer, der international bekannte Psychiater und Neurologe Prof. Dr. Viktor Frankl, geht von der Erkenntnis aus, dass der Mensch seinem Wesen nach wert- und sinnorientiert ist. Wird der Wille zum Sinn nachhaltig frustriert, so gerät der Mensch in eine Missbefindlichkeit. Diese kann Fehl-Erlebensweisen, Fehl-Verhaltensweisen und neurotische Störungen wie Arbeitsunlust, Depressionen, Lebensmüdigkeit, Süchte, Apathie, Langeweile, nihilistische Anschauungen usw. auslösen ... Dabei ist entscheidend, dass die Therapeutin bzw. der Therapeut keine Sinnmöglichkeiten von sich aus anbietet, sondern vielmehr den Klienten bzw. die Klientin zur eigenständigen Sinnentdeckung und Sinnverwirklichung freisetzt." Quelle: Schweizer Institut für Logotherapie und Existenzanalyse, http://www.logotherapie.ch. Existenzanalyse ist die humanistische Grundlagentheorie der Logotherapie. Ihr Kern umfasst die Begriffe Geist, Intentionalität, Freiheit und Verantwortlichkeit

orthodoxen[20] Marienverehrung angedeutet. Im besten Sinne konservativ sollen die über allen Zeitströmungen stehenden christlichen Werte [21] angesprochen und verteidigt werden. „Konservativismus ist die Haltung jener, die durch allen Wandel hindurch bestimmte Dinge bewahren wollen, aber auch darum wissen, dass es darauf ankommt, Dinge zu vollbringen, die es wert sind, bewahrt zu werden."[22] Begleiten sollen uns in dieser Arbeit Worte von Lew Nikolajewitsch Graf Tolstoi, die er uns aufgeklärten Zweiflern unter dem Titel „Der hölzerne Gott" mit auf den Weg gibt:

> „Wenn dir der Gedanke kommt, dass alles, was du über Gott gedacht hast, verkehrt ist und dass es keinen Gott gibt, so gerate darüber nicht in Bestürzung. Es geht allen so. Glaube aber nicht, dass dein Unglaube daher rührt, dass es keinen Gott gibt. Wenn du nicht mehr an Gott glaubst, an den du früher glaubtest, so rührt das daher, dass in deinem Glauben etwas verkehrt war. Und du musst dich bemühen, besser zu begreifen, was du Gott nennst. Wenn einer an seinen hölzernen Gott zu glauben aufhört, so heißt das nicht, dass es keinen Gott gibt, sondern nur, dass er nicht aus Holz ist."

Die Anfänge Europas liegen vor allem in seiner Christianisierung vor über tausend Jahren. Ein zentrales und implizites Element dieses Missionsprozesses waren auch alle Formen der Marienverehrung.

> „Ein Thema, zu dem die akademische Theologie wenig zu sagen hat, das zwischen Ost und West auch nie umstritten war, ist die faktische Verehrung der Jungfrau und Gottesmutter Maria, ihre Anrufung in verzweifelten Situationen und scheinbar ausweglosen Nöten des Lebens, und zwar hinweg über die Grenzen von Kirchen und Konfessionen, selbst von offen bekanntem und nach außen bestrittenem Glauben. Diese die Menschen und Völker Europas in Ost und West verbindende und in der Tiefe des religiösen Unterbewusstseins verankerte Frömmigkeit, die Protestanten und selbst Muslime mit einschließt,..."[23]

Das apokryphe Prot-Evangelium Jacobi aus der zweiten Hälfte des 2. Jahrhunderts kann aus der Sicht narrativer Theologie als die literarische und ikonographische Geburt der Gottesgebärerin bezeichnet werden.[24,25] Und das marianische Trishagion-Gebet in einer Handschrift aus dem 8. Jahrhundert des Weißen Klosters von Apa Pgol in Oberägypten enthält Topoi der Marienfrömmigkeit, die bis heute unverändert bewahrt wurden. So wird in den Zeilen 12 bis 15 des Urtextes die eigentliche Rolle der Gottesgebärerin klargestellt: Sie möge „das Gebet der Gläubigen zu ihrem Sohn und zu unserem Gott führen." Marienlob ist und bleibt Lob Christi.[26]

---

[20] *orthodoxos* (gr.) ist zusammengesetzt aus *orthos* = richtig, *dokeo* = glauben, sich bekennen, sowie *doxazo* = preisen. Damit meint das eingedeutschte Wort „orthodox" eigentlich „den rechtgläubigen Lobpreis Gottes" in Kult und Kirche.

[21] Insbesondere die sozialethischen Werte und Normen der zehn Gebote (Ex 20,2-17), der Feindes-, Nächsten- (Lev 19,18) und Gottesliebe (Mk 12,29-31), sowie der Bergpredigt (ab Mt 5,1)

[22] Kaltenbrunner, Gerd-Klaus, *Rekonstruktion des Konservatismus*, Verlag Rombach, Freiburg 1982 (2. unv. Aufl.), 54

[23] Hofrichter, Peter Leander, Auf der Suche nach der Seele Europas – *Marienfrömmigkeit* in Ost und West, Studientagung der PRO ORIENTE-Sektion Salzburg aus Anlass ihres 20jährigen Bestehens 7. und 8. Oktober 2005, Tyrolia-Verlag Innsbruck/Wien 2007, 9f

[24] Vgl. ebd., 27

[25] Vgl. ebd., 165

[26] Vgl. ebd., 33f

4. Religiosität und Lebensorientierung in Europa

4.1 Religionsmonitor

Angesichts zunehmender, auch religiöser Pluralität in Europa kommt präzisem Wissen über die persönliche Religiosität sowie über deren dynamische Auswirkungen im alltäglichen Zusammenleben besondere Bedeutung zu. Dieser Motivation verdankt sich der so genannte „Religionsmonitor", ein Forschungsinstrument der Bertelsmann-Stiftung, der die verschiedenen Dimensionen von Religiosität heutiger Gesellschaften über fast 100 Einzelfragen pro Proband wissenschaftlich und weiter fortlaufend untersucht. 2007 wurde erstmals eine repräsentative Erhebung in 21 Ländern aus allen Kontinenten und mit über 21´000 Probanden durchgeführt.[27] Die wichtigsten auf Europa fokussierten Ergebnisse sind die folgenden:[28]

- Christliches Abendland: Europa wird nach wie vor sehr stark vom christlichen Glauben geprägt. 74% Prozent aller Europäer in den erhobenen Ländern sind religiös, 25% sogar hochreligiös[29]. Die christlichen Konfessionen sind so dominant, dass der Religionsmonitor aufgrund der geringen Fallzahlen keine repräsentativen Aussagen über andere Religionen machen kann. 23% der Europäer sind nicht religiös.
- Gelebter Glaube: Der Glaube ist den Europäern so wichtig, dass sie ihn auch mit Leben füllen. Mehr als die Hälfte (57 Prozent) nehmen mehr oder weniger regelmäßig an Gottesdiensten teil, 61 Prozent bekennen sich zum persönlichen Gebet. 68 Prozent stimmen der Überzeugung zu, dass es einen Gott oder etwas Göttliches gibt, und sie erwarten in irgendeiner Form ein Weiterleben nach dem Tode.
- Gefälle zwischen Ländern: Zwischen einzelnen europäischen Ländern gibt es ein ausgeprägtes religiöses Gefälle, das sehr stark von nationalen Traditionen beeinflusst wird. Am stärksten sind Glaube und Religion in Polen und Italien verwurzelt, am schwächsten im laizistischen Frankreich.
- Klammer für Europa: Religiosität bildet eine wichtige Klammer für das europäische Zusammenwachsen. Sie beeinflusst das persönliche und soziale Leben in allen Ländern, wenn auch in unterschiedlicher Intensität. Europa kann aus einem gemeinsamen Wertekanon schöpfen, zum Beispiel im Umgang mit wichtigen Lebensereignissen wie Geburt, Partnerschaft, Tod oder bei Fragen nach dem Sinn des Lebens.
- Abgekoppelte Lebensbereiche: Politik und Sexualität sind die Lebensbereiche, bei denen die Europäer den geringsten Zusammenhang zu ihrer Religiosität herstellen. Viele haben Verhalten und Einstellung diesbezüglich ausdrücklich von ihrem Glauben abgekoppelt.
- Katholiken religiöser als Protestanten: Unter den Katholiken ist jeder Dritte (33 Prozent) hochreligiös, unter den Protestanten knapp jeder Fünfte (18 Prozent). In beiden Konfessionen gibt es einen nicht unwesentlichen Anteil derer, die nur mehr der Form halber einer Kirche angehören. Bei den Mitgliedern der Katholischen Kirche sind 11 Prozent nicht religiös, bei den Protestanten sind es 16 Prozent.
- Religiöse Konfessionslose: Mehr als ein Viertel der Konfessionslosen in Europa sind gleichwohl religiös. Besonders trifft man auf dieses Phänomen in Italien und der Schweiz. Dort sind sogar 6 bzw. 9 Prozent der Konfessionslosen hochreligiös.
- Pantheismus: Pantheistische Spiritualitätsmuster[30] finden sich auch im Christentum, bei den erhobenen Ländern besonders in Italien und der Schweiz. Unter den religiösen Konfessionslosen ist dieses Gefühl, mit allem eins zu sein, sogar die stärkste Strömung.

[27] Einzelheiten zum Internationalen unter: http://www.bertelsmann-stiftung.de/cps/rde/xchg/SID-DA92BDE5-757B268F/bst/hs.xsl/85217_85222.htm

[28] Religionsmonitor 2008, EUROPA, Überblick zu religiösen Einstellungen und Praktiken, http://www.bertelsmann-stiftung.de/cps/rde/xbcr/SID-BF3B2A88-07C7425C/bst/Religionsmonitor-2008_Europa_Laenderbroschuere.pdf, 4

[29] „Bei… Hochreligiösen spielen religiöse Inhalte eine zentrale Rolle in der Persönlichkeit, die Religiösen sind für religiöse Inhalte und Deutungsmuster… „ansprechbar", während im Leben der Nichtreligiösen religiöse Praktiken, Inhalte und Erfahrungen kaum vorkommen." http://www.religionsmonitor.com/files/Ueber_den_Religionsmonitor.pdf, 3ff

[30] Spiritualität sei hier verstanden als existentielles Ausweiten und Vertiefen menschlicher Fühl-, Denk- und Handelns-Muster – und zwar aus freiem Willen zu ganzheitlicher Wahrnehmung, sowie im Vertrauen auf die transzendierende Kraft religiöser Intuition und kontemplativer Schau. Spiritualität ist Verlebendigung des Heiligen Geistes in allem. Marianische Spiritualität erfüllt sich exemplarisch nicht im Beten *zu* Maria, sondern im Beten *wie* Maria

- Distanz und Bruch: Der Zahl nach finden sich unter jungen Erwachsenen nicht signifikant weniger Religiöse als in der Gesamtbevölkerung Europas; wohl aber gibt es Ungleichheiten in der religiösen Intensität. Große Unterschiede in den Altersgruppen lassen sich vor allem für Österreich aufzeigen.
- Große Toleranz: Europäer sind sehr tolerant. 90% bekennen sich zu der Aussage, dass wohl jede Religion einen wahren Kern enthält. Nur 6% sind einer derartigen Meinung gegenüber kritisch eingestellt.

Folgende Elemente daraus erscheinen für das Weitere besonders bedeutsam: Das Abendland ist dominant christlich, das christliche Bekenntnis wird intensiv gelebt und gepflegt. 2/3 der Befragten glauben an Gott/Göttliches und an ein Weiterleben nach dem Tode. Religiöse Gefälle zwischen europäischen Ländern erklären sich aus deren jeweiliger nationalen, mehr oder weniger säkular geprägten Tradition. Religiosität verbindet Europa durch einen weitgehend gemeinsamen Wertekanon zu wichtigen Lebensereignissen wie Geburt, Partnerschaft, Tod, oder durch ihre Antworten auf Fragen nach dem Sinn des Lebens. Die Lebensbereiche Politik und Sexualität erscheinen weitgehend und deutlich getrennt vom Glauben. Römisch-Katholiken erwiesen sich als etwas religiöser als Protestanten, doch in beiden Konfessionen gehört ein nicht unerheblicher Anteil nur noch der Form nach ihrer Kirche an. Jede/r vierte Konfessionslose bezeichnet sich dennoch als religiös, in der Schweiz sogar 9 Prozent als hochreligiös. Unter konfessionslosen Religiösen ist pantheistische Spiritualität die stärkste Strömung. Junge Erwachsene sind den erhobenen Zahlen zufolge nicht weniger religiös, leben jedoch ihre Religion ungleich intensiv. Europäer/innen erscheinen als sehr tolerant: 9 von 10 denken, dass jede Religion einen wahren Kern enthalte.

4.2 Sinus-Milieu-Studie

Diese qualitativ ausgerichtete „katholische Sinus-Studie“[31] wurde vom sozialwissenschaftlichen Heidelberger Forschungsinstitut „Sinus-Sociovision“ im Auftrag der Deutschen Bischofskonferenz erstellt. Datengrundlage waren die Ergebnisse aus Tiefeninterviews mit 170 Proband/innen aus 10 definierten sozialen Milieus[32]. Die Studie erschien 2005 unter dem Namen „Religiöse und kirchliche Orientierungen in den Sinus-Milieus 2005“.[33] Sie löste eine rege, gelegentlich aufgeregte Diskussion besonders in der römisch-katholischen Kirche im deutschsprachigen Raum aus, aus und zu der die folgenden Ergebnisse und Beiträge hier besonders bedeutungsvoll erscheinen: Die These von der kirchlichen Milieuverengung wurde bestätigt.[34,35] Ebenso die Nutzlosigkeit des Versuchs, aktuelle Veränderungen soziologischer Grundmuster und Lebenswelten mittels Strukturreformen wegen Priestermangels auffangen zu wollen.[36]

> „Auch für die Katholiken und Katholikinnen gilt zunehmend, dass sie vermehrt ereignisorientiert statt gewohnheitsmäßig und normorientiert und somit wahlweise am kirchlichen Leben teilnehmen. Mit anderen Worten: Eine situative Integration der Kirchenmitglieder hat die normative abgelöst. Die Mehrheit der Kirchenmitglieder in Deutschland ist kaum mehr über den – insbesondere durch fami-

[31] Z. n. Ebertz, Michael N., Was sind *soziale Milieus*?, in: Lebendige Seelsorge 57. Jg. 4/2006, 258, http://www.bdkj.de/fileadmin/redakteur/bilder/pdfs/was_sind_soziale_milieus.pdf

[32] Ebd. Ebertz liefert hier eine historische und sozialkritische Würdigung des Begriffs „Milieu“

[33] Das Handbuch "Religiöse und kirchliche Orientierungen in den Sinus-Milieus 2005©" ist zu beziehen über die Medien-Dienstleistung GmbH, Postfach 20 14 17, 80014 München, Telefon 0 89/5 45 88 90, www.mdg-online.de

[34] Ebertz, soziale Milieus, 258

[35] Sellmann, Matthias, *Milieuverengung* als Gottesverengung, in: Lebendige Seelsorge 57. Jg. 4/2006, 284f, http://91.90.147.62/export/sites/erzbistum/seelsorgebereiche/downloads/fachbereich_pastoral/category_b/subcategory_1/milieuverengung_als_gottesverengung.pdf

[36] Müller, Paul M., Die katholischen *Milieus in Deutschland* – Ergebnisse der Sinus-Studie, imprimatur 5+6/2006, http://www.phil.uni-sb.de/projekte/imprimatur/2006/imp060505.html

liale und nachbarschaftliche Kontrolle gestützten – Gehorsam gegenüber den so genannten Kirchengeboten erreichbar. Immer mehr Kirchenmitglieder ignorieren sie."[37]

Der Distanzierungstrend ist unleugbar, Menschen wenden sich auch ab von der Kirche, „*weil* sie auf der Suche nach Spiritualität sind."[38] Spielberg verweist auf das zukunftsträchtige Modell „Proposer la foi"[39] der französischen Bischöfe, welches eine Konzentration auf das Wesentliche vorschlägt, hier aus Raumgründen aber leider nicht vorgestellt werden kann. Die Kirche kann immer weniger auf „fraglos geglaubte christliche Überzeugungen zurückgreifen."[40] Sie ist „vor allem dort lebensweltlich relevant verankert, wo die Modernisierung moderner Gesellschaften nur halbiert vollzogen wird."[41] Die kirchliche Kommunikation der frohen Botschaft sollte den verschiedenen Logiken dieser Milieus *angepasst, aber nicht angeglichen* werden.[42] „Unser Glaube hat eine narrative Grundstruktur"[43], man denke an die mit wenigen, klaren Worten überzeugenden Gleichnisse Jesu. Die in der Studie beschriebenen Milieugrenzen brauchen nicht zu einer ängstlichen „pastoralen Selbsteinschüchterung"[44] der Kirche zu führen, im Gegenteil: „Allen bin ich alles geworden, um auf jeden Fall einige zu retten."[45] Der „Einfluss der Religion in der Grundausbildung" ist an seinen Grenzen angelangt: In der Schweiz haben dies 60 Prozent der 17'000 Befragten bestätigt.[46] Pastorale Erfahrung zeigt zudem deutlich, dass die so genannte Milieuzugehörigkeit das Menschliche nicht aufhebt: An Wiegen, Gräbern oder Krankenbetten freuen wir uns und leiden wir alle sehr ähnlich. Denn das Faktum unser aller Gottebenbildlichkeit ist nicht milieuspezifisch.

Die Kirchen brauchen unter den „Zeichen der Zeit" eine neue „Pastoral der Lebensräume"[47], nicht eine der Kirchenräume. Die Liturgiekonstitution sowie das Missionsdekret des II. Vatikanums sagen klar: „Die Riten mögen den Glanz edler Einfachheit an sich tragen und knapp, durchschaubar und frei von unnötigen Wiederholungen sein. Sie seien der Fassungskraft der Gläubigen angepaßt und sollen im allgemeinen nicht vieler Erklärungen bedürfen."[48] „Aus Brauchtum und Tradition ihrer Völker, aus Weisheit und Wissen, aus Kunststil und Fertigkeit entlehnen sie alles, was beitragen kann, die Ehre des Schöpfers zu preisen, die Gnade des Erlösers zu verherrlichen, das Christenleben recht zu gestalten (9)."[49] „Ein Wesenszug des II. Vatikanischen Konzils war die Anerkennung der Wirklichkeit der ‚anderen'…Das Konzil betrachtet die

[37] Ebertz, Michael N., *Brillen putzen* ist vorbei. Deutlicher, klarer und farbiger ist sichtbar, in welchen Milieus die deutschen Katholiken leben. Einige Ergebnisse der SINUS-Studie, (aus: Herder-Korrespondenz spezial unter anderem Titel im Mai 2006), online-Publikation Mainz Juli 2006,1, http://www.milieus-kirche.de/dokumente/Brillen-putzen-ist-vorbei.pdf

[38] Spielberg, Bernhard, …et nos mutamur in illis, Wenn die *Analyse* stimmt – was dann? in: Lebendige Seelsorge 57. Jg. 4/2006, 253

[39] Ebd., 254f

[40] Müller, Milieus in Deutschland, 1

[41] Sellmann, Milieuverengung, 284

[42] Vgl. Ebertz, Brillenputzen, 2

[43] Wanke, Joachim, Was uns die Sinus-Milieu-Studie über die Kirche und ihre *Pastoral* sagen kann – und was nicht, in: Lebendige Seelsorge 57. Jg. 4/2006, 245, http://www.erzbistum-koeln.de/export/sites/erzbistum/seelsorgebereiche/downloads/fachbereich_pastoral/category_b/subcategory_1/was_die_Studie_sagen_kann.pdf

[44] Wanke, Pastoral, 244

[45] 1 Kor 9,22

[46] Vgl. Vimentis-Studie *Perspektive Schweiz 2005*, Seite 11, Frage 29; http://www.vimentis.ch/umfrage/05_d_kurz.pdf

[47] Wanke, Pastoral, 245

[48] SC 34

[49] AG 22, die originale Fussnote (9) bezieht sich auf Kol 1,13 und Apg 10,38

anderen [sic] Christen und die Welt positiv."[50] Damit werden auch jene Menschen und Orte zu Adressaten *verstehbarer* Worte der Kirchen, die nicht mehr oder noch nicht zu ihnen gehören. Wer Milieus verengt oder gar ausschließt durch nicht verstehbare Sprache, begrenzt gewollt oder ungewollt mögliche Formen der Gotteserfahrung. Gott zeigt sich uns nicht bloß als präzise Ordnender, als milder Harmonischer oder sanfter Innerlicher, sondern auch als klarer Pragmatiker, zielstrebig Ergebnisorientierter, cooler Konfliktfreudiger und als ein uns Menschen lustvoll Individuierender.[51]

> „Indem sich die Kirche diesen von Gaudium et spes als „Zeichen der Zeit" (GS 4, vgl. auch GS 11) qualifizierten Orten stellt, stellt sie sich in jene sozialen Kontexte, in denen Menschen ihre Würde erkämpfen und diesen Kampf ausdrücklich machen. Diese Orte und Kontexte sind jene Ereignisse, in denen Verkündiger und Adressat in ein Wechselspiel des Dialoges darüber eintreten, wie das Christusereignis in den historischen Koordinaten der konkreten Situation darzustellen ist. Hierbei, und das zeigt endgültig die Überwindung eines nicht-relativen Innen-Außen-Schemas der Verkündigung, ist der Kirche sogar geboten, ihren eigenen Anteil, also ihre konkrete Verwobenheit in das jeweilige Zeichen der Zeit, ausdrücklich zu machen. Denn nur so wird die auf den Ort hin differenzierte Glaubenszusage auch zur Ressource für das eigene Glaubensverständnis und seine Darstellung ad intra (vgl. beispielhaft etwa die Ausführungen zum Atheismus in GS 19-21)."[52]

Hier muss die Frage erlaubt sein, weshalb die Kirchen und ihre meist männlichen klerikalen Repräsentanten nicht einfach wie Jesus Christus auftreten und sprechen mögen wie er: Schlicht, verständlich, gradlinig, mutig und stark – und dabei stets *echt* empathisch, barmherzig und sanftmütig? Aufgrund der Ergebnisse der Sinus-Studie und mit Blick auf aktuelle, strafrechtlich relevante Vorkommnisse darf zudem gefragt werden, ob es den heutigen Kirchen und ihren Amtsträgern nicht vielleicht weniger an Hierarchie, Strukturen und Machtmitteln, sondern vielmehr schlicht an glaubwürdiger Motivation und an begeisterndem Charisma fehlt. Lebendige, kernige, eigenständige, kommunikative und konfliktfähige Theologinnen und Theologen brauchen wir, nicht stromlinienförmige Säulenheilige selbstherrlich-egozentrierter Kirchen. Das persönliche Zeugnis ist entscheidend, ohne dieses wird jede Verkündigung des Evangeliums blass, schwächlich, abstrakt, lebensfremd: „Das Einstehen für die Wirklichkeit Gottes, das Widerstehen gegen Strukturen des Bösen und das Aufstehen für die Verbindung von Glaube und moralischem wie diakonischem Handeln"[53] bedarf wirklich dazu fähiger Menschen – ganz besonders in der Theologie der Befreiung [54]. Denn „Gott wird dort geehrt, wo der Arme leben kann."[55] Nicht die Kirche und ihre Amtsträger sollen ja auf dem Leuchter prangen, sondern das Evangelium, das Heilige Wort Gottes.

---

[50] Congar, Kommentar 406, z. n. Sander, Hans-Joachim, Theologischer *Kommentar zur Pastoralkonstitution* über die Kirche in der Welt von heute, Gaudium et spes, in: Herders Theologischer Kommentar zum zweiten Vatikanischen Konzil, Bd. 4, Verlag Herder, Freiburg i.Br./Basel/Wien 2009, 759

[51] Vgl. Sellmann, Milieuverengung, 289

[52] Ebd. 287f

[53] Spielberg, Analyse, 256

[54] Theologie der Befreiung meint das aktive Ausrichten christlicher Theologie auf soziale Ungerechtigkeiten wie Ausbeutung, Unterdrückung oder Rechtlosigkeit. Sie versteht sich als christliche Stimme der Armen

[55] Gloria Dei vivens pauper – dies das Glaubensvermächtnis des am 24.3.1980 in San Salvador heimtückisch am Altar erschossenen, theologisch und politisch unbeugsamen Erzbischof Oscar Romero, die klare Stimme derer ohne Stimme, die Stimme der gekreuzigten Völker besonders Südamerikas. Diesen Wahlspruch leitete Romero für sich selbst ab vom „Gloria Dei, vivens homo" des Hl. Irenäus. An der Westwand der Westminster Abbey steht Romeros Statue rechts der Mitte in der Reihe der 10 Märtyrer des 20. Jahrhunderts – als einziger mit einem Kindlein auf dem Arm. Dies wirkt wie eine symbolische Verbindung zur mütterlichen Maria mit Kind, die im Magnifikat, ihrem Lobpreis Gottes, die „vorrangige Option für die Armen" bereits vorausnimmt. Aus psychologisch-therapeutischer Sicht liesse sich sagen,

5. Grundlagen von Logotherapie und Existenzanalyse

Logotherapie nach Frankl[56] ist nach Freud und Adler die so genannte „dritte Wiener Schule der Psychotherapie".[57] Logotherapie ist ein psychotherapeutisches Konzept, das Körper, Seele und Geist umfasst. Es hat die Rückbesinnung auf innere Werte im Auge und orientiert den Menschen auf Sinn und Vernunft hin. Logotherapie anerkennt den Willen, ein sinnvolles Leben zu führen, als zentrales Motiv menschlicher Existenz. Wird dieser Wille zum Sinn frustriert, tritt eine Fülle von Störungen auf. Logotherapie beendet das zermürbende Pendeln zwischen seelischer Not und Langeweile durch gezieltes Aufspüren und Anregen geistiger Kräfte ihrer Patienten. Dies erreicht sie durch geduldiges Einüben sinn- und lustvoller Selbstüberschreitung und Selbstdistanzierung. Dabei kommen auch der gesunde Humor und die dem Menschen gnadenhaft eingegossene Lebensfreude zu ihrem Recht.

> „Der Mensch wird von neuem auf die Suche nach dem Sinn verwiesen. Oftmals resigniert er: Dann kommt es zu einem Vakuum, das häufig zu noogenen Neurosen[58] führt. Viktor E. Frankl stellt fest: „Die Neurose von heute haben wir in vielen Fällen auf eine *existentielle Frustration* zurückzuführen, auf ein Unerfülltgebliebensein des menschlichen Anspruchs auf ein möglichst sinnerfülltes Dasein."[14] Die steigende Selbstmordziffer, vor allem die Suizidzahlen bei Jugendlichen, die Flucht in alle möglichen Praktiken, die Vergessen versprechen - vom Rauschgift über Alkohol bis zu manchen Meditationsmethoden -, sind ebenso Belege dafür wie die Feststellung, daß ein Grund der stark rückläufigen Geburtenzahl in der Zukunftsangst der potentiellen Eltern zu suchen ist."[59]

Leidende lernen in der Logotherapie ein konstruktives Menschenbild kennen. Sie lernen, ihrem seelisch-körperlichen Selbst[60] geistig gegenüberzutreten, sich neu zu entscheiden und dafür die Verantwortung selber zu übernehmen. Damit lernen sie einen Lebensstil kennen, der Krisen vorbeugt und Neurosen[61] vermeidet. Treten diese dennoch auf, kann der Logotherapiepatient optimaler damit umgehen. Logotherapie verzichtet auf grüblerisches Wühlen im Vergangenen. Sie orientiert sich in erster Linie am Gesunden und an den realen Möglichkeiten des Patienten zur aktuellen Verwirklichung von Sinn in seiner näheren und ferneren sozialen

---

dass im Manne Oscar Romero sich das Wesen des Männlichen in vorbildlicher Weise mit jenem des Weiblichen christologisch verbunden hatte

[56] Prof. Dr. Viktor Emil Frankl, Psychiater und Neurologe, *1905 †1997, Begründer der Logotherapie. Zentrale Aussage: Der *Wille zum Sinn* bewegt den Menschen zum *Agieren*

[57] Soucek, Wolfgang, Die *Existenzanalyse Frankls*, Die dritte Richtung der Wiener Psychotherapeutischen Schule, Deutsche Medizinische Wochenschrift Nr. 45/46 vom 3.12.1948, 594f

58 „In Fällen, wo letztlich ein geistiges Problem, ein sittlicher Konflikt oder eine existentielle Krise der betreffenden Neurose ätiologisch zugrunde liegt, sprechen wir von noogener Neurose." In: Handbuch der Neurosenlehre und Psychotherapie, Bd. III, München 1959, 715; zitiert in Kurz, Wolfram/Sedlak Franz (Hrsg.), Kompendium der Logotherapie und Existenzanalyse, Verlag Lebenskunst, Tübingen 1995, 211

[59] Beinert, Maria heute ehren, 18 (die originale Fussnote 14 im Zitat bezieht sich auf: Frankl, Viktor, Der Mensch auf der Suche nach Sinn – Zur Rehumanisierung der Psychotherapie, Verlag Herder, Freiburg i.Br./Basel/Wien 1965, 11)

[60] „[So] findet die in der Ostkirche so wichtige Lehre von der Gottebenbildlichkeit des Menschen und dem inneren Gottesbild bei C.G. Jung ihre Entsprechung im Begriff des Selbst. Diesen umschreibt er so: »Das Selbst ist eine dem bewußten Ich übergeordnete Größe. Es umfasst nicht nur die bewußte, sondern auch die unbewußte Psyche«. Jung versteht das Selbst als zentralen Archetypus und als Archetypus der Ordnung." In: Hoerni-Jung, Helene, Maria – *Bild des Weiblichen*, Ikonen der Gottesgebärerin, Kösel-Verlag GmbH & Co., München 1991, 12f

[61] „Neurose ist Entzweiung mit sich selbst. Der Grund der Entzweiung ist bei den meisten Menschen der, daß das Bewußtsein sich an sein moralisches Ideal halten möchte, das Unbewußte aber nach seinem (im gegenwärtigen Sinne) unmoralischen Ideal strebt, was das Bewußtsein ständig ableugnen möchte." Jung, C. G., GW 7, 284, z. n. Alt, Franz, Jung Carl G., *Die Flamme des Eros*, Textauswahl, Patmos Verlag GmbH & Co. KG, Düsseldorf/Zürich 2001, 22

Umwelt und Zukunft. Durch Verfeinerung und Training des Gewissens[62] gibt sie Suchenden einen verlässlichen Kompass zum Auffinden und Bewerten individueller Sinnmöglichkeiten an die Hand. Logotherapie bietet eine Fülle von Methoden für Psychotherapie, Seelsorge und (Selbst-)Erziehung an.

Frankl unterscheidet drei „Hauptstraßen zum Sinn“: Das schöpferische Tun des homo faber, die Beziehungsarbeit des homo amans und das Gewinnen neuer Einstellungswerte und Haltungen des homo patiens. Die Logotherapie will suchende Menschen zu diesen drei Möglichkeiten zur Verwirklichung von Sinn hinführen. Allerdings *geben* kann sie den Suchenden keinen Sinn, den müssen sie sich mit Hilfe des „Sinnorgans Gewissen“ (Frankl) selber erarbeiten, selber entdecken – gemäß der Richtung, die der Kompass des Gewissens anzeigt. Damit prägte Frankl nach Freud[63] und Adler[64] eine dritte Form der damals im Entstehen begriffenen modernen Psychotherapie, deren Grundlage der natürliche Wille des Menschen ist, in seinem Leben und besonders im aktuellen Augenblick einen Sinn zu suchen und zu finden – wie es schon 1400 Jahre früher der heilige Benedikt in seiner Regel formulierte, wenn er verlangte, „die Forderung des Augenblicks wahrzunehmen und angemessen darauf zu antworten.“[65] Die Logotherapie betont auch im psychoneurotischen Geschehen die pathogene *geistige* Not, die zu Sinnverlust und damit zur „noogenen Neurose“[66] führen kann. Schwierig beim seelsorgerisch stützenden logotherapeutischen Eingreifen ist, dass Hören, Verstehen und Annehmen des heilenden Wortes Gottes einen Glauben und ein Vertrauen voraussetzt, die beide nicht schon durch ein übermächtiges Sinnlosigkeitsgefühl zu stark entkräftet sein dürfen.

Logotherapie ist ein zutiefst humanes Lebens- und Therapiekonzept. Sie leitet dazu an, die Fragen, die das Leben uns stellt, durch schöpferische Werke, durch erfüllende Beziehungen und durch positive Einstellungen zu beantworten, statt grüblerische Fragen an das Leben zu stellen. Die Logotherapie nutzt die schöpferische Spannung zwischen Sein und Sollen. Sie will nicht Freiheit von etwas, sondern Freiheit zu etwas. Logotherapie versteht Leiden als ein Leisten, Wachsen und Reifen. Wer im Leiden über sich selbst hinaus wächst, wächst durch diese menschliche Leistung zu sich selbst heran. Im Blick auf ihr Konzept ist Logotherapie dreierlei: a) evokativ, sie ruft den Willen zum Sinn hervor; b) apellativ, sie ruft auf zur Verwirklichung von Sinn; c) heuristisch, sie hilft beim Entdecken und Verstehen von Sinn. Frankl selbst war ein sehr humorvoller Therapeut, der zum Beispiel meinte, „man müsse sich auch von sich selbst nicht alles gefallen lassen.“

6. Zentrale seelische Störungsbilder

Der äußere Triumph der Technokratie, vor allem des aufgeklärten cartesianischen Denkens in der Naturwissenschaft, führte nebst ihrer globalen Bedrohung der Schöpfung dazu, dass tradierte Glaubens- und Sinnkon-

---

[62] „Dieses lebendige, innere Zentrum [das Gewissen] gehört zum Wesen jedes Menschen. C.G. Jung nennt es »das Organ, mit welchem man das Göttliche erfährt«.“ In: Hoerni-Jung, Bild des Weiblichen, 110. In Frankls Logotherapie und Existenzanalyse gilt das Gewissen als „Sinn-Organ“

[63] Prof. Dr. Sigmund Freud, Arzt und Neuropathologe, *1856 †1939, Begründer der Psychoanalyse. Zentrale Aussage: Der *Trieb zur Lust* bewegt den Menschen zum *Abreagieren*

[64] Prof. Dr. Alfred Adler, Arzt und Psychotherapeut, *1870 †1937, Begründer der Individualpsychologie. Zentrale Aussage: Der *Trieb zur Macht* bewegt den Menschen zum *Reagieren*

[65] De Waal, Esther, Gottsuchen im Alltag – Der Weg des heiligen Benedikt, Vier-Türme-Verlag, Münsterschwarzach 1999, 28. Vgl. auch: Salzburger Äbtekonferenz (Hg.), Die Regel des heiligen Benedikt (RB), Beuroner Kunstverlag, Beuron 2006, Prolog 14-16 und 20, 30f

[66] Vgl. Frankl, Viktor E., Theorie und *Therapie der Neurosen*, Verlag Ernst Reinhard, München/Basel1999, 146f

zeptionen und auf diese gegründete Lebensentwürfe – einschließlich deren christliche Normen und Werte – immer häufiger und immer stärker als sinnlos und entsinnlicht gesehen und erlebt werden, weil sie in den alltäglichen, frei Haus gelieferten Bildwelten schlicht nicht mehr vorkommen. Brachliegende und frustrierte Trieb- und Gefühlskomplexe werden überschüttet mit einer Flut von banalen, brutalen oder pornographischen Bildern ohne jede tiefere Bedeutung – außer ihrer kommerziellen Ausnutzbarkeit durch optische und akustische Verführung. Darauf gründet der wirtschaftliche Erfolg der so genannten westlichen Kultur. Die so narkotisierten Rezipienten dieser rücksichtslosen marktwirtschaftlichen Strategien werden zu Metaphern einer sich selbst aufblasenden Medien- und Wirtschaftswelt. Diese Entwicklung hat nicht nur unabweisbare äußere Konsequenzen wie Klimaschäden oder atomare Bedrohungen. Sondern sie gefährdet, schädigt und zerstört unübersehbar das seelische und geistige Heil des Menschen. Hier können aus äußerer Begrenzung nur zwei Störungsfelder beleuchtet werden: Depressionen und Ängste, sowie die ekklesiogenen Neurosen.

6.1 Depressionen und Angsterkrankungen

Der „World Health Report 2008" der Weltgesundheitsorganisation WHO geht von einer Zunahme von Depressionen und Angsterkrankungen insbesondere bei Arbeitslosen aus.[67] Angesichts steigender Arbeitslosenzahlen in der Folge der aktuellen, noch nicht überstandenen globalen Wirtschaftskrise muss dieses Zeichen der Zeit auch die Kirchen beunruhigen und zu adäquaten seelsorgerischen Angeboten bewegen.

Wie häufig treten psychische Störungen in den Ländern der Europäischen Union auf? Wie groß ist das Risiko, irgendwann im Leben an einer seelischen Erkrankung zu leiden? Wie hoch sind die Kosten im Zusammenhang mit psychischen Störungen? Im Auftrag des European College of Neuropsychopharmacology (ECNP) unter Mitwirkung des European Brain Council (EBC) sowie von über 100 Experten aus den EU-Ländern wurden diese und viele weitere Fragen in einem Forschungsprojekt bearbeitet. Die in zwei englischsprachigen Berichtsbänden zusammengefassten Befunde und Schlussfolgerungen lieferten erstmals gesicherte Daten zur aktuellen Situation der psychischen Gesundheit in Europa. Berücksichtigt wurden die Daten von insgesamt 150'000 Betroffenen aus 27 Studien. Die wichtigsten Ergebnisse stellte Studienleiter Hans-Ulrich Wittchen, Professor für klinische Psychologie und Psychotherapie der Technischen Universität Dresden, Ende 2005 der Öffentlichkeit vor. Hier das Wichtigste daraus:

> „Jedes Jahr leiden in der Europäischen Union 27 % (ca. 83 Millionen) Männer und Frauen unter psychischen Störungen. Bei den meisten Störungen sind Frauen häufiger betroffen als Männer. Ausnahmen: Alkohol-, Substanzstörungen[68] und psychotische Störungen. Viele psychische Störungen beginnen vor dem 20. Lebensjahr und bleiben über die gesamte Lebensspanne bestehen. Einige Störungen, zum Beispiel Depressionen, können jederzeit im Leben auftreten, andere haben einen typischen Beginn, z.B. nicht vor dem 60. Lebensjahr (wie Demenz). Wann immer eine Störung auftritt, gibt es eine erhöhte Wahrscheinlichkeit für eine zusätzliche Diagnose (Komorbidität). Eine von zwei Personen, die unter einer psychischen Störung leiden, erfüllt die Kriterien für mindestens eine weitere Diag-

[67] The *World Health Report*, WHO 2008, 94, Tab. 4.1, http://www.who.int/whr/2008/whr08_en.pdf, Table 4.1, 94

[68] Anmerkung des Autors: Auch Alkoholabusus muss nach aktuellem Suchtverständnis als „Substanzstörung" bezeichnet werden. Jacobi stellt die Substanz „Alkohol" vermutlich deswegen bewusst *neben* die „Substanzstörung", weil er die massiv zunehmenden Auswirkungen des Alkoholmissbrauchs berechtigterweise deutlicher herausheben wollte

nose (z.B. Angst *und* Depression). Es gibt wenig Anzeichen für bedeutsame Unterschiede zwischen den EU-Ländern. Es gibt wenig Anhaltspunkte für erhöhte Raten psychischer Störungen im letzten Jahrzehnt (außer Depression und Drogengebrauch). Pro Jahr bleiben zwei Drittel aller psychischen Störungen unbehandelt; nur einer von vier Betroffenen erhält zumindest eine minimale Intervention (zum Beispiel eine kurze Beratung, ein kurzes Gespräch mit dem Hausarzt). Wenn eine psychische Störung erkannt wird, wird am häufigsten mit Psychopharmaka behandelt, Psychotherapie wird nur selten als alleinige Behandlung angeboten."[69]

Wie diese Studie ergab, betragen die jährlichen Kosten dieses Geschehens fast 300 Milliarden Euro. Davon sind 132 Milliarden Euro mit indirekten Kosten verbunden durch krankheitsbedingte Ausfalltage, früheren Eintritt in den Ruhestand, vorzeitige Sterblichkeit, verringerte Arbeitsleistung. 110 Milliarden Euro betragen die direkten Kosten durch Krankenhausaufenthalte und Arztbesuche. 4 % der Gesamtkosten entfallen auf die medikamentöse Behandlung, 1 % auf psychotherapeutische Leistungen. Die Verantwortlichen fordern mit Nachdruck eine Verbesserung der defizitären Versorgungslage. Vor allem gehe es darum, Betroffene früher und rechtzeitig mit den vorhandenen effektiven und kostengünstigen Therapieverfahren zu behandeln.

> „Während die Zahl der schizophrenen Erkrankungen konstant bleibt,…nimmt die Zahl der Erkrankungen und die Chronifizierungstendenz bei Depressionen eher zu. »An unserer Klinik ist in den letzten 15 Jahren die Zahl der Depressionskranken um das Vierfache gestiegen. Und die langfristigen Prognosen, was die Heilung und den Verlauf angeht, werden heute weltweit eher ungünstiger als früher beurteilt, auch wenn sich die kurzfristigen Prognosen verbessert haben«…»Kurzfristig gesehen haben die Antidepressiva eine Besserung gebracht. Aber was den langfristigen Verlauf angeht, sind wir damit nicht wesentlich weitergekommen. Langfristig ist eine psychotherapeutische Behandlung wohl wirksamer, wenn man ‚nur Medikamente' mit ‚nur Psychotherapie' vergleicht. Es ist sinnvoll, beides anzuwenden. Aber es ist nicht so, dass die Medikamente die Depression auf Dauer ‚heilen' können. Es sind übrigens immer noch mehr Frauen, die an Depression erkranken. Interessant scheint mir in diesem Zusammenhang, dass Homosexuelle gleich hohe Depressionsraten aufweisen wie Frauen«…Gibt es eine Prävention gegen die Depression? Hell antwortet, ohne zu zögern: »Das eigene Erleben zulassen. Traurigkeit, Enttäuschung, Verzagtheit und Deprimiertheit gehören zum Leben, genauso wie Freude und Zufriedenheit. Auch in diesen Gefühlen spüren wir uns, sind wir, die wir sind. Je mehr man das zulassen kann, umso eher schwächt eine Depressionstendenz sich im Normalfall ab. Ich stelle immer wieder fest, dass in dem Moment, in dem ein Mensch diese Gefühle akzeptiert und sich nicht mehr dagegen stemmt, der Teufelskreis unterbrochen wird. Je mehr ein Mensch es wagt, auch in diesem elenden Zustand seine Gefühle, soweit sie noch da sind, wahrzunehmen, umso besser die Prognose. Und andersherum: Je weniger ein Mensch sie zulassen kann, umso gefährdeter ist er.«"[70]

Depression kann Sinn machen, sie kann daran Leidende an tiefste Wahrheiten über sich selbst, über die Welt und über Gott heranführen: „Denn so hat Christus gelitten, er hat gelitten, weil er die Wahrheit war und nichts anderes sein wollte, als er war: die Wahrheit", sagt Kierkegaard.[71] „Für *einzelne* gläubige Menschen kann die Depression das Wagnis bedeuten, sich einem anscheinend sinnlosen Schicksal im Vertrauen, dass es doch sinnvoll sei, zu überlassen…Verzweifelnde Menschen haben immer wieder auch in der Passion Halt gesucht. Die großen Kirchenlehrer – von Paulus über Augustinus bis Luther – sind fast alle durch einen

---

[69] Die detaillierten Berichte zu den einzelnen Bereichen der Studie sind erhältlich bei Dr. Frank Jacobi von der Universität Dresden: jacobi@psychologie.tu-dresden.de. Quelle: „Psychologie Heute", März 2006, 10

[70] Binkert, Dörthe, Herr im *Reich der verdunkelten Seelen*, Porträt über Prof. Dr. Daniel Hell, Direktor der Psychiatrischen Universitätsklinik „Burghölzli" in Zürich, in: Psychologie Heute, August 2007, 41f

[71] In: *Søren Kierkegaards Skrifter* (SKS), hrsg. v. N.J. Cappelørn/J. Garff /A.M. Hansen/J. Kondrup, Kopenhagen 1997ff, z.n. Bjergsø, Michael, *Kierkegaards deiktische Theologie* – Gottesverhältnis und Religiosität in den erbaulichen Reden, Kierkegaards Studies, Monograph Series Volume 20, Verlag Walter de Gruyter, Berlin/New York 2009, 208

seelischen Zusammenbruch hindurchgegangen."[72] Depressionen sind zwar keine conditio sine qua non für innere Entwicklung, doch „...gerade durch die Anfechtung macht die Seele Fortschritte."[73] Und „...je tiefer ein Mensch in sich hineinschaut, desto mehr wird er mit versteckten Regungen und Impulsen konfrontiert."[74] Chancen und Aufgaben liegen auch in den Formen frommer Innerlichkeit nahe beisammen.

> „Besonders belastend ist für viele depressiv erkrankte Christen die Überzeugung, ein gläubiger Christ müsse fröhlich sein und dürfe deshalb nicht an depressivem Überdruss erkranken. Diese Überzeugung findet Nahrung in der mittelalterlichen Lehre von der Todsünde der *Akedia*.[75] Gerade die Wüstenmönche illustrieren aber in aller Deutlichkeit, dass auch größtes Engagement für den Glauben das Auftreten depressiver Verstimmungen keineswegs ausschliesst."[76]

Selbstentfremdung und Selbstverlust können nicht „bloß" als mögliche Folgen von Depression und Angstzuständen, sondern ebenso als die Schatten fehlgeleiteter individualistischer „Pseudo-Selbstverwirklichung" gesehen werden. Flucht aus der Realität in virtuelle, oft gewalttätige Medienwelten, substanzgebundene Süchte und solche ohne Substanzbindung, wie z.B. Arbeits- oder Sex-Sucht – all dies kann Menschen von sich selbst, von ihren Mitmenschen und letztlich auch von allem Göttlichen entfremden und entfernen.

> „Das ist es ja eben, daß wir uns selber ferne sind und es kaum wünschen, uns näher zu kommen; vielmehr entfliehen wir uns selber, um uns nicht zu begegnen, und vertauschen die Wahrheit gegen gleichgültige Kleinigkeiten und denken: wir wollten uns ja schon mit geistlichen Dingen abgeben oder mit Beten, aber wir haben keine Zeit dazu; die Geschäfte und die Sorgen des Lebens lassen uns keine Zeit für selbiges Tun. Was ist aber wichtiger und notwendiger – das erlösende, ewige Leben der Seele oder das schnell vorüberfliegende Leben des Leibes, um welches wir uns so eifrig bemühen? Das, was ich jetzt gesagt habe, ist es auch, was die Menschen, sei es zur Vernunft, sei es zur Torheit, leitet."[77]

Es wird zu diskutieren sein, wie die Kirchen in ihrer Sozialpastoral – einschließlich der Marienverehrung – konstruktiv auf diese Entwicklungen reagieren können und müssen.

6.2 Ekklesiogene Neurosen

Eine ausgewogene religiöse Orientierung vermindert seelische Schwierigkeiten, eine ausgeprägte seelische Problematik korreliert mit dem Ausmaß der religiösen Orientierung. Doch Zerrformen des Glaubens – z.B. eine extrem rigide, lebensfeindliche Sexualmoral, eine fanatische „Frömmigkeit"[78] mit vereinnahmender Ausprägung, eine ins Extrem gesteigerte Religiosität, die das natürliche und/oder das seelische Leben erstickt, verdrängte gedankliche Verführungen [79] – sie alle können die Seele krank machen, dann spricht man

[72] Hell, Daniel, Welchen Sinn macht *Depression*? – Ein integrativer Ansatz, Rowohlt Taschenbuch Verlag GmbH, Reinbek bei Hamburg 1999, 232f
[73] Hell, Daniel, *Leben als Geschenk* und Antwort, Weisheiten der Wüstenväter, Verlag Herder, Freiburg i.Br. 2005, 18
[74] Ebd. 42
[75] Akedia, gr.: Selbstekel, Überdruss, Langeweile, Trägheit, Mattigkeit, Widerwillen, Verdruss, die „schlimmste Versuchung der Wüstenväter", vgl. Hell, Daniel, Die *Sprache der Seele* verstehen – Die Wüstenväter als Therapeuten, Verlag Herder GmbH, Freiburg i.Br. 2009, 115 und 125f
[76] Ebd. 130
[77] Jungclaussen, Emmanuel (Hg.), *Aufrichtige Erzählungen* eines russischen Pilgers – Die vollständige Ausgabe. Freiburg i. Br./Basel/Wien, Verlag Herder 2007, 101
[78] „Fanatismus ist immer Kompensation für geheimen Zweifel." In: Jung, Die Flamme des Eros, 26
[79] Vgl. Hell, Sprache der Seele, 123f: Der kirchlich – nicht religiös! – gelehrte oder verlangte Selbstekel vor vermeintlicher Unreinheit, Erbsünde, Schuld, Sündigkeit, etc. kann allein schon Depressionen auslösen → ekklesiogene Neurose

von ekklesiogenen Neurosen.[80] „Nach dem biblischen Kriterium: »An den Früchten sollt ihr es erkennen!« ist der rechte Glaube vom verfehlten durch die jeweilige Auswirkung zu erkennen.“[81] In der ekklesiogenen Neurose führen angsterregende Emotionen des Gotteskomplexes[82] zu einem furchterregenden Gottesbild[83]. Der dunkle, hart strafende und furchtbare Gott wurde Jahrhunderte lang von der Kirche absichtsvoll aus „erzieherischen“ Gründen dem liebenden, weisen, menschenfreundlichen und barmherzigen Gott vorangestellt. Die (auch) daraus entstandene ekklesiogene Neurose ist das traurige Ergebnis einer nicht gelungenen Auseinandersetzung zwischen dem Triebhaften und dem Geistigen im Menschen, zwischen Eros und Religio. Hier könnte der heutige Klerus viel seelisches Leiden heilen, das auch entstanden ist aus jenen tragisch verzerrten Gottesbildern, wie sie seit Augustinus bis in unsere Zeit von der Kirche tradiert wurden. Denn „...nicht die orale, anale oder genitale Lust ist für Evagrius Ponticus [84] das Problem. Erst der ich-betonte, narzisstische Gebrauch dieser Lüste entfremdet sie zum Objekt menschlicher Eigenliebe und Selbstverfallenheit.“[85] Hier zeigt sich bereits, dass im Zentrum der psychotherapeutischen Behandlung ekklesiogener Neurosen das Bearbeiten verdeckter, antrainierter Scham ist. Einer aufoktroyierten Scham, die den oder die vermeintliche/n Sünder/in bis in Kirchenbank oder Beichtstuhl hinein gefügig machen sollte.

Ekklesiogene Neurose bedeutet letztlich verzweifeln an der vermeintlichen Sinnlosigkeit des Lebens. Freud lehrte uns den Willen zur Lust im Phänomen des Lustprinzips, Adler machte uns vertraut mit dem Willen zur Macht in der Form des Geltungsstrebens, doch erst Frankl führte uns an den im Menschen tief verwurzelten Willen zum Sinn heran, jenes Ringen um mögliche Sinnerfüllung unseres Daseins, das uns aus „existentieller Frustration“ – nach Frankl die Ursache der noogenen Neurose – erlösen kann.

> „Etwa ein Drittel meiner Fälle leidet überhaupt an keiner klinisch bestimmbaren Neurose, sondern an der Sinn- und Gegenstandslosigkeit des Lebens. Ich habe nichts dagegen, wenn man dies als allgemeine Neurose unserer Zeit bezeichnen sollte.“[86] „Unter allen meinen Patienten jenseits der Lebensmitte, das heißt jenseits 35, ist nicht ein einziger, dessen endgültiges Problem nicht das der religiösen Einstellung wäre. Ja, jeder krankt in letzter Linie daran, daß er das verloren hat, was lebendige Religionen ihren Gläubigen zu allen Zeiten gegeben haben, und keiner ist wirklich geheilt, der seine religiöse Einstellung nicht wieder erreicht hat, was mit Konfession oder Zugehörigkeit zu einer Kirche natürlich nichts zu tun hat.“[87]

Irenäus Totzke, Archimandrit der byzantinischen Kirche des Hl. Nikolaus in der Benediktinerabtei Niederaltaich in Niederbayern, geht in seiner Schrift „Angst und Religion“[88] auf mögliche Ursachen für ekklesiogene Neurosen ein. In gebotener Kürze soll daraus folgendes erwähnt werden: Sowohl die West- als auch die

[80] Unter ekklesiogenen Neurosen verstehen wir hier kirchlich bedingte Neurosen. Der Begriff geht auf den Arzt Eberhard Schätzing zurück und wurde vom Arzt und Theologen Klaus Thomas differenziert. Vgl. Hark, Helmut, *Religiöse Neurosen* – Ursachen und Heilung, Kreuz Verlag, Stuttgart 1984, 12f
[81] Ebd. 11
[82] „...Ausdruck für die geistigen Kräfte und die seelischen Energien, die dem Gottesbild innewohnen.“ Ebd. 162
[83] Im jeweils einzelnen Menschen die Summe seiner bildhaften Vorstellungen von Gott. Ebd. 162
[84] Latinisiert, gr. Euagrios Pontikos (*um 345 †399), Mönch, Asket, Schriftsteller und Diakon mit hohem Ansehen bei den Anachoreten der nitrischen Wüste in Ägypten, Vermittler monastischer Spiritualität in Ost- und Westkirchen, Begründer der so genannten Acht-Laster-Lehre
[85] Hell, Sprache der Seele, 84
[86] C. G. Jung, Praxis der Psychotherapie, 44, z. n. Hark, Religiöse Neurosen, 28
[87] C. G. Jung, Zur Psychologie westlicher und östlicher Religionen, GW 11, S. 362
[88] Totzke, Irenäus, *Angst und Religion*, Manuskript eines Vortrages gehalten beim 7. Nikolaus-Symposium „Angst essen Seele auf: Wenn ein Gefühl übermächtig wird...“ am 3.12.08 im Bezirksklinikum Mainkofen, in: Schriften zur orthodoxen Spiritualität, Förderverein für die Byzantinische Kirche in der Abtei Niederaltaich e.V., 2009

Ostkirche bauten Angst und Furcht gemäß biblischer Grundlagen in ihre Systeme ein – wobei in der Westkirche aufgrund der Theologie des Kirchenvaters Augustinus die Todes- und die Höllenangst eine überragende Rolle spielten.[89] Der Reformator Luther war Augustinermönch und daher maßgeblich beeinflusst von dieser Theologie des Todesgedenkens, des memento mori. Auch aufgrund dieser engen Bindung zwischen Religion und den von ihr aktiv und absichtsvoll geschürten Ängsten – man denke an die Auswüchse des Ablasshandels – empfahl Freud ein Loslösen von der Religion: Viele angstneurotische Zwangshandlungen und Ritualisierungen des Alltags seien aus religiösen Grundeinstellungen der Betroffenen ableitbar. Freuds Schüler Jung hingegen entdeckte gerade in der Religion Heilkräfte gegen Zwangsneurosen.[90]

> „Die Theologie kann wesentlich dazu beitragen, daß die kirchliche Verkündigung nicht zur Quelle von Verängstigungen (Gewissens- u. Gerichtsängste) wird. Die Analyse von Ängsten (vor Ich-Verlust, Isolierung, Veränderung, Unfreiheit) kommt der Psychologie zu; die Therapie ist eine Aufgabe von Psychoanalyse u. Verhaltenstherapie, die das religiöse Hoffnungspotential u. das ethische Wissen um Einübung der Tapferkeit bisher zu sehr außer acht lassen.“[91]

Eine Frömmigkeit auf der Grundlage einer „Mischung aus Heilsangst und Sicherheitsbedürfnis“ kann zu neurotischen Verbiegungen aller Art führen.[92] Der Apostel Paulus zeigt beispielhaft, wie verdrängte Gefühle – „was ich will, das tue ich nicht; aber was ich hasse, das tue ich“ – zu fanatischer Frömmigkeit führen können.[93] Und sein Wirken nach seinem Damaskus-Erlebnis[94] belegt, dass das Heil auch aus Gebrechlichen fließt: „Der heilige Paulus hatte einst sicher einen epileptoiden, wenn nicht epileptischen Anfall.“[95] Auf die angstvolle Frage Luthers, „wie kriege ich einen gnädigen Gott?“, „hätte ein orthodoxer Christ fassungslos geantwortet: ‚Wieso diese Frage? Du hast ihn doch!‘ “[96] In dieser Frage zeigt sich der schwerwiegende Unterschied zur Ostkirche: Im Osten überwiegen in Liturgie und Wallfahrt der Gedanke und die Erfahrung der Realpräsenz des Heiligen, des Göttlichen, des „fascinosum et tremendum“. Orthodoxe gehen nicht zur Kirche, weil sie „sollen“ oder „müssen“, sondern einfach deshalb, weil es dort überirdisch schön, göttlich und menschlich warm ist.[97] Totzke nennt drei weitere Problemfelder,

> „die allein für die westlichen Konfessionen charakteristisch sind, nämlich (als nur für den römischen Bereich geltend): ‚Hostienfrevel‘[98] und ‚Stigmata‘[99] und (auch für den Protestantismus geltend):

---

[89] „Von ihm stammt z.B. der – heute abgelehnte – Satz: ‚wegen der Angst vor dem ewigen Feuer tritt Christus ein (= ins menschliche Leben)“, zitiert in LThK, Art. ‚Angst‘, Sp. 673“, in: Ebd. 7
[90] Vgl. Totzke, Angst und Religion, 2
[91] NThW, 40f
[92] Totzke, Angst und Religion, 10
[93] Vgl. Apg 9,3-29
[94] Kurz vor Damaskus erscheint ihm der Auferstandene (dem er nie leibhaftig begegnet war) und fragt Saulus, weshalb er Ihn verfolge in den vermeintlich Gefallenen. Durch Beschämung und Reue bekehrt sich Saulus zum Paulus
[95] James, William, Die *Vielfalt religiöser Erfahrung*, Insel Verlag, Frankfurt a. M./Leipzig 1997, 47 (Vorlesung I über Religion und Neurologie)
[96] Totzke, Angst und Religion, 11
[97] Kallis nennt die Hauptgründe dafür: „Die Bezeichnung der orthodoxen Kirche als johanneisch unterstreicht bildhaft, dass ihre Identität keine Doktrin, kein starres System der Dogmen und Vorschriften ist, sondern eine Lebensweise, in der die Liebe das barmherzige Prinzip des Christ- und Kircheseins darstellt.“ In: Kallis, Anastasios, Das hätte ich gerne gewusst – *100 Fragen* an einen orthodoxen Theologen, Theophano Verlag, Münster 2003, 21. Hierzu sei ergänzend bemerkt: Nach Kallis stellt der Katholizismus das petrinische Christentum das Prinzip der Autorität dar, der Protestantismus verkörpert das christlich-paulinische Prinzip der Freiheit, ebd. 19f
[98] Das Stehlen oder Rauben von Hostien, um sie dann als verwandelten Leib Christi zu „quälen“
[99] Durch neurotisch motivierte Selbstverletzung absichtsvoll vorgetäuschte Wundmale Christi

> Hexenverbrennung[100]. Alle drei Fakten – die ohne Zweifel neurotischen Ursprungs sind – sind in den Ostkirchen nicht nur nicht vorhanden, sondern schlicht unvorstellbar."[101]

Die „Kapuzinerpredigten" der römischen Kirche [102] entwarfen ein der Bibel und der gesamtkirchlichen Überlieferung widersprechendes Gottesbild. Vom 13. bis ins 20. Jahrhundert hinein wurden mittels dieses „Erziehungsmittels" irrationale Ängste der Gläubigen geschürt und „gepflegt".[103] Gegen Andersdenkende wurde auch in christlichen Kirchen nicht selten subtil getarnte Gewalt angewendet – von Augustinus über die Inquisition bis hin zu männlich geprägten kirchlichen Normen, die Frauen eindeutig diskriminieren.

> „Diese Machtanwendung gehört zu einer ekklesiologischen Fehlentwicklung, in der eine Trennung zwischen *Volk* und *Klerus* entstand, der als eine Machtinstitution betrachtet wurde, die sich, mit dem Privileg der Unfehlbarkeit[104] ausgestattet, über die Kirche stellt. Dies hat dazu geführt, daß unter dem Begriff Kirche viele noch heute den Klerus und insbesondere die Bischöfe verstehen."[105]

Heute ist diese Stufe in der protestantischen wie auch in der römisch-katholischen Kirche überwunden.[106] Überwunden auch „dank" der inzwischen offen zutage getretenen Schwächen und Fehlentscheidungen kirchlicher Hierarchien, deren konkretes Verhalten immer mehr Menschen dazu ermutigt, Fehlentwicklungen einzuklagen und tätige Reue von den Fehlbaren zu fordern. Psychotherapeutisch bedeutsam ist hier der vom evangelischen Theologen Paul Tillich formulierte „Seins-Mut", der die angstneurotische Minimierung oder Negation des eigenen Seins negiert.[107] Hier fehlt der Raum, um auf die feinen psychologischen Unterschiede zwischen Angst und Furcht auch in religiöser Hinsicht eingehen zu können. Doch zumindest die Ängste des (Kirchen-) Mannes vor der Frau, genauer: vor dem Weiblichen, sollen kurz beleuchtet werden.

Das Wiederentdecken des Weiblichen in unserer Zeit ist eine Wiederkehr des Verdrängten. Der weibliche Archetypus[108], die Mutter allen Lebens, ist nicht nur in den tiefsten Seelenschichten der Frau, sondern auch in denen des Mannes verankert. Ein rein männliches Gottesbild, die Ängste der Kirche [109] und die Angst des Mannes vor der Frau [110] weisen auf ein Verdrängen der Anima hin und somit auf das Verdrängen weiblicher Elemente im Manne selbst.[111] Daran leiden nicht bloß die Männer, sondern auch die Frauen, und mit beiden

---

100 „Die relative Entwertung der Frau bedeutet: der Mann liebt sie in einem gewissen Sinne weniger, dafür tritt die Frau als Verfolgerin auf, d.h. als Hexe. Auf diese Weise entwickelte sich mit und infolge der gesteigerten Marienverehrung der Hexenwahn, dieser unauslöschliche Schandfleck des späten Mittelalters." In: Jung, Die Flamme des Eros, 59

101 Totzke, Angst und Religion, 12

102 Insbesondere jene des römisch-katholischen Predigers und Poeten Abraham a Sancta Clara (*1644 †1709)

103 Vgl. Totzke, Angst und Religion, 16

104 „In Anbetracht der Begrenztheit menschlicher Erkenntnis und Sprache kann eine dogmatische Artikulierung der göttlichen Offenbarung niemals einen Absolutheitsanspruch erheben." In: Kallis, 100 Fragen, 57

105 Ebd. 53ff

106 Totzke, Angst und Religion, 16f

107 Ebd. 18

108 „typto" (gr.) = schlagen, prägen, kerben. Archetypen sind ur-eingeprägte und ur-prägende Inhalte des kollektiven Unbewussten, einschliesslich Märchen und Mythen. Vgl. hierzu Jung, Carl Gustav, *Archetypen*, Deutscher Taschenbuchverlag GmbH & Co. KG, München 1971-1990, 4. Aufl. 1993, 8f

109 Vgl. Jordahl, David, *Die zehn Ängste der* [evangelischen] *Kirche*, Kreuz Verlag, Stuttgart 1993. Angst vor: Menschen, Religionen, Erfolg und Elite, Demokratie und Konflikt, (Homo-)Sexualität, Esoterik, Schönheit, Symbolen, Einheit und Katholizismus, Zukunft.

110 Vgl. Pohl, Rolf, *Feindbild Frau* – Männliche Sexualität, Gewalt und die Abwehr des Weiblichen, Offizin-Verlag, Hannover 2004, 388f

111 Freud beschränkt den Begriff des Unbewussten auf den inneren Ort aller verdrängten oder vergessenen Inhalte. C.G. Jung entdeckte unter diesem persönlichen Unbewussten die tiefere Schicht des kollektiven Unbewussten. Dieses bildet „eine in jedermann vorhandene, allgemeine seelische Grundlage überpersönlicher Natur", es ist „weltweite und

vor allem die westliche Gesellschaft durch Einbuße an Ganzheit bis hin zu der Auffassung, dass das Männliche wertvoller sei als das Weibliche. Die abendländische Tradition hat Frauen bereits im 5. Jahrhundert von vielem ausgeschlossen – z. B. im Athen des Hippokrates von der Ausübung ärztlicher Kunst –, was in der Folge das männliche Prinzip vom weiblichen entfremdete und trennte. Dadurch...

> „...geht den Männern durch Ausschluss oder Entwertung der weiblichen Kräfte auf den ‚unteren Ebenen' letztlich die *Auseinandersetzung und Kultivierung ihrer eigenen weiblichen Anteile* verloren. Die weiblichen Kräfte verschwinden schliesslich auch aus den spirituellen Ebenen – das Abendland hat keine Göttin mehr –, und damit lassen sich die männlichen Kräfte ebenfalls nicht mehr zur Vollendung bringen."[112]

„Der Orient [jedoch] hat immer und in vielerlei Form den weiblichen Urgrund des Seins vergottet, die magna mater Deorum, als Isis am Nil, als Istar-Manu am Euphrat, als Astarte in Kanaan, als Kybele in Kleinasien, als große Weltenmutter in China, als Durga in Benghalen."[113] Das Nichtanpassen an die innere Struktur der Schöpfung auch bezüglich unserer Geschlechtlichkeit ist eine schlimme Ignoranz und führt zu einseitigen Persönlichkeiten bei Mann und Frau. Vor allem aber führt sie zu einer falschen Religiosität. Denn diese Art von Religiosität meint, die Erlösung durch gute Taten *machen* zu können. Entscheidend jedoch ist die eigene religiöse Haltung, das Zurück zur Ruhe des Lauschens nach innen, wo allein Gewissheit, Erlösung und Auferstehung zu finden sind.

7. Besonders männlich konnotierte geistig-seelische Leiden

7.1 Machtphantasien und seelische Bedürftigkeit

Der Wille zur Macht, die Hybris des Triebes, sein zu wollen wie Gott, ist der gefährlichste Widersacher der Schöpfung, so lehrt die Geschichte von der Vertreibung aus dem Paradies. „Die Bewußtseinsebene, auf die sich der Mensch durch grenzüberschreitende Eigenmächtigkeit stellt, bewirkt seine Gefangenschaft durch die Naturmächte."[114] Doch wahrhaft teuflisch wird der Machttrieb erst, „wenn er sich mit Hilfe von Planung, Vorsatz, mit Wissen und Wissenschaft in den Dienst der Zerstörung von Schöpfung stellt."[115] Authentische, vom Machttrieb befreite Männlichkeit zeigt sich weder im altertümlichen Patriarchat noch in „weiser" Überlegenheit, nicht in der Herrschsucht und nicht in subtiler oder roher Gewalt, sondern in der absichtslo-

---

weltoffene Objektivität". Seine Inhalte sind die sog. Archetypen, seit Urzeiten vorhandene allgemein Urbilder wie z.B. Mythen oder Märchen. Jung fordert als erste Mutprobe die Begegnung mit sich selbst, danach – als Gesellenstück – die Begegnung mit dem eigenen Schatten und als Meisterstück, wie er sagt, die Begegnung mit der Anima. Die Anima ist „ein natürlicher Archetypus, der in befriedigender Weise alle Aussagen des Unbewussten, des primitiven Geistes, der Sprach- und Religionsgeschichte subsumiert. Sie ist ein ‚factor' in des Wortes eigentlichem Sinne." Dennoch repräsentiert die Anima nicht die Gesamtheit des unbewussten Seelenlebens, sondern ist ein zentraler Aspekt desselben, ein Archetypus unter vielen. Für den Mann ist die Beziehung zur Anima eine Feuerprobe seiner geistigen und moralischen Kräfte, denn in ihr wird er mit dem Weiblichen schlechthin konfrontiert – auch mit dem Irrationalen in sich selbst. Dem Animus weist Jung die Funktion des Vermittelnden zwischen bewussten und unbewussten Inhalten und Bildern zu. Genaueres in GW 9/1, Die *Archetypen* und das kollektive Unbewußte, 13-51, 34[30], 35-37, 214, 304, 305

[112] Berner-Hürbin, Annie, Hippokrates und die *Heilenergie* – Alte und neue Modelle für eine holistische Therapeutik, Schwabe & Co. AG Verlag, Basel 1997, 95ff (Kursives von der Autorin)

[113] Schubart, Walter, Europa und die *Seele des Ostens*, Vita Nova Verlag, Luzern 1938, 188

[114] Meves, Christa: Die *Bibel antwortet* uns in Bildern – Zugänge zu Lebensfragen aus tiefenpsychologischer Sicht. Eigenverlag / Book on demand, Hamburg und Frankfurt 2000, 20

[115] Dies. 165

sen und hingebungsvollen Liebe zu allem Lebendigen, zur Schöpfung Gottes. Zugespitzt zeigt sich dieser Gegensatz zum tradierten Bild von Männlichkeit in der Schamanin und im Schamanen. Diese Weisen und Seher wurden und werden von unzähligen Stämmen und Kulturen stets als androgyn erlebt, sie haben die Fähigkeit, in der spirituellen Ekstase auf männliche Weise Mann, und auf männliche Weise Frau zu sein – das Ergebnis eines langen Lebens- und Erfahrungsweges hin zur starken alten Frau und zum sanften alten Mann. Das ist das Ziel dieses Mythos[116] vom Mann und Frau sein. „Denn fast keine Tugend flieht der Dämon so wie die Sanftmut."[117] Im Westen wird seit langer Zeit das Göttliche mehr und mehr ersetzt durch das „weiße, männliche System", das sich blasphemisch an Gottes Stelle setzt und im Machbarkeitswahn auszugleichen versucht, was ihm an spiritueller Grundlage fehlt.[118] Damit sind Grundlagen und Ursachen von Sucht in mancherlei Form gelegt. Seit der Vertreibung aus dem Paradies wird mit allen Mitteln der Moderne trotzig das Sein-wollen-wie-Gott versucht, statt Abschied zu nehmen vom Noch-mehr-von-allem.

An Johannes dem Täufer, dem Vorläufer, wie ihn die Orthodoxie nennt, können wir bildhaft erkennen, was und wie ein Mann ohne Machtgelüste und ohne seelische Bedürftigkeit ist. Er verspricht mahnend, dass ein Sich-ändern jedermann und jederzeit möglich, ja nötig sei. Er bekehrt nicht durch pharisäische Worte, sondern durch den Heiligen Geist, durch echte Spiritualität. „Kurz zusammengefasst kann man das Wesen dieser Spiritualität so beschreiben: Aus der erfahrenen Liebe Gottes entsteht der neue Mensch in neuer Gemeinschaft."[119]. Nicht *aus* eigener Kraft, sondern *in* der Kraft der Propheten geht er voran und führt die Abgefallenen zum Vater zurück. Er geht dem Herrn voran und bereitet ihm den Weg – dienen und leisten in freier Demut, daraus bestünde die wahre Dienstleistungsgesellschaft. Er tadelt die Mächtigen ob ihrer Schandtaten, ruft auf zu Mäßigung und Bescheidenheit sowie zum Teilen mit den Bedürftigen. Und schließlich tauft er unseren Herrn, zusammen mit dem ganzen Volk.[120] Orthodoxe Priester und Diakone sprechen und singen mit besonders kräftiger und „männlicher" Stimme genau jene liturgischen Elemente, die das demütige Bekenntnis zum Pantokrator, zum Allherrscher, betonen [121] – ganz im Gegensatz zu all dem, was Männer in der Öffentlichkeit gerne lautstark und selbstherrlich von sich geben. „Denn Jesus ist das Abenteuerlichste, Aufrechteste, Brennendste und Liebenswürdigste, das im Christentum zu finden ist."[122]

[116] Hier verstanden als grundlegende Möglichkeit zur Erklärung und zum Verständnis der Welt. Man denke hier zudem an die Reihe Mythos → Ritus → Ethik → Gesellschaft → Pietas, um die zentrale Bedeutung von Mythen in Religionen und Spiritualitäten anzutönen und zu erahnen. Vgl. Rutishauser, Christian, *Spiritualität im Kontext* – Eine zeitgeschichtliche und religionswissenschaftliche Verortung, in: Leutwyler, Samuel/Nägeli Markus (Hg.), Spiritualität und Wissenschaft, Forum für Universität und Gesellschaft, Universität Bern, vdf Hochschulverlag ETH Zürich 2005, 185-196

[117] Vgl. Evagrios, Der Praktikos, 25

[118] Vgl. zu dieser Thematik: Rohr, Richard, *Vom wilden Mann* zum weisen Mann, Claudius Verlag, München 2006, 31f

[119] Schäfer, Wilhelm, Chancen der Glaubenserneuerung, in: Simon, Werner/Delgado Mariano (Hg.), *Lernorte* des Glaubens – Glaubensvermittlung unter den Bedingungen der Gegenwart, Morus-Verlag Berlin 1991, 152

[120] Vgl. Lk 1 bis 3, sowie Hoerni-Jung, Bild des Weiblichen, 118f

[121] Vgl. Gogol, Nikolaj Vassiljewitsch [1809-1852], Betrachtungen über *die göttliche Liturgie*, Verlagsbuchhandlung Der Christliche Osten, Würzburg 1989, 69, 72

[122] Bachl, Gottfried, *Der schwierige Jesus*, Verlagsgemeinschaft topos plus, Kevelaer 2005, 102

7.2 Tabuisierte Sexualität, Sexismus und Pornographie[123]

Es kann hier nicht breit dargestellt und begründet zu werden, dass die im Titel genannten Themenkreise besonders in der so genannten zivilisierten westlichen Welt auf schwerwiegende – zum Teil sogar strukturell begründete (man denke z.B. an Massenvergewaltigungen in Kriegen) – seelische Probleme und Störungen vor allem bei Männern verweisen. Die Zahl entsprechender Studien und Statistiken, die dies wissenschaftlich belegen, ist Legion.[124] Aus räumlicher Beschränkung muss weiter auf das Darlegen der Anwendung entsprechender gesetzlicher Normen [125] verzichtet werden. Im Folgenden muss jedoch interessieren, was rechtgläubige Verehrung der Gottesgebärerin zur Vermeidung, Verminderung und Heilung dieser Übel auch heute noch beitragen kann. Ihr griechischer Name „Theotokos" sagt es ja bereits: „tiktein" bedeutet erzeugen, hervorbringen – „eine Mutter hat ihr Kind schon, eine Gebärerin ist stets am Werk."[126] Gott will stets und überall immer wieder neu geboren werden. Wo Wesentliches geboren wird, ist die Frau präsent.

7.3 Leistungsstreben und Verlustängste

„Die moderne Gesellschaft setzt uns unter Druck, aufzuzeigen, was wir leisten können. Jeder wird nach seinen Leistungen beurteilt: geschätzt oder verachtet. Das ist das herrschende Gesetz nicht nur in der materiellen Welt, sondern auch in zwischenmenschlichen Beziehungen."[127] Das ist das Eine. Doch zum Andern nutzen wir durch Anstrengung und Leistung auch unsere Ressourcen und verwirklichen unsere Begabungen, das macht und hält uns seelisch gesund, und in entspannter Hingabe an eine gemeinsame Sache kann sich das Gefühl von Zugehörigkeit und Begeisterung entfalten. Diese das Individuum transzendierende Haltung bildet den Rahmen auch des Mannseins. Männer stehen oft in der Gefahr, sich mit dem Stolz auf ihre Leistungsfähigkeit und Macht zu begnügen. Doch einseitig an Leistung orientierte Haltungen führen leicht zu Überheblichkeit, Machtgehabe und Konkurrenzkampf, auf die Dauer zu Selbstüberforderung, Stress und Zusammenbruch. Und zu Verlustängsten: Was oft über lange Zeit mühsam und entbehrungsvoll erarbeitet wurde, soll lange vorhalten, darf nicht leichthin wieder verloren sein, ist oft Grund genug, es krampf-

[123] Hier gelte folgende Definition und Haltung des Autors: Pornographie ist jede verharmlosende, verherrlichende oder erniedrigende sexuelle Darstellung von Menschen in Bildern und/oder Worten, aus denen hervorgeht, dass die zum Sexualobjekt Degradierten Erniedrigung, Verletzung oder Schmerz zu genießen scheinen, dass sie vaginal, anal oder oral vergewaltigt werden, dass sie von Tieren oder Gegenständen penetriert werden, dass sie gefesselt, geschlagen, verletzt, misshandelt, verstümmelt, zerstückelt oder sonstwie Opfer von Zwang und Gewalt werden. Indem sie Frauen und Männer als beliebig verfügbare Lustobjekte einer männerdominierten Gesellschaft vorführt, fördert Pornographie das Unterwerfen und Erniedrigen von Frauen und Männern, wodurch sie letztlich sexuelle und kulturelle Rahmenbedingungen schafft, die Vergewaltigungen und sexuellem Missbrauch Vorschub leisten

[124] Pohl und Zilbergeld (s. Literaturliste) liefern umfassende Überblicke und Hintergründe zu diesen Themen. Die derzeit laufenden Strafuntersuchungen zu unzähligen Missbrauchsfällen in kirchlichen Einrichtungen können als Indiz dafür gelten, dass zwischen Religion, Kirche, Eros und Sexus zu viele und zu brennende Fragen offen sind, als dass man zur Tagesordnung übergehen dürfte, wie es leider auch von Vertretern der Kirchen immer wieder versucht wird

[125] z.B. Bundesgesetz vom 24. März 1995 über die Gleichstellung von Frau und Mann („Gleichstellungsgesetz"), http://www.admin.ch/ch/d/sr/1/151.1.de.pdf; oder Informationen und Dokumentationen des Schweizer Staatssekretariates für Wirtschaft SECO: http://www.seco.admin.ch/themen/00385/02747/02752/02794/index.html?lang=de

[126] Hoerni-Jung, Bild des Weiblichen, 55

[127] Jalics, Franz, *Kontemplative Exerzitien* – Eine Einführung in die kontemplative Lebenshaltung und in das Jesusgebet, Echter Verlag, Würzburg 2008, 68f. Eine biblische Illustration dieses unmenschlichen Leistungsdenkens liefert auch das Gleichnis vom barmherzigen Samariter (Lk 10, 30-37): Priester und Levit sahen den Misshandelten nur mit ihren äusseren Augen und folgten ohne zu helfen „leistungsorientiert" ihren Verpflichtungen; doch der Samariter „hatte Mitleid", sah den Überfallenen auch mit inneren Augen, half ihm und sorgte für ihn, ungeachtet eigener Sorgen

haft festhalten zu wollen – seien es so gewonnene Menschen oder Dinge. Einseitige Leistungsorientierung ist auch deshalb problematisch, weil sie hierarchisches und faschistoides Sozialverhalten unterstützt: Um die Gruppenzugehörigkeit zu verstärken, wird Fremdes und Schwaches abgewertet, eigene Macht wird zur Unterdrückung anderer missbraucht. Auf Gewinnmaximierung und Konkurrenzkampf Eingestellte entsprechen zwar äußerlich dem Anforderungsprofil der globalisierten Wirtschaft, sie setzen sich durch und haben Macht. Aber was ist mit dem doppelseitigen Liebesgebot? Bleibt da noch Raum, Energie und Vertrauen genug für sich selbst und für die Nächsten? Bleibt da noch genug Mut zur heilenden Schwäche?

> „Dem wahren Selbst zu vertrauen beginnt mit einer Niederlage. Wir erkennen, dass wir die Lebensenergie nicht aus uns selbst schöpfen können, dass unser eigenes kleines Selbst an seine Grenzen kommt. Die Verwandlung beginnt, wenn Gott uns an die Grenzen unserer eigenen Möglichkeiten führt...Der Mensch muss ins große Selbst hinein zusammenbrechen.“[128]

Reife Beziehungspflege sprengt die Begrenzungen der eigenen Bezugsgruppe und entwickelt Interesse, Solidarität und Verantwortung für das Andere, das Fremde und sozial Schwächere. Emanzipation bedeutet hier, die Gefahren gesellschaftlicher Leistungszwänge zu durchschauen und als Gegenreaktion die emotionale Intelligenz vermehrt zu pflegen. Gemütvolle Beziehungspflege beruht auf Empfindungsfähigkeit, dem Ausdrücken von Gefühlen, dem Einfühlen in andere und dem Verständnis für sie, auf jenen Eigenschaften, die sich Männer unter dem Druck des Berufsalltags oft abgewöhnen und die sich erst in schöpferischer Muße, beim Loslassen, Entspannen und Feiern besonders fruchtbar entfalten – auch im Gottesdienst. In der orthodoxen Göttlichen Liturgie werden beim Zitieren und Kommentieren der Seligpreisungen die Kleinen, Schwachen und Armen im Geiste erhöht – und nicht die „männlich Leistungsfähigen“, „Trainierten“ und „Risikofreudigen“: Sich nicht über andere erheben; Weinen über die eigene Sündhaftigkeit und Betrübnis; Preisen der Sanftmütigkeit; Verlangen nach *himmlischer* Gerechtigkeit in sich selbst; Mitleid mit jedem Bittenden; Gott schauen in reinem Herzen; Frieden und Versöhnung hier und jetzt; Ertragen jeglicher Verfolgung um des Himmelreiches willen.[129]

8. Neurotische „Anbetung“ des Weiblichen versus reifes Verehren der Frau

8.1 Vom Sexus zum Eros

Wahre Liebe will das Geliebte erhöhen, will es im Glanz des Absoluten sehen. Neurotische Liebe will das Geliebte fesseln und verschlingen, will sich nicht hingeben, sondern will hinnehmen und erniedrigen – ein Muster, welches ganz offensichtlich deutlich häufiger von Männern als von Frauen gelebt wird.

> „Wenn der Mann anbetet und sich anbetend der Geliebten oder der Gottheit hingibt oder sich hingebend mit ihr vereinigen möchte, folgt er den weiblichen Antrieben seiner Seele und verleugnet er das Eigentümlich-Männliche, das immer auf Besitz, auf Herrschaft und Unterwerfung gerichtet ist, sei es von Weibern, Göttern oder Dämonen. Der Begehrliche und der magische Mensch stimmen darin überein, daß sie der Frau und der Gottheit in der gleichen Seelenhaltung entgegentreten, nämlich mit dem Willen zur Macht. Dadurch töten sie die erotische und die religiöse Empfindung. Wo die Begierde wütet, kann sich keine Geschlechterliebe, wo der magische Unterwerfungswille wirkt, keine religiöse Demut entfalten. Das Begehrliche und das Magische sind Elemente der männlichen Natur.

---

[128] Rohr, Richard, Befreiung vom Ego – Wege zum wahren Selbst, Verlag Claudius, München 2008, 32f. Vgl. hierzu Jesu Gleichnis vom Weizenkorn, das in der Ackerfurche „sterben“ muss, um Weizen in Fülle zu werden (Joh 12,24)

[129] Gogol, Die göttliche Liturgie, 40f

Sie ist im Grunde auf das Lieblose und auf das Gottlose angelegt, bis in ihr das Erlösungsmotiv aufkeimt und sie umgestaltet."[130]

Das Wesen erlösender Liebe ist Aufbruch aus der Einsamkeit des bloßen Tuns, ist Heimkehr in gemeinschaftliche, göttliche Ganzheit und Einheit. „Der geliebte Mensch verkörpert dem Liebenden diese Einheit oder bietet sich ihm als Medium und Führer zu dieser Einheit an. Wenn sich zwei Liebende finden, so schließt sich an einer Stelle des Kosmos die Wunde der Vereinzelung."[131] Der Sinn erlösender Liebe ist Umwandlung des Menschen, ist letztlich die Einung mit Gott.[132]

„...wenn es nicht gelingt, Religion und Erotik in eine neue, nahe und glückliche Beziehung zu setzen und die Menschenwürde mit der Geschlechtlichkeit auszusöhnen, wird es nicht zu jener Wiedergeburt der Religion kommen, auf die heute viele hoffen und von der sie alles erwarten. Wenn es aber gelänge, so erhielte der Eros eine neue sakrale Würde, die Religion neue vitale Kraft, und der Mensch, hart geworden in den Irrtümern von Jahrtausenden, zerrissen und seiner Einheit beraubt, fände mit der Einheit auch den verlorenen Frieden seiner Seele wieder...Die Erotik will regelmäßig den Geschlechtstrieb mitumfassen, aber nicht aller Geschlechtstrieb läßt sich in Erotik veredeln. Erotik ohne Geschlechtstrieb gibt es nicht; sie hat die Geschlechtersehnsucht nötig (die den Drang nach leiblicher Vereinigung nicht einzuschließen braucht). Dagegen ist Geschlechtstrieb ohne Erotik möglich. Unter Tieren ist dies die ausschließliche und unter Menschen die häufigste Art der Geschlechtsbeziehung (Sexualität)."[133]

Entschlafen sind nun wilde Triebe mit jedem ungestümen Tun,
Es reget sich die Menschenliebe, die Liebe Gottes regt sich nun.
J. W. v. Goethe, Faust I, Studierstube

Ganz offensichtlich haben viele Männer – und wohl auch etliche Frauen – die Vorstellung, Erotik sei dasselbe wie Eros, Sexualität dasselbe wie Sex – und zudem noch, Erotik sei dasselbe wie Sex. Eine milliardenschwere Industrie bestätigt Frauen und Männer via Medien und allerlei Konsumierbares in diesen fatalen Irrtümern. „Der Mann meint, eine Frau zu besitzen, wenn er sie sexuell hat. Er hat sie nie weniger."[134] Denn „die Liebe hält es wie Gott: Beide geben sich nur ihrem tapfersten Knechte."[135] Tapferer Knecht – welcher Mann will das schon sein?! Tapferer Held, das ja, aber tapferer Knecht? Diese scheinbare Paradoxie nicht nur passiv aushalten, sondern aktiv leben zu wollen – das ist ein zentraler Teil der Individuation[136] des Mannes, wie sie die Tiefenpsychologie besonders von Männern nicht bloß erwartet, sondern verlangt: Das Aufgeben aller Formen von Gier und Macht, von Besitzen- und Beherrschenwollen in der Liebe, sowie das Aufgeben liebloser Sexualität zugunsten herzlicher erotischer „Hinwendung zum Du".[137,138] Wenn die Liebe, die sich empirisch als die Schicksalsmacht par excellence erweist, „als ‚göttlich' aufgefasst wird, so kommt ihr diese Bezeichnung mit Fug und Recht zu, denn das schlechthin Mächtigste in der Psyche wurde von jeher

[130] Schubart, Walter, *Religion und Eros*, hrsg. von Friedrich Seifert, Verlag C. H. Beck, München 1966/2001, 73
[131] Ebd. 103
[132] Hierin liegt die metaphysische Rechtfertigung der Einehe und ihre Erhebung zum Sakrament
[133] Schubart, Religion und Eros, 8f
[134] Jung, Carl Gustav, *Gesammelte Werke* (GW), hg. von Lilly Jung-Merker, Elisabeth Rüf und Leonie Zander, Verlag Walter, Olten/Freiburg i. Br. 1971ff, Bd. 10, § 255
[135] Jung, GW 7, § 232
[136] Im Individuationsprozess wird Unbewusstes ins Bewusstsein integriert. Vgl. Jung GW 9/1, Archetypen, 291-307
[137] Vgl. Buber, Martin, Der *Weg des Menschen* nach der chassidischen Lehre, Gütersloher Verlagshaus, Gütersloh 1960, 13. Aufl. 1999, 21ff. „Der Mensch wird am Du zum Ich" in: Ders. *Ich und Du*, Verlag Reclam, Stuttgart 1995, 28
[138] Schellenbaum, Peter, Das *Nein in der Liebe* – Abgrenzung und Hingabe in der erotischen Beziehung, Deutscher Taschenbuch Verlag GmbH & Co. KG, München 1986, 44f

als ‚Gott' bezeichnet."[139] Bei jenen, die sich vom verführerischen Glamour banal verstandener „Liebe" vereinnahmen lassen, erzeugt der Widerstand gegen jenes andere, zutiefst göttliche Lieben die Unfähigkeit zur wahren Liebe. Wo wahre Liebe endet, beginnen Macht, Vergewaltigung und Terror – auch in der Kirche. Wie wir als Erwachsene mit Sexualität und Erotik gedanklich, emotional und konkret umgehen, ist nebst genetischer Veranlagung auch das Ergebnis unserer – mehr oder weniger gelungenen – Individuation in jener Familie, Gesellschaft und Kultur, in der wir aufwuchsen, lebten und leben.

> „Was eine Kultur ihren Mädchen und Jungen beibringt, hängt von ihrem jeweiligen Männer- und Frauenbild ab, also davon, was sie von diesen Kindern will, wenn sie einmal erwachsen sind. Obwohl wir seit einigen Jahren überdenken, was wir von Männern und Frauen erwarten wollen, üben die traditionellen Definitionen doch noch einen sehr großen Einfluss aus. Eine Reihe von Studien hat festgestellt, dass die Erwartungen, die wir an Männer stellen, in ein paar wenigen Merkmalen zusammengefaßt werden können: Stärke und Selbstvertrauen, Erfolg, nicht verweichlicht sein (in anderen Worten: nicht wie Frauen zu sein), sowie sexuelle Versiertheit und sexuelles Interesse."[140]

Die erotisch-sexuelle Identität von Frauen und Männern ist untrennbar mit deren kulturell konnotierten Geschlechterrollen verbunden. Eine tiefe Angst treibt viele Männer um:

> „Die Sorge, nicht für einen Mann gehalten zu werden, versetzt Männer in einen Zustand fast ständiger Wachsamkeit und Angst. Sie ist auch der Grund für eine gewisse Unflexibilität. Wenn das Resultat einer Verhaltensänderung einen schrecklichen Identitätsverlust zur Folge hat, ändert man sich nicht leicht. Diese Situation ist aber nicht neu, sie existiert in den westlichen Gesellschaften schon seit Hunderten von Jahren. Neu ist, daß die traditionelle Definition von Männlichkeit hinterfragt und angegriffen wird und die Botschaften an die Männer recht widersprüchlich geworden sind. Denn von den Männern wird einerseits immer noch verlangt, alle männlichen Tugenden zu zeigen, aber andererseits sollen sie jetzt auch sensibel sein und ihre Gefühle zeigen, also über Eigenschaften verfügen, die früher als genuin weiblich galten. Ein Mann zu sein ist schwieriger geworden als jemals zuvor."[141]

Die eigene, nicht bearbeitete, nicht integrierte Angst vor dem Weiblichen, des Weiblichen sowohl in sich selbst als auch per se, kann bei Männern sehr schnell in Aggression und Gewalt gegen „die Frau" umschlagen. Am Grad der Frauenverachtung des Mannes lässt sich ablesen, wie groß seine Angst vor der Frau ist. Der bereits zitierte Rolf Pohl, Professor für Sozialpsychologie an der Universität Hannover, ist diesen Phänomenen vertieft nachgegangen. Seine psychoanalytische Theorie der Männlichkeit bringt Unabweisbares zutage, das hier jedoch nur so weit gestreift werden kann, als es unserer Sache unmittelbar dient.

> „Die »Schlüsselproblematik« der Angst des Mannes vor der Frau und ihrer Verarbeitung durch archaische Abwehrmechanismen ist also, so fasst Robert Bak die Freudsche Auffassung vom Auslöser des perversen Geschehens zusammen, »im Entsetzen vor dem weiblichen Genitale zu suchen«[73], wobei der eigentliche Auslöser in der regelmäßig und fast automatisch durch die sexuellen Reize der Frau und des weiblichen Körpers ausgelösten »phallisch-genitalen Erregung« (Khan) des heterosexuellen Mannes zu finden ist. Die Vielfalt der Perversionen weist auf unterschiedliche Wege bzw. lebensgeschichtlich erworbene Modi des Umgangs mit dieser Zwangslage hin."[142]

---

139 Jung, GW 5, § 98

140 Zilbergeld, Bernie, Die neue *Sexualität der Männer*, Verlag Deutsche Gesellschaft für Verhaltenstherapie dgvt, Tübingen 1994, 4. Aufl. 2000, 23. Dr. phil. B. Zilbergeld (*1939 †2002) war klinischer Psychologe in Berkley, spezialisiert auf männliche Sexualität

141 Ebd. 22

142 Pohl, Feindbild Frau, 389. Die Fussnote 73 im Zitat bezieht sich auf: Bak (1953), Der Fetischismus, dort 113

Gerade weil die Gottesgebärerin in ihrem Wesen nichts hat, was auch nur im entferntesten an die männlich phantasierte animalische und verschlingende Gier des weiblichen, insbesondere des mütterlichen Objekts [143] erinnert, kann sie von Männern „gefahrlos“ verehrt werden. Von ihr geht keinerlei Bedrohung, keine unmittelbare Infragestellung des Mannseins aus. „Die Nüchternheit der Orthodoxie widersetzt sich dem Einbringen einer auch nur leichten Nuance von Erotik in die Verehrung der Gottesmutter.“[144] Sie repräsentiert durch ihr biblisch belegtes, klares und aufrichtiges Verhalten [145] einen Frauentyp, der als Projektionsfläche weder für pornographische Huren- noch für süßliche Madonnenbilder herhalten kann – jenem neurotischen, doppelgesichtigen Zerrbild des Weiblichen, dem viele Männer unterliegen.[146] Die Angst vor dem eigenen Trieb überträgt der Mann nicht selten in pervertierter Form auf das Triebziel, die Frau:

> „Die duldende Madonna wie die verfügbare Hure sind Zerrbilder der ersehnten Urfrau, die sich der Männlichkeit öffnet, weil sie das Männliche erkennt, wertschätzt und liebt. Je mehr Männer Frauen zu diesen Zerrbildern hinzerren, desto weniger erreichen sie sie. Je mehr Frauen sich zu diesen Zerrbildern hinzerren lassen, desto weniger finden sie sich selbst.“[147]

Die Gottesgebärerin – insbesondere in ihrer erlösungsbedürftigen Auffassung sowohl der frühen römisch-katholischen als auch der orthodoxen Kirche seit jeher – erscheint uns damit erst recht als ganz normale Frau, die Verfolgung und Armut kennt,[148] die ob ihrer unverhofften Schwangerschaft erschrickt,[149] die ängstlich ihren Buben sucht und ihn glücklich im Tempel findet,[150] die ihren Sohn auf der Hochzeit zu Kana derart unter Druck setzt, dass er sich rüde von ihr abgrenzt[151], die erfahren muss, dass man ihrem auserwählten Sohn widersprechen wird,[152] dass man ihn verhaftet, foltert und kreuzigt, die ihren Sohn schrecklich sterben sieht.[153] Im Leiden und Sterben ihres Sohnes hat sie die „beeindruckende Freiheit und Souveränität des Märtyrers“ und die von Gott erzielten Wirkungen der Bloßstellung und des Unterlaufens staatlicher Tötungsmacht erkannt und miterlebt.[154] Damit ist sie prädestiniert, besonders Männer an die Grenzen des Machtstrebens zu erinnern und zu bezeugen, dass die Macht Gottes sich am eindringlichsten in der scheinba-

[143] Ebd. 390
[144] Bulgakov, Sergij Nikolaevic, *Die Orthodoxie* – Die Lehre der orthodoxen Kirche, Paulinus Verlag, Trier 2004, 183
[145] Lk 1,38 (bei der Verkündigung durch den Engel: „Ich bin die Magd des Herrn, mir geschehe, wie du es gesagt hast.“), Joh 2,5 (auf der Hochzeit zu Kana: Seine [Christus‘] Mutter sagte zu den Dienern: „Was er euch sagt, das tut“)
[146] Sog. „Huren-Madonnen-Syndrom“: kein wissenschaftlich definierter, aber verhaltenspsychologisch begründeter Ausdruck, der folgendes meint: Aus ängstlicher Unfähigkeit, bei der/dem unantastbaren, „heiligen“ Partnerin/Partner nicht ausdrücken können, was man(n)/frau sexuell teilen möchte, und sich in der Folge das nicht zu sagen Gewagte ausserhalb der eigenen Beziehung bei der/dem mehr oder weniger anonymen Partner/in („Hure“/„Lover“) zu suchen und erfüllen zu lassen. Sigmund Freud beschrieb diese überwiegend männlich konnotierte Neurose unter dem Titel Objektspaltung – das Liebesobjekt wird leibseelisch in ein Gegensatzpaar zerteilt und so „geliebt“. Die tiefenpsychologischen Ursachen für dieses seelische Leiden sind beschrieben in: Pohl, Feindbild Frau, Dritter Teil, Vorbemerkung, 283-293, sowie in: Perner, Rotraud A., *Mythos Frau*: Madonna oder Hure? Über Rituale des Dienens und Bedienens, in: Kulturverein Schloss Goldegg (Hg.), Tagungsband 15. Goldegger Dialoge, Mythen, Rhythmen, Rituale, 1997
[147] Perner, Mythos Frau, 260
[148] Mt 2,13-23
[149] Lk 1,26-38
[150] Lk 2,41-52
[151] Joh 2,3-5
[152] Lk 2, 34-35
[153] Joh 19,1-25
[154] Vgl. Siebenrock, Roman, *Christliches Martyrium* – Worum es geht, Verlagsgemeinschaft topos, Kevelaer 2009, 23

ren Ohnmacht seiner Zeugen zeigt.[155] Dieser Frau gebührt dennoch einzig deshalb unsere allerhöchste Verehrung, weil sie ihre Bestimmung aus freiem Herzen angenommen, Gott geboren und damit unser aller Heil ermöglicht hat.[156]

8.2 Liebe, Agape[157] und Caritas[158]

Weil auch das Gefühl von Zuneigung und Liebe im Gehirn entsteht, ist für Neurobiologen wie Professor Gerald Hüther an der Psychiatrischen Klinik der Universität Göttingen die Liebe längst ein Gegenstand wissenschaftlicher Forschung – mit oft überraschenden Ergebnissen:

> „So geht das Zeitalter der Vernunft mit zwei bemerkenswerten Erkenntnissen zu Ende. Erstens: Die Art und Weise, wie ein Mensch sein Denkorgan benutzt und was er damit produziert, hängt davon ab, von welchem Gefühl er beherrscht, von welcher Motivation er getrieben, von welchen Absichten er geleitet wird. Und zweitens: Wenn der Egoismus zum Leitmotiv des Denkens, Fühlens und Handelns von immer mehr Menschen wird, ist alles möglich, nur eines nicht: die Liebe."[159]

Das Gehirn ist die Basis allen Erlebens, ohne die alles nichts ist, wenn auch das Gehirn nicht alles ist.[160] Gefühle haben wir, sie wohnen in uns. Doch Liebe geschieht, wir wohnen in ihr. Liebe lässt uns die sich selbst genügende und genießende Schöpfungswonne Gottes erahnen. „An der echten Geschlechterliebe stirbt die Gottesliebe nicht, sondern sie rankt sich daran empor. Der Eros endet in Gott, wenn er den Kreis seiner Bewegung nicht vorzeitig abbricht...Im Gnadenstand der Liebe übt der Mensch die gewährende, nicht die begehrende Liebe. Er liebt, wie Gott die Kreatur liebt, mit der Agape."[161] Wir werden als von Gott geschaffene Geschlechterwesen nie frei sein *vom* Eros. Doch *durch* den göttlichen Eros können wir uns von drückender, unreifer Geschlechtlichkeit befreien. Je höher die wahre erotische Liebe über dem bloßen geschlechtlichen Eigenwillen steht, umso näher ist sie bei Gott.[162] So kann sich erfüllen, was biblisch geboten ist: „Du sollst deinen Nächsten lieben wie dich selbst."[163] Wer die Schöpfung auch nur in Teilen verwirft, kann Gott nicht zur Gänze lieben. Geläuterte Liebe kennt das Böse und das Entsetzliche – und bejaht sie

---

[155] Auch in/zwischen christlichen, männlich geprägten Kirchen sind Machtfragen zentral: „Der eigentliche Störenfried heißt Machttheologie." In: Kallis, Anastasios, *Orthodoxie* – Was ist das?, Theophano Verlag, Münster 2004, 21 und 37

[156] Zum Zusammenhang zwischen Heil und Freiheit vgl. ebd. 57ff

[157] Agape = christliche Liebe; sie gilt seit den Wüstenvätern als „Spross der Leidenschaftslosigkeit". Vgl. Evagrios Pontikos, Über die *acht Gedanken*, Weisungen der Väter Bd. 3, eingeleitet und übersetzt von P. Gabriel Bunge OSB, Beuroner Kunstverlag, Beuron 2007, 17

[158] Lat. Nächstenliebe; hier konkret verstanden als Vollzug des eigentlichen Wesens von Kirche in der Gesellschaft

[159] Hüther, Gerald, Die *Evolution der Liebe* – Was Darwin bereits ahnte und die Darwinisten nicht wahrhaben wollen, Verlag Vandenhoeck & Ruprecht GmbH & Co. KG, Göttingen 2007, 10. „Daß Charles Darwin auch der erste Naturforscher war, der [In seinem zweiten Buch „The Descent of Man, and Selection in Relation to Sex", 1878] versucht hat, die biologischen Wurzeln des Gefühls der Liebe und die Bedeutung der Liebe für die Menschwerdung herauszuarbeiten, wissen nur wenige." Ebd. 26

[160] Vgl. Roth, Wolfgang, Von der Neurobiologie zur Psychologie, in: Hüther, Gerald/Roth Wolfgang/von Brück, Michael, *Damit das Denken Sinn bekommt* – Spiritualität, Vernunft und Selbsterkenntnis, Verlag Herder GmbH, Freiburg i.Br. 2008, 56f

[161] Schubart, Religion und Eros, 272

[162] Der kaschmirische Shivaismus bietet hierzu eine eindrückliche Illustration: „Doch ohne Beziehung, ohne Liebe, ist keine Offenbarung möglich – und die Sprache des Tantra macht dies deutlich, wenn Bhairava [= Shiva; im Hinduismus einer der Namen Gottes] die Göttin [Shakti, die göttliche Energie] ‚meine Liebe' nennt, und die Göttin, wie es wörtlich am Ende heißt, Bhairava voll Seligkeit umarmt. Liebe und Gnade gehören zusammen..." in: Bäumer, Bettina, Vijñana Bhairava – *Das göttliche Bewusstsein*, Verlag der Weltreligionen im Insel Verlag, Frankfurt a.M./Leipzig 2008, 21, 67

[163] Lev 19,18

doch. So wie Dostojewski die Welt liebte: trotz aller Mängel und Schrecken der Schöpfung. Doch auch als Mangelwesen, die wir noch lange sind, dürfen, sollen und wollen wir uns und unseren Nächsten lieben.

> „Marienverehrung ist darum etwas, das von seiner eigenen letzten Wurzel her wirklich etwas mit der Nächstenliebe zu tun hat. Denn es gibt keine Mariologie, die für uns wichtig und bedeutsam sein könnte, wenn es nicht wahr wäre, daß jeder auch für das Heil seines Bruders verantwortlich ist und für ihn eintreten kann und muß durch Gebet, Opfer und Hilfe."[164]

9. Geistliche und geistige Heils- und Heilungsmöglichkeiten

Zu einem Leiden wird eine seelische Störung erst dann, wenn man an ihr leidend meint, man hätte sie nicht. Wie bei jeder neurotischen Störung ist der erste Schritt zur Heilung die Einsicht in das Vorhandensein eigenen Leidens entweder durch Erreichen der Leidensgrenze oder durch professionell-therapeutisches Bewusstmachen desselben, gefolgt vom hieraus sich langsam entwickelnden Bewusstwerden und Bewusstsein des Leidens. Dieser Prozess ist zwangsläufig schmerzhaft, es tut der Seele weh, einsehen zu „müssen", dass sie sich schuldlos irrte, dass sie schuldhaft verführt oder betrogen wurde oder dieses gar selbst wollte. Das Umsetzen neuer Einsichten und Erkenntnisse erfordert ein nicht geringes Maß an Mut und Zuversicht, eben jenes, welches durch die aufoktroyierte Neurose geschwächt wurde. Man erkennt die sublime Perfidie bösartig-neurogener Faktoren unserer zu großen Teilen entseelten Gesellschaft, ins Extrem gesteigert in der „Gehirnwäsche" vereinnahmender politischer oder (pseudo-)kirchlicher Gemeinschaften: Beide legen es darauf an, die seelisch-geistige Gesundheit und Widerstandskraft ihrer Gefolgschaft durch fanatische Indoktrination oder sublime bis offene Drohungen so weit zu schwächen und zu (zer-)stören, dass eine problemlose Gefolgschaft ihrer nunmehr ideologisierten und eingeschworenen Anhänger gesichert ist. Zusätzlich kann eine vorbestehende Neigung zum Masochismus die Heilung erschweren:

> „Es hat den Anschein, als ob die Patienten die vorhandenen und quälenden Schuldgefühle durch eine Art von ‚Selbstquälerei' abarbeiten oder ‚abbezahlen' wollten. Die selbstverursachten seelischen Leiden, die sich bis zu Höllenqualen steigern können, bilden so etwas wie ein Fegefeuer im Diesseits. Die starken Schuldgefühle verursachen ein masochistisches Strafbedürfnis. Die tiefgründige Leidenssehnsucht sucht mit allen Mitteln eine seelische Besserung und eine Heilung zu verhindern. Damit die fragwürdige und selbstkonstruierte Balance bestehen bleibt, wird jeder seelische Reifungsschritt und jede Gefühlsentfaltung mit neurotischem Leiden bezahlt. Dieser ‚Teufelskreis' ist nach meinen bisherigen Erfahrungen weder durch Beichte noch durch Gebete, weder durch Bekehrung noch durch den Zuspruch des Evangeliums aufzubrechen."[165]

Hier helfen nur noch zuwendende, liebevolle Geduld und psychotherapeutisches Arbeiten mit aufsteigenden Traumbildern der Leidenden. Oft bringt erst das Beweinen erlittenen oder verschuldeten seelischen (Selbst-) Betrugs die erhoffte Einsicht und Heilung, denn Tränen sind die Waschanlage der Seele. Paulus beschreibt dies trefflich: „Die gottgewollte Traurigkeit verursacht nämlich Sinnesänderung zum Heil, die nicht bereut zu werden braucht; die weltliche Traurigkeit aber führt zum Tod."[166] Die russische Ikone „Empfängnis der Heiligen Anna" Ende 16. Jahrhundert zeigt die Eltern Marias, die sich zärtlich küssen, nachdem beide aus

[164] Rahner, Mutter des Herrn, 26f
[165] Hark, Religiöse Neurose, 179
[166] 2 Kor 7,10; Kap. 7 beschreibt die Aussöhnung mit den Korinthern beispielhaft auch für therapeutisch Helfende

innerer Melancholie und äußerer Isolation wegen ihrer Kinderlosigkeit zurückgefunden haben ins Leben: Joachim war in seiner Männlichkeit gekränkt, Anna wegen ihrer Unfruchtbarkeit bedrückt. Und nun umarmen und küssen sie sich auf einer Türschwelle – der entscheidende Neubeginn:

> „Wir erleben im Text mit, wie das Aushalten der Depression und der Trennung für beide Partner eine gewandelte Grundeinstellung mit sich bringt, die Neues möglich macht. Jedem bringt ein Engel die frohe Kunde…Nicht die Symbiose ließ sie fruchtbar werden, sondern ihre Besinnung auf sich selbst, auf das durchgestandene Leiden an sich selbst.“[167]

Bei Johannes von Damaskus (670-750) klingt bereits die heilende Wirkung der Ikonenverehrung an, wenn er sagt: „Ich habe das menschliche Bild Gottes gesehen, und meine Seele ward gerettet.“[168]

9.1 Das Angebot der Logotherapie

Die Logotherapie nach Frankl kennt drei disziplinäre Ausprägungen: a) Die grundsätzliche Freiheit des menschlichen Willens formt ihr Menschenbild, die Grundlage ihrer *Anthropologie*, b) der Wille zum Sinn sowie wissenschaftlich anerkannte Methoden begründen ihre *Psychotherapie* und c) Aussagen zum Sinn des Lebens formen ihr Weltbild und begründen damit ihre *Philosophie*. Der Mensch muss, um zu sich selbst zu kommen, sich selbst überschreiten, sich transzendieren, sich von sich selbst distanzieren – in körperlicher, seelischer und vor allem in geistiger Hinsicht. „Neben der physischen und der psychischen Dimension sieht Frankl eine dritte, die noetische (Sinn-)Dimension des Menschen, in der sich ein Mensch über seine Psycho-Physis erheben kann – und muss.“[169] Die klassischen Methoden und Strategien der Logotherapie sind die Paradoxe Intention, die De-Reflexion und die Einstellungsmodulation. Hierzu folgendes in aller Kürze:

> „Die paradoxe Intention ist eine kognitive Therapietechnik, bei welcher versucht wird, die Entstehung eines Symptom-Teufelskreises von Anfang an zu unterbinden. Dazu wird der Patient nach entsprechender Vorbereitung dazu aufgefordert, sich das Eintreten des gefürchteten Symptoms intensiv zu wünschen; diese Aufforderung geschieht in einer humorvollen und angstinkompatiblen Weise, sodass ein sich aufschaukelnder Prozess der ‚Angst vor der Angst‘ schon frühzeitig zusammenbricht.“[170]

Paradoxe Intention und Intervention nach Frankl ist eine psychotherapeutische Strategie, die Leidenden ausdrücklich „verschreibt“, wovor sie sich *grundlos* fürchten; dadurch wird ihnen das Paradoxe ihrer Symptome bewusst gemacht. Aus logotherapeutischer Erfahrung heraus lässt sich sagen: Was der zuvor angstvoll Leidende sich letztendlich selber wünscht, kann ihn nicht mehr ängstigen. Wer über die Absurdität seiner Angst einsichtig schmunzeln kann, steht über ihr, er hatte Angst, aber sie hat ihn nicht mehr. Die Gottesgebärerin hat ihr eigenes und das Schicksal ihres Sohnes demütig angenommen, sie hat es aus freiem Willen wenn auch unter Tränen „gewollt“ – unser aller heilendes, weil heiliges Urbild der Frau.

> „Die Dereflexion ist keine Technik, sondern eine therapeutische Strategie mit dem Ziel, pathogene Hyperreflexionen abzubauen und die Aufmerksamkeit des Patienten auf die in seiner jeweiligen Situation enthaltenen Werte und Sinnverwirklichungsmöglichkeiten zu lenken. Dieses Ziel kann sowohl

[167] Hoerni-Jung, Bild des Weiblichen, 23ff
[168] PG 94, 1256 A, in: Kallis, Orthodoxie, 97
[169] Roth, Wolfgang, in: Hüther/Roth/von Brück, Damit das Denken Sinn bekommt, 61f
[170] Riedel, Christoph/Deckart, Renate/Noyon, Alexander, *Existenzanalyse und Logotherapie* – Ein Handbuch für Studium und Praxis, Verlag Primus 2002, 152

durch therapeutische Gespräche als auch durch andere Verfahren (gestaltende Therapie, Musiktherapie etc.) verwirklicht werden."[171]

Hier berührt die Logotherapie die Thematik des Aufgebens des Ego, das Sich-selbst-verlieren in Höherem, Wichtigerem, Sinnvollerem. Auch hier kann uns die selbstlos-tapfere Haltung der Gottesgebärerin leuchtender Leitstern sein. Als drittes sei hier noch die logotherapeutische Einstellungsmodulation erwähnt:

„Eine störungs- oder situationsspezifische Indikationsvorschrift für eine Einstellungsmodulation lässt sich nicht geben…Mitunter kann dies bereits die erste Notwendigkeit für eine Einstellungsmodulation sein, wenn ein Klient eine schicksalhafte Gegebenheit als veränderbares Problem betrachtet und sich somit vergeblich um eine ‚objektive Lösung' bemüht, wo gar keine möglich ist."[172]

Besonders bei schicksalhaftem Leiden ohne schulmedizinische Heilungsaussicht kann erfolgreiche Einstellungsmodulation sich als Königsweg erweisen. Wer fest gegründet in der Erkenntnis seines Schicksals auf demselben steht, steht höher als dieses. Wer ein „sinnloses" Leiden durch das Leisten einer Einstellungsänderung in ein sinnvolles Leiden zu wandeln vermag, folgt im Fühlen, Denken und Handeln wiederum dem Urbild der Gottesgebärerin. In der Logotherapie berühren sich Heilen der Seele und Seelenheil.

9.2 Spirituelle Angebote des Christentums

Über Zielrichtung und Methodik christlich-spiritueller Angebote hat Martin Buber im Nachdenken über die chassidischen Rabbis geschrieben: „Bei sich beginnen, aber nicht bei sich enden; von sich ausgehen, aber nicht auf sich abzielen; sich erfassen, aber sich nicht mit sich befassen."[173] Im Nachdenken liegt immer auch die Chance zum Umdenken. „Wer anders denkt, sieht anders, und wer bisher nicht Geschautes plötzlich zu sehen imstande ist, fängt an, anders zu denken."[174] Schöner kann man kaum sagen, was betendes Sich-ergreifen-lassen auch im Verehren der Gottesgebärerin therapeutisch bewirken kann. Die Wirk- und Veränderungsmacht innerer Bilder sowie die Plastizität unseres Gehirns stehen über jener unserer Gene – und dies bis ins hohe Alter.[175] „An der Einsicht in die eigene Erlösungsbedürftigkeit führt kein Weg vorbei."[176] Jesu Antworten auf zentrale Prägungen des Menschen zeichnen Richtung und Weg christlicher Heils- und Heilungsbemühung vor: Auf die Urangst vor dem Zuviel oder Zuwenig, auf die Urverletzung des Menschen im Verstoßensein aus dem Paradies und damit auf das Absondern von Gott, antwortet Er mit dem Aufruf zu „Umkehr und Heimkehr zum Vater". Der menschlichen Angststruktur hält Er die Gottesnähe, das schauende Gebet und das Bild vom Sicherheit gebenden Hirten entgegen. Die Begehrensstruktur des Habens wird neutralisiert durch die Wahrheit geschenkten Seins in Fülle, durch die umfassende Gerechtigkeit Gottes sowie durch Sein Heilsversprechen an uns. Jesu Antwort auf unsere innere Machtstruktur heißt Loslassen, „ohnmächtig", berührbar und ungeschützt werden, Einsicht haben in unser Angewiesen- und Verwiesen-

[171] Ebd. 166f
[172] Ebd. 174f
[173] Hell, Sprache der Seele, 74
[174] Hüther, Evolution der Liebe, 87
[175] Vgl. hierzu besonders Hüther, Gerald, Die *Macht der inneren Bilder* – Wie Visionen das Gehirn, den Menschen und die Welt verändern, Verlag Vandenhoeck & Ruprecht, Göttingen 2005, 43f
[176] Renz, Monika, *Erlösung aus Prägung* – Botschaft und Leben Jesu als Überwindung der menschlichen Angst-, Begehrens- und Machtstruktur, Verlag Junfermann, Paderborn 2008, 15f

sein.[177] In allen vier Punkten kann uns auch die Mutter Jesu, die Gottesgebärerin, Urbild und Leitstern unserer Heils- und Heilungserwartung sein. Ichbezogenheit kann gewandelt werden zu Gottbezogenheit:

> „In dem Augenblick, da...eine Person als Person erkannt und innerlich anerkannt wird, wendet sich die Habsucht in geben, schenken und teilen können. Die Machtsucht verändert sich in dienen können. Aus der Ehrsucht wird Ehrfurcht und Anerkennung. So wird der ichbezogene Mensch du-bezogen. Es geht ihm nicht mehr um das Ich, sondern um die Begegnung mit dem Du. Da die Beziehung zu den Menschen und zu Gott parallel ist, spiegelt sich die Du-Bezogenheit in der Hinwendung zu Gott wider. Die Habsucht...wird in der Gottesbeziehung zu Hingabe. Die Machtsucht...wird zu Gott hin Gottesdienst. Die Ehrsucht...wird zu Anbetung oder Gotteslob."[178]

C. G. Jung vermutete hinter dem Verlangen nach einem Gott eine Leidenschaft, die aus der unbeeinflussten, dunkelsten Triebnatur des Menschen stammen könnte, und die vielleicht sogar der „höchste und eigentlichste Sinn dieser unzweckmäßigen Liebe, die man Übertragung nennt"[179], sei. Maria „erhöht den Eros zur höchsten Wertschätzung und zur religiösen Devotion und vergeistigt ihn damit."[180] Damit darf vermutet werden, dass die denkbaren Übertragungen und Projektionen, die beim Verehren besonders der Ikonen der Gottesgebärerin auftreten können, ihren tiefsten und heilenden Sinn in der bewusst oder unbewusst gesuchten Schau des göttlichen Urbildes finden. Dabei ist die Fähigkeit zum Unterscheiden der Geister gefordert: Alles regressive, süßlich Kitschige muss vom theologisch und psychologisch anspruchsvoll Ernsthaften getrennt werden können. „Nach Auffassung der Wüstenväter kommt einem Menschen die Gabe der Unterscheidung erst zu, wenn er sich ganz dem Umfassenden öffnet und sich nicht mehr selbst verwirklichen will. Auch setzt es ein Gottvertrauen voraus, das durch das Erfahren menschlicher Höhen und Tiefen gefestigt worden ist."[181] Wir haben den Verstand, um ihn zu benutzen, wo Verstand ist, ist auch Willensfreiheit.[182] Wahres Heil lässt sich nicht „machen" mit braven Verneigungen und Abzählversen. Damit sei angedeutet, dass seelsorgerlich-logotherapeutische Weisung und Begleitung häufig vonnöten sein wird, damit der „Wille zum Sinn" (Frankl) gestärkt werde und auch in spirituellen Krisen noch Sinn gefunden werden kann. „Verschiedene Therapieformen können helfen, vieles bewusster zu machen, aber die eigentliche Heilung kommt von der Gegenwart Gottes. Sie fließt durch die Verbindung mit unserer Mitte, mit dem göttlichen Funken in uns. Der ständige und hingebungsvolle Kontakt mit Ihm heilt uns von unserer Misere."[183]

10. Mariendogmen der römisch-katholischen Kirche

Dogmen ersetzen das kollektive Unbewusste, indem sie dieses in weitem Umfange formulieren. In der römisch-katholischen Kirche ist das Leben des kollektiven Unbewusste „fast restlos in den dogmatischen, archetypischen Vorstellungen aufgefangen und fließt als gebändigter Strom in der Symbolik des Credo und

---

[177] Vgl. hierzu ebd. 242f
[178] Jalics, Kontemplative Exerzitien, 100f
[179] Jung, GW 7, § 214f
[180] Jung, GW 16, 186, z. n. Grün, Anselm/Riedl, Gerhard, *Mystik und Eros*, Vier-Türme-Verlag GmbH, Münsterschwarzach 2008, 15
[181] Hell, Leben als Geschenk, 55
[182] Nach der Parole „sapere aude – Habe Mut, dich deines Verstandes zu bedienen!" von Immanuel Kant
[183] Jalics, Kontemplative Exerzitien, 263f

des Rituals."[184] Kapitel VIII der „Dogmatischen Konstitution Lumen Gentium (LG) über die Kirche" vom 21.11.1964 des II. Vatikanischen Konzils (1962-1965) ist Maria gewidmet.[185] Es präzisiert und bestätigt die vier Mariendogmen der römisch-katholischen Kirche, wie sie hier in Kürze dargestellt und aus unterschiedlichen christlichen Glaubensbekenntnissen beleuchtet werden sollen. Dies geschieht hier in der biologischen Abfolge eines Menschenlebens.

10.1 Maria – die unbefleckt Empfangene ohne Erbsünde[186]

Das römisch-katholische Dogma[187] Papst Pius' IX. vom 8. Dezember 1854 zur unbefleckten Empfängnis [188] postuliert, dass bei Marias Zeugung durch ihre leiblichen Eltern Joachim und Anna durch einzigartige Gnade des Herrn besondere Umstände walteten, so dass „die unbefleckte Jungfrau, von jedem Makel der Erbsünde unversehrt bewahrt" geblieben sei.[189] In LG 53 steht hingegen wörtlich „...Zugleich aber findet sie sich mit allen erlösungsbedürftigen Menschen in der Nachkommenschaft Adams verbunden..." Daraus lässt sich schließen, dass auch Maria mit der Erbsünde geboren wurde. Doch Johannes Paul II. lässt in seiner Enzyklika „Redemptoris Mater" von 1987 wohl kaum zufällig das Wort „erlösungsbedürftig" aus. Dort steht in Artikel 23 lediglich noch „In der Tat »findet sie sich mit allen...Menschen in der Nachkommenschaft Adams verbunden...; ja, "sie ist wahrhaft Mutter der Glieder (Christi),...denn sie hat in Liebe mitgewirkt, dass die Gläubigen in der Kirche geboren würden"«.[48]"[190] Hier darf gefragt werden, mit welcher Absicht und mit welchem Recht diese Veränderung eines über hundertjährigen Konzilstextes vorgenommen wurde.[191]

„Unbefleckt" bedeutet hier „frei von Erbsünde". „Erbsünde" meint das Ergreifen Evas und das Essen Adams der verbotenen Früchte vom Baum der Erkenntnis.[192] Diese anschauliche Erzählung verdeutlicht eine tiefe menschliche Grundwahrheit: Der Mensch überschreitet seit Adam immer wieder neu die von Gott gesetzten Grenzen, um sich dadurch auf die Stufe Gottes zu erheben. Doch damit verfällt der Mensch der Hybris, fällt

---

[184] Jung, Archetypen, 15

[185] http://www.vatican.va/archive/hist_councils/ii_vatican_council/documents/vat-ii_const_19641121_lumen-gentium_ge.html

[186] Nach Augustinus ist „letztlich Adam verantwortlich für die Schuldverstrickung (reatus) die aus dem Ungehorsam erwuchs, der zunächst ja Evas Tat war, und allein Adam ist verantwortlich dafür, daß diese Ursünde – der Stolz (superbia), ‚wie Gott' sein zu wollen (Gen 3,5), - ‚vererbt' wird. Denn nach Augustinus geschieht das durch Zeugung, und dabei spielte nach damaligem biologischem Wissensstand der männliche Same die eigentliche, aktive Rolle.", in: Voss, Gerhard, Dich als *Mutter* zeige – Maria in der Feier des Kirchenjahres, Verlag Herder, Freiburg i.Br./Basel/Wien 1991, 25

[187] *Dogma* (gr.): eine von der Kirche offiziell verkündete Lehrentscheidung; vgl. Kallis, Orthodoxie, 51ff

[188] Dogmatische Bulle „*Inefabilis Deus*" unseres Heiligen Vaters Pius IX., durch göttliche Vorsehung Papst zur Erklärung des Dogmas der Unbefleckten Empfängnis. Quelle: Heilslehre der Kirche. Dokumente von Pius IX. bis Pius XII. Deutsche Ausgabe des französischen Originals von P. Cattin O.P. und H. Th. Conus O.P. besorgt von Anton Rohrbasser, Paulusverlag Freiburg/Schweiz 1953, S. 306-325, Rnr. 510-545; Imprimatur Friburgi Helv., die 22 maii 1953 L. Waeber V. G). Das lateinische Original von „Ineffabilis Deus" findet sich in: Pii IX Acta, pars 1a, vol. I, p.597. http://www.stjosef.at/dokumente/ineffabilis_deus_1854.htm

[189] LG 59

190 Marienenzyklika „*Redemptoris Mater*" (RM) vom 25. März 1987, Art 23. Die originale Fußnote 48 bezieht sich auf LG 54 und 53; der zweite Konzilstext ist ein Zitat aus Augustinus' De Sancta Virginitate, VI, 6: PL 40, 399. http://www.vatican.va/holy_father/john_paul_ii/encyclicals/documents/hf_jp-ii_enc_25031987_redemptoris-mater_ge.html

[191] Auch deshalb, weil Rahner/Vorgrimler schreiben: „Zugleich aber findet sie sich mit allen erlösungsbedürftigen Menschen in der Nachkommenschaft Adams verbunden,...", z. n. Rahner, Karl/Vorgrimler, Herbert, Kleines *Konzilskompendium* – Sämtliche Texte des Zweiten Vatikanischen Konzils, Verlag Herder, Freiburg/Basel/Wien 2008, 187

[192] Gen 3,1-24

aus der fraglosen Vertrauensgemeinschaft mit Gott heraus, trennt und entfernt sich von Ihm. Dies meinte ursprünglich der Begriff der „Ur-Sünde".[193] Die Welt zerbrach und zerbricht, weil der Mensch in Eden unabhängig werden wollte von der Beziehung zur unerschaffenen, immer schon bestehenden Dreieinigkeit. Mit unserer Hände Arbeit und im Schweiße unseres Angesichts streben wir seither wie der gotteslästerliche Sisyphos nach Erfolg, Sicherheit, Identität und Selbstwert. Wir glauben, selbst darüber entscheiden zu können und zu dürfen, was gut und was böse sei. Wir glauben, so unser Schicksal und dasjenige unserer Mitmenschen selber entscheiden und lenken zu können. Doch wir verkennen dabei, dass unser Streben nach vollkommener Unabhängigkeit, nach Kontrolle, Macht und Erfüllung, genau jene heiligen und menschlichen Beziehungen bedroht und zerstört, nach denen sich unsere Herzen sehnen. Wir ersetzen erfüllende Beziehungen durch sinnentleerte Regeln und mechanisierte Institutionen. Doch beide können uns keine Antworten geben auf die tiefen Fragen des Herzens – und lieben können sie uns schon gar nicht. Wir dehnen unser Wissen und unsere Erkenntnis immer noch weiter aus und vergessen oder übersehen dabei, dass die Hülle der Liebe, die dies alles umkleiden und zusammenhalten sollte, immer dünner und bis zum Zerreißen gespannt wird – und immer häufiger auch tatsächlich zerreißt. Das ist der Wendepunkt seit Adam, der unserem Leben so viel Leiden, Schmerzen und den Tod gebracht hat. Das war und ist die Ur-Sünde des Menschen. Und von alledem ist Maria durch Gottes Ratschluss also frei von Anbeginn bis in alle Ewigkeit.

Der Begriff „Erbsünde" betont, dass wir heutigen Menschen „in Adam alle gesündigt haben" – so jedenfalls übersetzte und verstand der Kirchenvater Augustinus (*354 †530) den ihm zur Verfügung stehenden griechischen Text des Paulusbriefes aus der Septuaginta.[194]

Das damalige Wissen über die menschliche Fortpflanzung, insbesondere über das Vererben menschlicher Eigenschaften, war noch rudimentär.[195] Die Frau wurde bis dahin lediglich als „Acker", als Pflanzboden für den Samen des Mannes gesehen, als genetisch gar nicht beteiligt an der Zeugung. Also konnte nach damaliger Auffassung die zum Bösen geneigte Grundverfassung des ersten Paares Adam und Eva nur über den Vater Adam bis hin zu uns Heutigen weitergegeben, „vererbt" werden. Dies hatte die bis heute verheerende Nebenfolge, dass der Begriff „Sünde" in erster Linie mit jeglicher Form von Sexualität in Verbindung gebracht wurde. Das Kind ist nach dieser Auffassung bereits als Fötus durch väterliche Schuld mit dieser Erbsünde „befleckt". Doch für die Empfängnis Marias gilt dies alles nicht: Seit dem 13. Jahrhundert setzte sich die Auffassung durch, dass sie durch eine besondere Gnade Gottes bei der Zeugung durch ihre Eltern von jeglicher Sünde und von allem Makel freigehalten worden sei, denn sonst wäre ihr aus strikt biologischer Sicht vaterloser Sohn Jesus aus einer „Sündigen" geboren werden. Diese Überlegungen führten schließlich

---

[193] Nebst dem hier erwähnten christlichen Verständnis von Sünde als Getrenntsein von Gott oder als Auflehnung gegen Ihn, „hängt [Sünde] sprachgeschichtlich mit ‚Sund', dem trennenden Graben, zusammen." In: Von Brück, Michael, *Wie können wir leben?* Religion und Spiritualität in einer Welt ohne Maß, Verlag C.H. Beck oHG, München 2002, 58

[194] Rahner/Vorgrimler, Konzilskompendium, 187. Vgl. Röm 5,14 und 1 Kor 15,22. Für diese Arbeit verwendete der Autor: Kraus, Wolfgang/Karrer, Martin, *Septuaginta Deutsch* – Das griechische Alte Testament in deutscher Übersetzung, Deutsche Bibelgesellschaft, Stuttgart 2009

[195] Die Eizelle von Säugetieren (und damit implizit auch jene des Menschen) wurde erst 1826 durch Karl Ernst von Baer entdeckt

zum genannten Dogma von 1854. Die Ostkirchen wie auch die altkatholische und die evangelische Kirche lehnen dieses Dogma ab:[196]

> „Nach der orthodoxen Auffassung wurde Maria genauso wie alle Menschen geboren und durch die Wirkung Gottes bzw. des Hl. Geistes geheiligt. Nur Jesus Christus bzw. seine Geburt bildet eine Ausnahme in der Heilsgeschichte."[197] „Wir verwerfen auch, als in der Hl. Schrift und der Überlieferung der ersten Jahrhunderte nicht begründet, die Erklärung Pius IX. vom Jahre 1854 über die unbefleckte Empfängnis Mariä."[198] „Auch zwischen evangelischen Kirchen und der römisch-katholischen Kirche gibt es inzwischen in vielen Gemeinden eine so gute Atmosphäre, dass man sich die alten Kämpfe gar nicht mehr vorstellen kann. Aber in der römischen Kirche gab es Dogmenbildungen, die das Miteinander erschwerten und die auch heute noch große Hindernisse auf dem Weg zur Einheit darstellen: die als heilsnotwendig zu glaubenden Dogmen von der unbefleckten Empfängnis, der Sündlosigkeit (1854) und der leiblichen Himmelfahrt Mariens (1950) und die Lehre von der Unfehlbarkeit des Papstes (1870). Neben dem christologischen Zentrum sind hier Glaubensformeln entwickelt, die wir wegen des freundlichen Klimas heutiger ökumenischer Bemühungen meistens aus unseren Gesprächen ausklammern, die aber immer wieder als sperrige Positionen zwischen uns stehen."[199]
>
> „Das Hauptproblem des Christentums, das ungelöst ist und ungelöst bleibt, ist der Mangel an Einheit und Eindeutigkeit des Glaubens. Die Kirche ist gespalten und ihre Einheit scheint institutionell unerreichbar. Der Preis der Einheit wäre die Preisgabe des Jurisdiktionsprimats, der seit dem Vaticanum I als wesentlicher Bestandteil zum römisch-katholischen Glauben gehört. Kann *ein* Teil der gespaltenen Kirche die Unfehlbarkeit für sich allein beanspruchen? Haben die Propheten, hat Jesus „Unfehlbarkeit" beansprucht?"[200]

Dennoch sprechen alle drei Kirchen freundlich von der Jungfrau Maria – nicht aus dogmatischen Gründen, sondern aus Respekt vor der Gottesgebärerin im Sinne eines Urbildes für uns Menschen. Als Beispiel für diese offene und freundliche Haltung sei an eine die Gottesmutter würdigende und sie hoch schätzende Predigt des evangelischen Bischofs Wolfgang Huber erinnert.[201] Dennoch, auch die protestantische Position ist deutlich: Nur Christus ist sündlos empfangen. Von Marias Sündlosigkeit sagt die Bibel nichts – und seit Luther gilt: sola scriptura. Damit war und ist nie das fundamentalistische Beharren auf einzelnen biblischen

[196] Die Haltung der orthodoxen Kirchen verdeutlicht u. a. Kallis: „Wenn auch in orthodoxen Bekenntnisschriften und Handbüchern der Schuldogmatik von der Erbsünde die Rede ist, bedeutet im orthodoxen Bewußtsein und Denken dieses vom Westen übernommene Rechtsdenken einen Frevel, denn es ignoriert die Barmherzigkeit Gottes, der in seiner unfaßbaren Liebe seine abgefallene Schöpfung nicht verdammt." In: Kallis, 100 Fragen, 84

[197] Larentzakis, Grigorios, *Die orthodoxe Kirche* – ihr Leben und ihr Glaube, Styria Graz/Wien/Köln 2000, 120-121

[198] *Utrechter Erklärung* vom 24. September 1889, Absatz 3, http://www.alt-katholisch.de/utrechter-union/utrechter-erklaerung.html

[199] Aus: Predigt für den Reformationstag in Augsburg, „Die eine, heilige, katholische und apostolische Kirche – Die ökumenische Dimension der Reformation", 31. Oktober 2000, Manfred Kock, Vorsitzender des Rates der EKD von 1997 bis 2003, http://www.ekd.de/predigten/kock/kock14.html

[200] Stachel, Günter, Die Zukunft des Religionsunterrichts, in: Simon/Delgado, Lernorte, 115; weiteres hierzu bei 127

[201] „Sogar Heilige kennt die evangelische Tradition – allerdings nicht als Fürsprecher, die man um Beistand vor Gott bittet, oder als Helfer, die einen aus Not befreien; für all das halten wir uns vielmehr an Christus allein. Aber als Vorbilder, als Väter und Mütter im Glauben stehen sie uns mit ihrem Beispiel bei und helfen uns, einen eigenen Weg zum Glauben zu finden. In diesem Sinn kann sogar von „evangelischen Heiligen" die Rede sein – eben von Vorbildern im Glauben. Sollen wir Maria zu diesen Vorbildern rechnen – ausgerechnet sie? ... Die evangelische Kirche hat die christliche Tradition zwar neu auf die Bibel als alleinigen Maßstab zurückbezogen; aber sie hat sich niemals aus der gemeinsamen christlichen Überlieferung gelöst. Sie hat zwar Christus allein ins Zentrum gerückt; aber sie hat der Wolke der Zeugen doch auch Gerechtigkeit widerfahren lassen...Eines der wichtigsten Lieder der Christenheit ist dieser „Lobgesang der Maria", das Magnificat. Es ist ein Hymnus, der sich an die Sprache der jüdischen Frömmigkeit anschließt. Maria verbindet auf diese Weise den Glauben Israels mit dem Glauben der christlichen Kirche. Insofern hat es einen tiefen Sinn, wenn sie in der christlichen Überlieferung nicht nur als Mutter des Glaubens, sondern auch als Mutter der Kirche angesehen wird." Aus: Evangelische Kirche in Deutschland EKD, Predigt Bischof Dr. Dr. h.c. Wolfgang Huber, Ratsvorsitzender der EKD von 2003 bis 2009, Predigt am Sonntag Kantate im Dom zu Brandenburg/Havel zu Lk 1, 46-55 am 10. Mai 2009, http://www.ekd.de/predigten/090510_huber_brandenburg.html

Formulierungen gemeint, sondern das Respektieren der Summe aller expliziten und impliziten Zusammenhänge des jeweiligen biblischen Gesamtzeugnisses zu dieser oder jener Begebenheit. Die protestantische Theologie und Kirche lehnen damit insbesondere ab, dass allein die Frömmigkeitstradition, in Verbindung mit der Mehrheitsmeinung der in der Welt verstreuten römischen Bischöfe, genügen soll, um einen bestimmten Glaubensinhalt durch den Papst als verbindliche, allgemeingültige und von Gott geoffenbarte Glaubenswahrheit verkünden lassen zu können – selbst ohne biblische Basis. Die römisch-katholische Kirche sagt es klar: Entscheidungen des Papstes in Glaubensfragen sind nicht hinterfragbar, sondern – wie das I. Vatikanum 1870 feststellte – sogar „aus, nicht aber auf Grund der Zustimmung der Kirche, unabänderlich“.[202] Damit wird die Heilige Schrift zweitrangig nach dem System der römischen Herausbildung einer unumstößlichen und damit verpflichtenden Glaubenslehre – eine für Orthodoxe, Altkatholiken und Protestanten unannehmbare Position. Marienverehrer wie Bernhard de Clairvaux[203], wie auch altkirchliche Theologen des 2. bis 5. Jahrhunderts wie Origines, Basilius, Gregor von Nazianz, Johannes Chrisostomos, Cyrill von Alexandrien, Thomas von Aquin, sprachen einzig Jesus Sündlosigkeit zu. Sie alle nannten ganz ohne Scheu auch Fehler Marias, sprachen von ihrer Eitelkeit und sogar von ihrem Mangel an Glauben.[204]

10.2 Maria – die Gottesgebärerin und Gottesmutter

Lumen Gentium erwähnt diese beiden Ehrentitel Marias in zwei Zusammenhängen:

> „Daher will die Heilige Synode mit Bedacht im Rahmen der Lehre von der Kirche, in der der göttliche Erlöser das Heil wirkt, sowohl die Aufgabe Marias im Geheimnis des fleischgewordenen Wortes und seines Mystischen Leibes wie auch die Pflichten der erlösten Menschen gegenüber der Gottesgebärerin, der Mutter Christi und der Mutter der Menschen, vor allem der Gläubigen, beleuchten. Dabei hat sie allerdings nicht im Sinn, eine vollständige Lehre über Maria vorzulegen oder Fragen zu entscheiden, die durch die Arbeit der Theologen noch nicht völlig geklärt sind. Ihr Recht behalten daher die in den katholischen Schulen als frei vorgetragenen Auffassungen über jene, die in der heiligen Kirche nach Christus den höchsten Platz einnimmt und doch uns besonders nahe ist.“[205]

> „Maria wird, durch Gottes Gnade nach Christus, aber vor allen Engeln und Menschen erhöht, mit Recht, da sie ja die heilige Mutter Gottes ist und in die Mysterien Christi einbezogen war, von der Kirche in einem Kult eigener Art geehrt. Schon seit ältester Zeit wird die selige Jungfrau unter dem Titel der "Gottesgebärerin" verehrt, unter deren Schutz die Gläubigen in allen Gefahren und Nöten bittend Zuflucht nehmen.“[206]

Im Neuen Testament gibt es den Titel „Gottesmutter“ oder „Gottesgebärerin“ nicht. Das Markusevangelium, das älteste der drei synkopischen Evangelien, entstand um das Jahr 70. Es enthält weder einen Hinweis auf Maria als Mutter Jesu, noch die Geburtsgeschichten ihres Sohnes, so wie sie die Evangelisten Matthäus und Lukas rund 20 Jahre später verfassten.[207] Diese Texte sind die einzigen der Heiligen Schrift, die explizit auf

[202] Denzinger, Heinrich/Hünermanns, Peter, Kompendium der *Glaubensbekenntnisse* und kirchlichen Lehrentscheidungen, Herder, Freiburg 1991, 37. Aufl., 3074

[203] *ca. 1090 †1153, heiliggesprochen 1174, Empfänger der Gnade der Milch-Nährung aus der Brust Mariens (lactatio)

[204] Vgl. Fischer, Helmut, Maria im Verständnis der Kirchen und die *Gottesmutterikone*, Verlag Michael Imhof, Petersberg 2006, 46

[205] LG 54

[206] LG 66

[207] Mt 1,18-25, Lk 1,26-56, Lk 2,1-20. Eine umfassende Synopse aller auf Maria bezogenen Bibelstellen findet sich bei Müller, Alois, *Glaubensrede* über die Mutter Jesu – Versuch einer Mariologie in heutiger Perspektive, Matthias-Grünewald-Verlag, Mainz 1980, 51ff

Maria als Mutter Jesu verweisen. Dies mindert ihre Sendung und Rolle als Mutter des Herrn in keiner Weise, stellt jedoch den ihrem Kind und Sohn Jesus nachgeordneten Rang eindeutig fest.

> „Aus dem Leben Marias ist sonst wenig bekannt. Was darüber in Apokryphen und Legenden vom zweiten Jahrhundert an außerhalb der spärlichen Notizen der Schrift (vgl. Lk 1-2; Mt 1-2; Jo 2, 1-11; Mk 3, 31-35; Jo 19, 25-27; Apg l, 14) berichtet wird, hat keinen geschichtlichen Wert und kann höchstens als Zeugnis theologischer Reflexion über Maria gewertet werden, die in das Gewand eines historisch sein wollenden Berichtes gekleidet ist."[208]

Aus diesen Gründen beschränkt sich die orthodoxe Kirche – im Gegensatz zur römisch-katholischen – auf ein ehrerbietiges, jubelndes liturgisches Bekenntnis zu Jesu Mutter,[209] lehnt jedoch jegliches Dogmatisieren ihrer Person oder das Dogmatisieren ihrer Verehrung strikte ab. Die Orthodoxie unterscheidet sehr wohl zwischen Faktenaussagen und metaphorischer Rede und bleibt sich dieses Unterschiedes ungetrübt und stets bewusst. Sie unterliegt deshalb nicht der Versuchung, sprachlich-hymnische Bilder zur Grundlage für neue, absichtsvoll konstruierte Glaubenserkenntnisse oder gar Dogmen zu machen.

> „Die römisch-katholische Kirche – nicht ohne Zusammenhang mit dem westlichen Zölibatszwang für den gesamten Klerus seit dem 11. Jahrhundert – begann damit, die Gestalt Mariens immer mehr theologisch und sentimental zu überhöhen und für eine bestimmte Soteriologie (Lehre von der Heilsbeschaffung) zu funktionalisieren. War die Person der „Mutter Gottes" im ersten christlichen Jahrtausend von durchaus zweitrangiger Bedeutung, erreichte der Marienkult im 12. Jahrhundert eine gewisse Selbständigkeit, um aber erst nach der Reformation in der Romantik des 19. Jahrhunderts ein emotionales Hoch (Lourdes, etc.) zu erreichen."[210]

Der Trend zunehmender Marianisierung der römisch-katholischen Frömmigkeit, Theologie und Lehrbildung ist durch die Päpste der letzten hundertfünfzig Jahre stark gefördert worden.[211] Seit 1989 müssen alle römisch-katholischen Lehrpersonen sowie der gesamte Klerus einen bindenden Treueeid leisten, in dem sie unter anderem ihren Glauben an alles, was im geschriebenen oder durch die Kirche überlieferten Wort Gottes enthalten ist, bestätigen – einschließlich die Mariendogmen.[212] Dieser Eid kann wissenschaftlich tätige römisch-katholische Theolog/innen in einen schweren, oftmals unlösbaren Loyalitätskonflikt zwischen Regeln und Ethos wissenschaftlichen Arbeitens und kirchlicher Bevormundung stürzen. Namhafte römisch-katholische Theologen wie Hans Küng (1979), Eugen Drewermann (1991) wurden aus diesem Konflikt

---

[208] Rahner, Mutter des Herrn, 8f. Vgl. auch ebd. 85

[209] seit dem 5. Ökumenischen Konzil von Konstantinopel 553 auch zum Bild der immerwährenden Jungfrau Maria

[210] Küng, Hans, *Maria ökumenisch gesehen*, in: Moltmann-Wendel, E. u. a. (Hg), Was geht uns Maria an?, Gütersloh 1988, 9-14, z. n. Fischer, Gottesmutterikone, 29

[211] Vgl. Fischer, Gottesmutterikone, 29f

[212] „Ich, N. N., verspreche bei der Übernahme des Amtes eines . . ., dass ich in meinen Worten und in meinem Verhalten die Gemeinschaft mit der katholischen Kirche immer bewahren werde. Mit großer Sorgfalt und Treue werde ich meine Pflichten gegenüber der Universalkirche wie auch gegenüber der Teilkirche erfüllen, in der ich berufen bin, meinen Dienst nach Maßgabe der rechtlichen Vorschriften zu verrichten. Bei der Ausübung meines Amtes, das mir im Namen der Kirche übertragen worden ist, werde ich das Glaubensgut unversehrt bewahren und treu weitergeben und auslegen; deshalb werde ich alle Lehren meiden, die dem Glaubensgut widersprechen. Ich werde die Disziplin der Gesamtkirche befolgen und fördern und alle kirchlichen Gesetze einhalten, vor allem jene, die im Codex des kanonischen Rechtes enthalten sind. In christlichem Gehorsam werde ich dem Folge leisten, was die Bischöfe als authentische Künder und Lehrer des Glaubens vortragen oder als Leiter der Kirche festsetzen. Ich werde den Diözesanbischöfen in Treue zur Seite stehen, um den apostolischen Dienst, der im Namen und im Auftrag der Kirche auszuüben ist, in Gemeinschaft mit eben dieser Kirche zu verrichten. So wahr mir Gott helfe und diese heiligen Evangelien, die ich mit meinen Händen berühre." Kongregation für die Glaubenslehre, Glaubensbekenntnis und Treueid (Professio fidei, AAS 81, 1989 104-106), http://www.vatican.va/roman_curia/congregations/cfaith/documents/rc_con_cfaith_doc_1998_professio-fidei_ge.html

„Wahrheit versus Dogma und Überlieferung“ heraus folgerichtig exkommuniziert und mit dem Entzug ihrer Lehrbefugnis belegt. Das Entziehen der Lehrbefugnis (1987) der früheren römisch-katholischen Studienkollegin des heutigen Papstes Benedikt XVI., Theologieprofessorin Uta Ranke-Heinemann, welche die Jungfrauengeburt nicht biologisch, sondern theologisch-mythologisch verstanden wissen wollte, mag als weiteres Beispiel genügen.[213] Nachdenklich stimmen mag hier die Tatsache, dass der Begriff „Gehorsam“ im Lateinischen und im Französischen weiblich ist.[214] Selbst im Althochdeutschen war „gihorsami“ noch weiblich. Wer dem Weg der Gebote Gottes aus Liebe zu Ihm, zu den Menschen und zu sich selbst aus freiem Willen und aus Einsicht folgt, bleibt in der Liebe.[215] Wer in seiner Kirche diese absichtslose, uneigennützige und wahre Liebe Gottes nicht mehr findet, wer sogar ausgeschlossen wird, gerade *weil* er oder sie diese Liebe auch *in* der Kirche verantwortungsvoll sucht und leben will, gehorcht dieser Kirche nicht mehr, weil er oder sie sie nicht mehr lieben kann. Sittlicher und liebender Gehorsam gilt Gott, nicht einer Kirche.

Im krassen Gegensatz zu den wenigen Nennungen seiner Mutter, wird Jesus im Neuen Testament Hunderte Male als „Sohn Gottes“ bezeichnet. Im 4. Jahrhundert wurde deshalb unter Theologen vorrangig und lebhaft diskutiert, wie sich das Göttliche in Jesus zur Gottheit seines Vaters verhalte. Die I. Ökumenische Synode in Nicäa entschied 325, dass das Göttliche in Jesus und das Göttliche des Vaters wesensgleich seien. Daraus folgte, dass die Person Jesus sowohl als wahrer Gott als auch als wahrer Mensch zu verstehen sei. Hinsichtlich Jesu Mutter stellte das Konzil von Ephesus 431 fest: Da Jesus von göttlichem Wesen sei und weil in seiner Doppelnatur Göttliches und Menschliches in Einheit verbunden sei, müsse seine leibliche Mutter als „Gottesgebärerin“ (gr. Theotokos) bezeichnet werden. Die lateinisch sprechenden Christen übersetzten diesen Begriff mit „Gottesmutter“ oder mit „Mutter Gottes“.[216] Die intensive Verehrung der Gottesmutter der Ostkirche drückt sich auch aus im Festlegen deren Kirchenjahres:

> „Während das westliche Kirchenjahr christologisch orientiert ist (vom Advent bis zum Christkönigsfest), ist das Kirchenjahr in den Ostkirchen marianisch ausgerichtet: Das erste grosse Fest im Kirchenjahr ist das Fest der Geburt der Gottesmutter am 8. September und das letzte Hochfest im Kirchenjahr ist das Fest der Entschlafung der Gottesmutter (Mariä Himmelfahrt) am 15. August.“[217]

10.3 Maria – die immerwährende Jungfrau

Bereits zu Anfang des 3. Jahrhundert mussten Roms Täuflinge unter anderem bekennen, dass sie daran glaubten, dass Jesus aus der Jungfrau Maria geboren sei.[218] Jesu menschlich vaterlose, durch den Heiligen

---

[213] Vgl. Fischer, Gottesmutterikone , 37

[214] lat. oboedientia, frz. obéissance

[215] Vgl. RB Prolog 49, 38

[216] In Ephesus wurde damals die Göttin Artemis ganz besonders verehrt (vgl. Apg 19,23-28). Das Titulieren Mariens als Gottesgebärerin durch ein Konzil gerade an diesem Ort war mehr als ein Zufall: Das bisher als väterlicher Mann tradierte Gottesbild sollte in ihr eine mütterlich-weibliche Ergänzung erfahren (vgl. Voss, Mutter, 15)

[217] Butzkamm, Aloys , *Faszination Ikonen* – Begriff, Bildthemen, sowie liturgische, ekklesiologische und dogmatische Überlegungen, Verlag Bonifatius GmbH, Paderborn 2006, 75

[218] Das vorpaulinische Taufbekenntnis nach Gal 3,27 lautet: „Denn ihr alle, die ihr auf Christus getauft seid, habt Christus (als Gewand) angelegt“. Gemäß Gal 3,28 gibt es demnach nicht mehr Juden noch Griechen, nicht Sklaven noch Freie, nicht Mann und Frau. Denn alle sind eins in Christus Jesus. Gal 3,28 preist das Einssein des Leibes Christi, wo alle sozialen, kulturellen, religiösen, nationalen und biologischen Trennungen und Unterschiede der Geschlechter überwunden und alle Herrschaftsstrukturen zurückgewiesen sind. Von Maria ist hier nicht die Rede. Das altrömische Glaubens- und Taufbekenntnis aus dem 2. Jahrhundert lautet in der deutschen Übersetzung: „Ich glaube an Gott, den Vater, den Allmächtigen; und an Jesus Christus, seinen Sohn, den Einziggeborenen, unseren Herrn, der geboren ist aus

Geist gewirkte Empfängnis gehörte seit dem 3. Jahrhundert definitiv zu den von der Kirche überlieferten Glaubensüberzeugungen. Doch erst das 5. Ökumenische Konzil von Konstantinopel 553 schenkte dieser Überlieferung Mariens jungfräulicher Mutterschaft ökumenischen Rang. Die Ostkirchen entwickelten hierauf das Gedankengebäude der „Immerjungfrau" oder der „immerwährenden Jungfrau": Maria war vor, während und nach der Geburt Jungfrau, sie war und blieb rein im Geiste. Diese Überzeugung zeigt sich bis heute auf Marien-Ikonen in den drei goldenen Sternen auf Mariens Schultern und Kopftuch. Doch ein eigentliches Dogma oder eine verbindliche Lehre dazu gibt es in den Ostkirchen nicht.[219] Die immerwährende Jungfräulichkeit Mariens wird vielmehr mit dem biblischen Bild vom brennenden und dabei nicht verbrennenden Dornbusch [220] verglichen, und diesem Bild entsprechend hymnisch besungen und auf Ikonen gemalt. Hier zeigt sich bereits der meditative Gehalt sprachlicher Bilder in ostkirchlichen liturgischen Texten, Hymnen und Ikonen: Sie alle bewegen zur anbetenden Schau, übersteigen damit jegliche diskursive Reflexion, indem sie die Tiefenschichten der Seele für religiöse Erfahrungen öffnen.[221]

Demgegenüber erhob die römisch-katholische Kirche diese Überlieferung aus dem 6. Jahrhundert unter Papst Johannes Paul II. in den Rang eines Dogmas: In RM wird nicht nur die Jungfräulichkeit Mariens aus unterschiedlichsten Blickwinkeln beleuchtet und ihr kindlich-mütterliches Fiat besungen,[222,223] sondern zudem das Leben der Jungfrau Maria allen Bischöfen, Priestern und Ordensleuten als Beispiel für das eigene Leben empfohlen.[224] In LG findet sich zur immerwährenden Jungfräulichkeit Marias der Satz:

> „Bei der Feier des eucharistischen Opfers sind wir also sicherlich dem Kult der himmlischen Kirche innigst verbunden, da wir uns in verehrendem Gedenken vereinigen vor allem mit Maria, der glorreichen, allzeit reinen Jungfrau, aber auch mit dem heiligen Josef wie auch den heiligen Aposteln und Martyrern und allen Heiligen."[225]

Gerade „...diese geschlechtliche „Reinheit" Marias [ist] der Hinweis auf den transzendentalen Rang ihrer Mutterschaft...Erfüllte menschliche Sexualität ist auch der Gottesmutterschaft würdig."[226]

10.4 Maria – die Himmelskönigin

Ähnliches lässt sich sagen zur Frage des Sterbens und des Todes Marias sowie ihrer Aufnahme in den Himmel. Noch um das Jahr 400 ist von Marias Ende nichts bekannt.[227] Um 600 wurde jedoch bereits das Fest „Maria Entschlafung" gefeiert. Zahlreiche Legenden auf der Grundlage einfacher Volksfrömmigkeit verklären das Sterben und den Tod Marias, Verfall und Verwesung sollten zumindest in Gedanken von der

---

Heiligem Geist und Maria, der Jungfrau, der unter Pontius Pilatus gekreuzigt und begraben wurde, am dritten Tag auferstand von den Toten, aufstieg in den Himmel, zur Rechten des Vaters sitzt, von dannen er kommen wird, zu richten die Lebenden und die Toten; und an den Heiligen Geist, die heilige Kirche, die Vergebung der Sünden, des Fleisches Auferstehung." Vgl. Vinzent, Markus, Der Ursprung des Apostolikums im Urteil der kritischen Forschung, Forschungen zur Kirchen- und Dogmengeschichte 89, Vandenhoeck & Ruprecht, Göttingen 2006, 194ff

219 Vgl. Fischer, Gottesmutterikone, 26f

220 Ex 3,2

221 Bestimmte russische Muttergottes-Ikonen haben sogar ihr eigenes Fest, so die „Wladimirskaja" am 21. Mai, oder die „Smolenskaja" am 28. Juli

222 RM 1, 13, 14

223 besonders in RM 9

224 RM 1, 29, 43

225 LG 50

226 Müller, Glaubensrede, 98

227 Fischer, Gottesmutterikone, 75

Gottesmutter ferngehalten werden. Wiederum erklärt die römisch-katholische Kirche, diesmal durch Papst Pius XII. am 1.11.1950 dogmatisch, konstitutiv und verbindlich: „...nach Vollendung des irdischen Lebenslaufs mit Leib und Seele in die himmlische Herrlichkeit aufgenommen und als Königin des Alls vom Herrn erhöht, um vollkommener ihrem Sohn gleichgestaltet zu sein, dem Herrn der Herren (vgl. Offb 19,16) und dem Sieger über Sünde und Tod."[228] Wer dies nicht glauben mag, erscheint der römischen Kirche als ein vom göttlichen Glauben abgefallener Ketzer, der automatisch als exkommuniziert gilt. Der römisch-katholische Erwachsenen-Katechismus (KEK) der Deutschen Bischofskonferenz erklärt demgegenüber, „auch für dieses Dogma gibt es kein direktes biblisches Zeugnis", sondern die Aufnahme Maria in den Himmel sei „ein von Gott gewirktes Geschehen, aber kein historisch datierbares Ereignis."[229]

Die orthodoxe Kirche benötigt auch dieses Mariendogma nicht. Sie feiert am 15. August das Hochfest „Die Entschlafung unserer hoch-heiligen Herrin, der Gottesgebärerin" – von ihrer Aufnahme in den Himmel ist da nicht die Rede. Auch hier wieder wird sie – wie stets in der Orthodoxie – christologisch in ihrer Beziehung zu ihrem Sohn Jesus gesehen und dargestellt. Sie ist nach orthodoxer Auffassung aus der Welt hinübergegangen ins geistige Leben, wo sie als Schutzherrin der Gläubigen weiterhin wirkt.

> „Der Ausdruck ‚du bist hinübergegangen' (metéstis) deutet auf die Überzeugung hin, dass Maria am Leben geblieben ist, so dass sie als Schutzherrin der Gläubigen weiterhin wirkt. Natürlich bedeutet metástasis allgemein den durch den Tod vollzogenen Übergang vom diesseitigen zum jenseitigen Leben.[157] Doch im liturgischen Leben der Kirche und bei den Gläubigen hat dieser Ausdruck im Zusammenhang mit der Mutter Gottes eine besondere Bedeutung beibehalten. Das ist keine Identifikation mit dem definierten Dogma der Aufnahme Mariens in den Himmel der Römisch-katholischen Kirche (1.11.1950). Doch inhaltlich und in der liturgischen Sprache wird dem ‚Übergang' Mariens in der Orthodoxen Kirche eine besondere Bedeutung eingeräumt. Trotzdem ist unsere Kirche diesem Dogma der Römisch-katholischen Kirche gegenüber sehr zurückhaltend geblieben. Bezüglich des Inhalts dieses Dogmas existiert innerhalb der orthodoxen Theologie keine einheitliche Auffassung.[158]"[230]

Die Orthodoxie ist nicht interessiert an intellektuellen, dogmatisch-verbindlichen Lehrmeinungen zu Bereichen, wo unser menschliches Denken ohnehin nicht hinreicht, sondern an liturgisch bezeugter Frömmigkeit.[231] „Er [Gott] hat uns fähig gemacht, Diener des Neuen Bundes zu sein, nicht des Buchstabens, sondern des Geistes. Denn der Buchstabe tötet, der Geist aber macht lebendig."[232] Wer bereits voraussetzt, was erst mit klugen Buchstaben begründet werden soll, begeht nicht nur den klassischen wissenschaftlichen Kunstfehler des Zirkelschlusses, sondern untergräbt die wahre Herzensfrömmigkeit. Dennoch sei versöhnlich gesagt, dass nach den furchtbaren Greueln des Zweiten Weltkrieges die römisch-katholische Kirche gerade mit diesem Dogma Millionen von Gläubigen Trost spendete, indem sie den verzweifelten Zurückgebliebenen in der seligen Fürbitterin, in der ihnen beistehenden Mittlerin, die bildhafte Hoffnung schenkte,

---

[228] LG 59

[229] KEK der Deutschen Bischofskonferenz, 1985, Bd. I, 4.2, 180, http://dbk.de/katechismus/index.php

[230] Larentzakis, Die orthodoxe Kirche, 114; vgl. auch Fischer, Gottesmutterikone, 50 (die beiden originalen Fußnoten 157 und 158 im Zitat beziehen sich auf: D. Papandreou, Orthodoxe Bemerkungen zur Enzyklika von Papst Johannes-Paul II., Redemptoris Mater, in: Una Sancta 42 (1987) 231, sowie auf: A. Basdekis, Die Gottesmutter, 440f).

[231] „Das absolute Entweder-oder-Denken, das dogmatische, grundsätzliche Entscheidungen verlangt, widerspricht der orthodoxen Pastoral, die nicht einem System, sondern dem Menschen dient." In: Kallis, 100 Fragen, 300

[232] 2 Kor 3,6

dass die beweinten Toten, Gefangenen und Vermissten [233] ebenso ins Himmelreich Gottes aufgenommen würden, wie es Maria gnadenhaft widerfuhr.[234] Das Dogma ihrer assumptio wurde deklariert in einer Zeit, als die neuesten Errungenschaften von Naturwissenschaft und Technik – in ihrer extremsten Form der Atombombe – im Verein mit ebenso extremen Formen materialistischer Weltanschauung zu apokalyptischen Zukunftsbildern führten. Die geistigen und seelischen Güter der Menschheit schienen von der Vernichtung bedroht, das Prometheische des männlichen Prinzips schien sich im beginnenden Kalten Krieg erneut zu ungeheuren Verbrechen zu rüsten. Die assumptio bedeutet den totalen Gegensatz zu dieser Entwicklung, in ihr siegt in der Gottesgebärerin das Heilige über alles Irdische. Von der Psychologie kann dies als Symbol für die vollendete Vereinigung von Erde und Himmel, von Materie und Geist gedeutet werden – jene gottgewollte Aufgabe, die der Menschheit als Ganzes wie dem einzelnen Menschen seit alters her gestellt und die im archetypischen Symbol des Baumes darstellbar ist: Tief verwurzelt im Irdischen wächst er trotz aller Unbill dem Himmel entgegen – das Urbild der Mutter unseres Herrn.[235] Die Alt-Katholische Kirche in Deutschland lehnt das römisch-katholische Dogma von der leiblichen Aufnahme Marias in den Himmel ab:

> „Darum weisen wir aufs Neue die Lehre zurück, nach welcher der Bischof von Rom fähig sei, unfehlbar auszusprechen, festzustellen und als Heilswahrheit der Kirche vorzuschreiben, was Gott geoffenbart hat, und dass er dies vermöge, auch wenn eine solche Lehre weder durch Gottes Wort in der Heiligen Schrift noch durch den allgemein anerkannten Glauben der Kirche bezeugt wird. Wir weisen deshalb aufs neue die vom Bischof von Rom proklamierte Lehre von der unbefleckten Empfängnis Mariä zurück, und heute ebenso die an Allerheiligen 1950 definierte und verkündete Lehre von der leiblichen Aufnahme der heiligen Jungfrau Maria in die himmlische Herrlichkeit."[236]

Nach der Publikation der dogmatischen Konstitution „Lumen Gentium" wurden auch innerhalb der römischen Kirche namhafte Stimmen laut, welche vor den überwiegend negativen Folgen einer gezielt intensivierten und dabei regressiven Marienverehrung warnten. So der römisch-katholische Priester und Professor für Fundamentaltheologie Hans Küng[237]: „Eines ist gewiss: Die Mariengestalt bedarf der Befreiung von gewissen Bildern – von den Wunschbildern einer männlich-zölibatären Priesterhierarchie ebenso wie von den Wunschbildern einer kompensatorischen Identitätssuche von Frauen."[238]

10.5 Zwischenergebnis und Mahnung

„Einer der ersten, der Maria preist und ihre Beteiligung am Heilswerk des Herrn formuliert, ist Ephraim der Syrer."[239] Die Grundlagen der vier Mariendogmen[240] der römisch-katholischen Kirche bestehen hauptsäch-

[233] LG 62 bietet alle von Tod, Gefangenschaft oder Verschollensein Betroffenen den hoffnungsvollen Gedanken an, dass jene, „die noch auf der Pilgerschaft sind und in Bedrängnissen weilen, bis sie zur seligen Heimat gelangen" durch die Fürbitte Mariens gerettet würden und endlich doch noch an ihr irdisches oder himmlisches Ziel gelangen werden

[234] Vgl. hierzu Rahner/Vorgrimler, Konzilskompendium, 192f

[235] Die Gottesgebärerin ist als tiefverwurzelte „mater" der „materia" zugeordnet, alles an ihr kündet von Wachstum

[236] Aus: Erklärung der Altkatholischen Bischofskonferenz vom 26. Dezember 1950 zum Dogma von der leiblichen Himmelfahrt Mariä 1950, Andreas Rinkel, Erzbischof von Utrecht, http://www.alt-katholisch.de/information/geschichte/dokumente/himmelfahrt-mariens.html

[237] Ihm wurde wegen seiner öffentlichen Infragestellung der Unfehlbarkeit des Papstes 1979 die Lehrerlaubnis entzogen

[238] Küng 1988, 13, in: Fischer, Gottesmutterikone, 62

[239] Hoerni-Jung, Bild des Weiblichen, 63f

[240] 1) unbefleckt Empfangene, 2) Gottesgebärerin, 3) Immerjungfrau, 4) leiblich in den Himmel Aufgenommene

lich aus frühen christlichen Glaubensbekenntnissen[241], sowie – nach dem großen morgenländischen Schisma 1054 – aus konsequent weiterentwickelten Traditionen der römisch-katholischen Kirche. Die poetischen Texte der Evangelisten Matthäus und Lukas zur Jungfrauengeburt können nicht zu göttlich legitimierten Faktenaussagen gemacht werden, ohne die wissenschaftliche Ethik zu verletzen. Allen Versuchen, Maria sozusagen auf die gleiche Stufe wie ihren Sohn zu stellen, muss zudem energisch widersprochen werden. Dass jedoch Maria als Gottesgebärerin verehrt werden kann und soll, ist unbestritten. Doch muss immer klar sein und bleiben, dass jegliche Verehrung der Gottesmutter sich letztlich und ausnahmslos auf ihren Sohn beziehen muss. Alles Andere trüge den Geruch einer ideologisch motivierten religiösen Überhöhung der Stellung, Rolle und Funktion seiner Mutter.

> „Erstes Merkmal herrschender [auch religiöser] Ideologien: Man darf nicht dagegen sein, sonst werden sie ungemütlich, denn sie treten kämpferisch und mit einem aggressiven Anspruch von Verbindlichkeit auf. Vier Entwicklungsschritte zeichnen Ideologien aus: In allen Ideologien steckt primär etwas Positives, eine "Idee" (von griechisch idein: sehen), ein Grundgedanke, ein Leitbild, etwas Richtiges. Dieses wird dann durch politische, gesellschaftliche oder religiöse Interessen sowie durch das Umdeuten subjektiver Gefühle in Eigenschaften eines Objekts isoliert, erhoben, verabsolutiert und für uneingeschränkt gültig erklärt. Dadurch entsteht ein System, das sich vernünftig gibt, auch nicht unlogisch verfährt, welches jedoch keinen Raum für eine differenzierte Betrachtung der Wirklichkeit zulässt. Es handelt sich schließlich um ein Kraftfeld, das sich aus einer Fülle von Vorurteilen zusammensetzt, mit einer personalen Mitte, die man namentlich benennen kann. Drei Fragen erlauben ein kritisches Beurteilen ideologisch-theologischer Erscheinungen: Kommt es von Gott? Ist es psychologisch bedingt? Baut es die Gemeinde auf?“[242]

Der evangelische Hamburger Pastor und Theologieprofessor Paul Schütz stellt ein bedenkenswertes Erklärungsmodell zu Ideologien vor:

> „Trieb → elementares Interesse → Ideologie – so wachsen sie auseinander hervor. Ideologie ist Trieb, der sich vernünftig gibt. Ideologie ist die Selbsttarnung elementaren Interesses mit Hilfe missbrauchter Vernunft. Ideologie ist Selbstbehauptung, die sich als Idee maskiert.“[243]

Wenn wir diesen beiden Zitaten in Analogie folgen, drängen sich bezüglich der vier Mariendogmen ernste Fragen auf, deren eingehendes Beantworten allerdings den eng abgesteckten Rahmen dieser Arbeit bei weitem sprengen würde: Welche (tiefen-/höhen-)psychologischen Grundüberlegungen liegen ihnen zugrunde? Welches sind ihre wahren Motive? Kommen sie von Gott oder wurden sie von Menschen als göttlich erklärt? Wie und woraus genau erklären sie ihren eindringlichen bis aggressiven Anspruch auf Verbindlichkeit? Weshalb erträgt es die römische Kirche nicht, (auch) in diesem Punkt bezüglich ihrer Motive gläubig-konstruktiv hinterfragt zu werden, ohne jene zu bestrafen, die dieses wagen? Wie sollen engführende, subtil anklagende und vorverurteilende Regeln und Kirchengesetze Sicherheit aus Unsicherheit erzeugen und Freiheit im Glauben schenken? Halten die Mariendogmen die Kirche(n), die Gemeinden der

---

[241] „Schon seit dem Ende des 2. Jahrhunderts wird in den kirchlichen Glaubensbekenntnissen im Satz über die Menschwerdung des Sohnes Gottes die Mutter Jesu namentlich genannt, und zwar in fester Verbindung mit der Bezeichnung ‚Jungfrau‘. Die Geburt des Christus Jesus aus der Jungfrau Maria korrespondiert in diesen Glaubensbekenntnissen der Empfängnis durch den Heiligen Geist. Das entspricht den biblischen Aussagen von Mt 1,18-25 und Lk 1,26-38.“ Z. n. Voss, Mutter, 13f

[242] Seitz, Manfred, Prof. em. theol., Lehrstuhlinhaber für Praktische Theologie an der Universität Erlangen-Nürnberg, in: Psychotherapie & Seelsorge, 04/2009, 3

[243] Ebd. 33

Gläubigen, zusammen? Auch wenn die vorliegende Arbeit nicht den Raum lässt, diesen Fragen vertieft nachzugehen, darf dennoch versöhnlich beigefügt werden,

> „...dass nicht nur die Gottesgebärerin Maria für uns bei Gott bzw. bei ihrem Sohn spricht, sondern dass wir auch für sie, für Maria beten. Nach der Epiklese und der Wandlung der eucharistischen Gaben in der Chrysostomusliturgie betet der Priester, wie bereits gesagt, u.a. ‚Wir bringen Dir (Gott) diesen geistigen Gottesdienst auch dar für...Vorväter, Väter, Patriarchen, Propheten, Apostel, Prediger, Evangelisten, Märtyrer...Insbesondere aber für unsere allheilige, unbefleckte, hochgepriesene und ruhmreiche Gebieterin, die Gottesmutter und immerwährende Jungfrau Maria.‘ Dadurch wird auch deutlich, daß Maria nicht anstelle ihres Sohnes tritt und dass sie eben der großen Schar der Communio Sanctorum angehört.“[244,245]

Die orthodoxe Kirche sieht in Maria einzig die Fürbitterin, jedoch niemals die Mittlerin (commediatrix) oder gar die Mit-Erlöserin (corredemptrix). Die Orthodoxie legt in ihrer Mariologie großen Wert auf das persönlich und unmittelbar erfahrbare, lebendige und an der tatsächlichen Lebenswirklichkeit orientierte Verhältnis ihrer Gläubigen zur Mutter Gottes.

> „Das ist das lebendige Verhältnis, das mehr mit dem Herzen und mit dem menschlichen und religiösen Gefühl zum Ausdruck kommt, dagegen weniger von rationalistischen, scharfsinnigen, konkreten Formulierungen und Definitionen bestimmt ist. Das kindliche Grundvertrauen und die mütterliche Geborgenheit sind gerade die Merkmale dieses Verhältnisses, das über der intellektuellen Genauigkeit steht, nicht weil sie als unrichtig und sinnlos betrachtet wird, sondern weil sie einfach nicht gebraucht wird. Ein Kanon, ein Gesetz und eine erklärende endgültige Definition, ja eine dogmatische Definition waren und sind dann notwendig, wenn das harmonische Verhältnis in Frage gestellt wird und wenn der Inhalt oder das Wesen der Sache selbst gefördert werden. Wo das ‚Göttliche‘ und das echt ‚Menschliche‘ eine harmonische Gemeinschaft bilden, ist es nicht notwendig, negative oder positive Regelungen zu treffen...Die Auswahl Mariens durch Gott und die Verwirklichung seines ewigen Ratschlusses für die Erlösung der Menschheit durch die Menschwerdung seines Logos bilden das Zentrum jeder Marienverehrung. Nicht Maria allein als Person steht im Vordergrund, sondern ihre Funktion und ihr Dienst, Mutter Gottes zu werden.“[246]

Maria strahlt nicht aus eigener, sondern aus verliehener Kraft, kosmologisch gesehen ist sie Mond, nicht Sonne. Unsere wahre Sonne ist allein Christus.[247] Dennoch entfaltet das Wesen der Gottesgebärerin heilende Kräfte bei der Individuation des Mannes, auf die weiter unten eingegangen wird. Insbesondere tilgt rechte Marienverehrung die regressiv gefärbte Sehnsucht vieler Männer nach eigener „Erlösung durch die Frau“. Dieses zeigt sich besonders eindrücklich in der jüdischen Auffassung der Person Mariens. Der Religionswissenschaftler Professor Schalom Ben-Chorin hat als einer der ganz wenigen Juden explizit und repräsentativ über Maria geschrieben. Seine Sicht ist eine ursprüngliche, pragmatische, bar jeder Überhöhung: Mirjam lebte als junge, orientalisch-jüdische Frau zur Zeit des Tempels des Herodes in Galiläa und Juda.[248] Sie befolgte die jüdischen Gesetze, Bräuche und Sitten ihrer sozialen Umwelt. Mirjam war 16, als sie jenen

---

[244] Larentzakis, Grigorios, *Maria in der orthodoxen Kirche*, in: Ökumenisches Forum Nr. 11, 1988, 34

[245] In der byzantinischen Kirche meint „Liturgie“ nur das Feiern der Eucharistie, so wie in der oben zitierten Chrysostomusliturgie. Doch hier soll „Liturgie“ zum besseren Verständnis im Sinne der Westkirche verwendet werden. Wo nötig, wird die jeweilige Bedeutung im folgenden besonders hervorgehoben

[246] Larentzakis, Grigorios, *Maria – Mutter der Kirche*, Marienverehrung in der orthodoxen Kirche, in: Katholische Nachrichtenagentur KNA – Ökumenische Information Nr. 20, 12.5.1982, 7

[247] Vgl. hierzu Hofrichter, Marienfrömmigkeit, 221

[248] Ben-Chorin, Schalom, *Mutter Mirjam* – Maria in jüdischer Sicht, dtv/List Sachbuch 1784, Deutscher Taschenbuch Verlag GmbH & Co. KG, München 1982, 57

gebar, den sie erst Immanuel (Gott mit uns), später Jeschua (Heilsbringer) nannte.[249] Sie stand ihrem Erstgeborenen meist verständnislos gegenüber, war oft verstört wegen seiner harschen Reaktionen auch gegen sie selbst und hielt ihn im Verein mit seinen Brüdern und Schwestern für geistesgestört.[250] Erst nach seinem grauenhaften Tod am Kreuz begriff sie schlagartig die heilige Mission ihres Sohnes. Nach der jüdischen Tradition war Jeschua höchst wahrscheinlich verheiratet, wie damals mit einer einzigen Ausnahme alle Rabbiner.[251] Die leibliche Aufnahme Mariens in den Himmel wird trotz „fehlender biblischer Begründung" anerkannt, [252] weil Mirjam, nachdem sie den letztlich unterlegenen gebar, dereinst den siegreichen Messias gebären soll. Erst dann wird man sie auch aus jüdischer Sicht Gottesgebärerin nennen dürfen.[253] Das römisch-katholische Dogma von der Assumptio Mariens bedeutet zudem aus jüdischer Sicht „die religiöse, theologische, heilsgeschichtliche Emanzipation der Frau".[254] Damit wird nebst dem Manne Jesus nunmehr auch die Frau im Himmel leibhaftig repräsentiert.

11. Orthodoxie

11.1 Eine Hinführung

> „Nach dem Selbstverständnis orthodoxer Kirchen gibt es zwei einander ergänzende Herleitungen der Selbstbezeichnung orthodox, die beide ihren konkreten Anhalt am zugrundeliegenden griechischen Vokabular haben: »recht glauben«, also »rechtgläubig«, ist die eine, »recht lobpreisen« die andere. Damit ist schon eine Grunderkenntnis zu den orthodoxen Kirchen verbunden: Es sind Kirchen, in denen die Liturgie als Ausdruck der Rechtgläubigkeit eine zentrale Bedeutung hat. (...) Daher gibt es für jeden, der die Orthodoxie erfassen will, nur einen Weg: die direkte orthodoxe Erfahrung."[255]

Diese Erfahrung kann uns am intensivsten die Göttliche Liturgie nach byzantinischem Ritus, dieses wunderbare „Bild" aus Wort, Hymne und Handlung vermitteln:

> „Die Wirkung der göttlichen Liturgie auf die Seele ist ungeheuer: sichtbar vor den Augen, vor der ganzen Welt vollzieht sie sich, zugleich aber im Verborgenen. Wenn der Andächtige nur mit Eifer und Frömmigkeit jeder Handlung folgt und sich an die Aufrufe des Diakons hält, so erwirbt er sich schon dadurch ein hochgemutes Herz, Christi Gebote werden erfüllbar, Christi Joch wird sanft und Seine Last leicht. Verlässt er das Gotteshaus, wo er am göttlichen Liebesmahl teilgenommen hat, so erblickt er in allen seine Brüder. Diese Worte aus Gogols Betrachtungen über die Göttliche Liturgie stellen gewiss eine Idealisierung der Wirkungen der Liturgie auf den Menschen dar, aber zugleich auch das Ideal dessen, was ein in die Liturgie seiner Kirche eingebetteter orthodoxer Christ bei der Feier der Liturgie empfindet."[256] „Die Liturgie ist das Herzstück orthodoxer Frömmigkeit und Kirchlichkeit. Ohne sie, die zur Liturgie nach der Liturgie führen will, also zum Handeln gemäß der »Beheimatung bei Gott«, wäre orthodoxes Christentum seines Wesenskernes beraubt. »Das kirchliche Leben lässt sich nur lebensmäßig aneignen und erfassen – nicht durch Abstraktionen und verstandesmäßig.« (P. Florenskij) »Lebensmäßig« aber bedeutet zuerst und vor allem Partizipation an den Manifestationen himmlischer Wahrheit, wie sie in der Feier der Liturgie Gestalt gewinnen."[257]

[249] Ebd. 15, 51, 65
[250] Ebd. 65, 76, 96ff
[251] Ebd. 93, 164ff
[252] Ebd. 151
[253] Ebd. 138, 143
[254] Ebd. 151
[255] Tamcke, Martin, *Das orthodoxe Christentum*. Becksche Reihe, Verlag C.H. Beck, München 2007, 7f
[256] Ebd. 39
[257] Ebd. 48

„Mit dem Eintritt in das Gotteshaus lässt der Mensch die vergängliche Welt hinter sich und begegnet einer anderen Wirklichkeit; er erwacht wie der Patriarch Jakob aus seinem ‚Schlaf' und meint: ‚Wirklich, der Herr ist an diesem Ort'…"[258] Die Göttliche Liturgie repräsentiert und offenbart in der heiligen Eucharistie die gesamte Wirklichkeit des Himmels und der Erde, sie ist der noch pilgernden Kirche samt ihren Gläubigen ein lebendiges Abbild der Heilswirklichkeit auf Erden.[259] Besonders hier zeigt sich, dass die Orthodoxie keine abstrakte „rechte Lehre" ist, sondern rechter Lobpreis Gottes, der sich im rechten Glauben, Kult und Leben der lokalen orthodoxen Landes- oder Ortskirchen verwirklicht zur Vervollkommnung der Menschen.

> „Die orthodoxe Kirche ist in jedem Land selbständig oder autonom. Es wurde bereits gesagt, dass es ein Oberhaupt mit Vollmachten für die orthodoxen Christen aller Länder nicht gibt. Die einzelnen Landeskirchen nennt man deshalb »autokephale« Kirchen. Das griechische »kefali« heißt »Kopf«, »autos« bzw. »auto« heißt »selbst«."[260]

Die orthodoxen Kirchen[261], ihre Diener und ihre Gläubigen gebrauchen ihren je eigenen Kopf, in Freiheit und eigenverantwortlich – ein aus entwicklungspsychologischer Sicht höchst wünschenswerter Zug wahrhaft erwachsener und gläubiger Menschen. „In der Orthodoxen Kirche wird mit Dankbarkeit wahrgenommen, dass nicht nur die Akribie, sondern auch die Ökonomie[262] angewandt wird."[263] Dies im Gegensatz zur zentralgewaltigen römisch-katholischen Kirche, die in der Ausübung ihres Glaubens – z.B. bezüglich der vier Mariendogmen – die totale und aus entwicklungspsychologischer Sicht regressive Unterwerfung ihrer Anhänger/innen nicht bloß wünscht, sondern verlangt – und dies unter erdrückenden Strafandrohungen wie Exkommunikation und/oder Entzug der Lehrerlaubnis.

> „Unter Anleitung durch den Heiligen Geist muss eine jede [orthodoxe] Ortskirche die für ihre Gläubigen geeigneten Formulierungen bei der Glaubenspredigt und die passenden Formen des spirituellen Lebens, der Sakramentenspendung und der Rechtsordnung suchen, und sie muss für den Hirtendienst an ihren Gläubigen ein Vorgehen wählen, das den konkreten Umständen von Ort und Zeit entspricht. Hinsichtlich der dazu erforderlichen Mittel und Wege haben die Ortskirchen Wahlfreiheit, sofern sie innerhalb der Grundordnung des Evangeliums verbleiben. Weder ihr Eigenstand noch die Pflicht und ihr Recht, ihre Wahl zu treffen, darf ihnen von jemandem, der außerhalb ihrer steht – von keinem Hierarchen, von keiner Synode und von keiner großen Ortskirche –, bestritten werden."[264]

Die Orthodoxie verwechselt also nicht die eigenen theologischen Lehrsätze mit dem heiligen Glauben, und sie hält auch nicht ihre eigenen überlieferten Kirchenordnungen für etwas, das der Herr selbst angeordnet

[258] Kallis, Anastasios (Hg.): *Die Göttliche Liturgie* der Orthodoxen Kirche – Deutsch, Griechisch, Kirchenslawisch. Reihe Doxologie, Bd. IV, Theophano-Verlag Münster 2005, XIVf

[259] „Die Eucharistie ist kein Rechtsakt, sondern ein Mysteriendrama, das die zeitlichen und räumlichen Grenzen aufhebt." In: Kallis, Orthodoxie, 74f

[260] Butzkamm, Faszination Ikonen, 161

[261] „Das sind die 16 Orthodoxen Kirchen, die in voller kirchlicher und sakramentaler Gemeinschaft untereinander stehen." In: Larentzakis, Die orthodoxe Kirche, 33

[262] Zur orthodoxen Auffassung der Heilsökonomie: „Daher stellt die Oikonomia nicht ein Ausnahmeinstrument der Kirche dar, sondern ein Prinzip der barmherzigen Freiheit, das dem Wort Jesu entspricht: ‚Der Sabbat ist um des Menschen willen gemacht und nicht der Mensch um des Sabbats willen' (Mk 2,27). Insofern haben alle Entscheidungen der Kirche einen oikonomischen Charakter. Sowohl die genaue Einhaltung der Kanones wie auch die Sonderregelungen stellen ein Ereignis der Oikonomia dar, die daher die Kirchenordnung nicht außer Kraft setzt, sondern ihrem Anliegen dient, indem sie außerkanonische Wege des Heils geht." In: Kallis, 100 Fragen, 242ff

[263] Larentzakis, Die orthodoxe Kirche, 48. Hierzu weiter: „Die Oikonomia als ein ausserordentliches Heilsmittel überschreitet die starren kirchenrechtlichen Grenzen der Akribie im sakramentalen Leben der Kirche.", ebd. 49f

[264] Suttner, Ernst Christoph, Prof. Dr. theol., o. Professor für Patrologie und Ostkirchenkunde, Vorstand des Instituts für Theologie und Geschichte des christlichen Ostens, Universität Wien, in: Der Christliche Osten, LXIV/2009/6, 310

habe. Dieses klare Unterscheiden der Geister – im folgenden Zitat bezogen auf die drei Strömungen ukrainischer Orthodoxie – ermöglicht dem Metropoliten und Erzbischof Lubomyr Husar in Kiew eine beispielhaft versöhnliche, ökumenische und dennoch im besten Sinne konservative Haltung:

> „Nicht die Auswahl einer der Tendenzen und die Forderung an die anderen, auf das Ihrige zu verzichten, sondern das Zusammenführen der Werte aller...ist für ihn der Weg zur Einheit...Bereicherung aller durch das, was hinzu gebracht wird, nicht verarmende Einschränkung auf das, was eine Seite besitzt, hält er für den Weg zur Vereinigung.“[265]

Orthodoxe Christen erleben und leben ihre Religion und ihren Glauben primär im Kultus und in der Liturgie – im Sinne von „Orthopraxie vor Orthodoxie“. Die Orthodoxie hat nie verbindliche Lehren oder gar Dogmen proklamiert. „Im Grunde kennt die gesamte Ostkirche nur ein einziges Dogma: GOTT WARD MENSCH. ... es wird nie das Große und Ganze vergessen, es ist stets die Erschütterung und das Staunen vor dem Unbegreiflichen da, eine Idealisierung auf das Hirtenhafte (»Pastorale«) hin hat nie stattgefunden.“[266] So muss der orthodoxe Christ auch keinen Mariendogmen zustimmen, sondern darf in seiner Verehrung für die Gottesgebärerin aus freiem Herzen in den ihr zugedachten Lobpreis einstimmen. In den verehrten Gottesmutterikonen schaut und erlebt der Gläubige jene Frau und Mutter als gegenwärtig, die er in den Hymnen als Gottesgebärerin besingt. Auch aus dieser Perspektive sind Ikonen konstitutive Elemente der orthodoxen Kirche.

11.2 Orthodoxe Theologie

Orthodoxe Theologie ist primär das Reflektieren der Erfahrungen, die sie den Gläubigen schenkt – in der Liturgie und in den Ikonen. Dionysius vom Areopag fasst dies in folgende Worte:

> „ ‚Kein Denken, keine Religion, wenn das, worin der Geist sich forschend und anbetend versenkt, nicht zugleich das im reinsten Sinn Berückende, Bezaubernde wäre. Die Ekstase des Geistes über alle Ordnungen gestufter Weltwesen hinaus in das überlichte göttliche Dunkel wäre gar nicht, was sie ist, wenn sie sich nicht entzündete an der Schönheit dieser ansteigenden und absteigenden Ordnungen, die in ihrer Bewegtheit alle ein Erzittern sind vor der unvorstellbaren Schönheit des Urschönen – ja ihrer selbst in ihren Mitteilungen –, zu der der platonische und christliche Eros hingezogen wird.‘ Deshalb ist Theologie im dionysianischen Sinne niemals lehrbuchhaft, sondern Feier, Rühmung, im Medium mystischen Denkens vollzogene Liturgie der Schönheit, die aus innerster Notwendigkeit kostbare Worte, juwelenhafte Prägungen und ikonengleiche Hyperbeln hervorbringt.“[267]

Es ist „eine Theologie, die eher dazu neigt, zu umschreiben, wie es *nicht* ist, als zu definieren, wie es ist.“[268] Sie stellt die Lehre von der Dreieinigkeit und jene von der Doppelnatur Christi ins Zentrum. Die Offenbarung der Dreieinigkeit ist ihr das wichtigste aller Mysterien des Glaubens. Besonders in der Trinitätslehre unterscheidet sich die orthodoxe Theologie vom Westen, der das Wesen Gottes in der hierarchisch gleichgestellten Dreieinigkeit begründet.[269] Die Trinitätslehre des Ostens hingegen geht von den konkret erfahrbaren

[265] Ebd. 321f

[266] Totzke, Irenäus (Hrsg.), *Geburt in der Höhle* – Das Weihnachtsfest in der Überlieferung der Ostkirche, Bd. 1662 Texte zum Nachdenken, Verlag Herder Freiburg i. Br. 1989, 8f

[267] Kaltenbrunner, Gerd-Klaus, *Dionysius vom Areopag*, Das Unergründliche, die Engel und das Eine, Die Graue Edition, Prof. Dr. Alfred Schmid-Stiftung, Zug/Schweiz, Verlagsauslieferung Hermann Leins GmbH, Kusterdingen 1996, 422

[268] Felmy, Karl Christian, in: “Neue Zürcher Zeitung”, 21./22. Mai 1988, 65f (Sonderartikel zur 1000-Jahr-Feier des russisch-orthodoxen Christentums)

[269] Das Filioque, lat. „und vom Sohn“: Dieser Zusatz besagt, dass der Heilige Geist vom Vater *und* vom Sohn ausgehe. Er wurde im 6. Jahrhundert von der lateinischen Kirche dem nicaeno-konstantinopolitanischen Glaubensbekenntnis von

Personen aus: Gott der Vater ist Ursprung und Quelle aller Gottheit. Der Vater ist Gott und Sohn und Heiliger Geist insofern, als der Sohn vom Heiligen Geist gezeugt ist und letzterer wiederum vom Vater ausgeht. Daraus, dass der Sohn und der Heilige Geist vom Vater sind, ergibt sich ihre Wesenseinheit mit dem Vater. Der Glaube an diese Wesenseinheit ist somit *Folge,* nicht Grund der Lehre von der Einheit der Dreieinigkeit. Orthodoxe Gläubige lernen die Lehren ihrer Kirche nicht im Katechismus-Unterricht, sondern durch ehrfürchtiges Da-Sein, Hören und Beten, ganz besonders in der feierlichen byzantinischen Liturgie. In ihr offenbart sich der Glaube so, wie ihn Lew Tolstoj definiert: „Der Glaube ist die Erkenntnis des Sinns des menschlichen Lebens, dank welchem der Mensch sich nicht vernichtet, sondern lebt. Der Glaube ist die Kraft des Lebens."…„Das Wesen eines jeden Glaubens besteht darin, dass er dem Leben einen Sinn gibt, der durch den Tod nicht vernichtet wird."[270]

Die Geschichte der orthodoxen Theologie ist eingebettet in die Geschichte der christlichen Glaubenslehre und ihrer Kirche. Diese soll hier kurz dargestellt werden. In der Mailänder-Vereinbarung von 313 erklärten Kaiser Konstantin für die weströmischen und Kaiser Licinius für die oströmischen Provinzen die völlige Religionsfreiheit im römischen Reich. Damit wurde die Christenverfolgung beendet und das Christentum zur „religio licita", zur erlaubten Religion. 330 verlegte Konstantin seine Residenz von Rom nach Byzanz, und die Stadt wurde nach ihm benannt – Konstantinopel, „Ost-Rom", die neue Hauptstadt des Römischen Reiches. Damit begann die frühbyzantinische Zeit. Obwohl faktisch bereits die führende Religion im Reich, wurde das Christentum erst 380 unter Kaiser Theodosius zur Staatsreligion. Mit dem Beginn des Bilderstreits 726 und der anschließenden Bilderzerstörung (Ikonoklasmus) begann die mittelbyzantinische Zeit. Am ersten Fastensonntag des Jahres 843 wurde der Bilderstreit von Kaiserin Theodora endgültig zugunsten der Bilderfreunde entschieden.[271] Bis zum heutigen Tag wird dieses denkwürdige Datum als „Sonntag der Orthodoxie" gefeiert.[272] Nach wechselseitigen Bannflüchen und gegenseitiger Exkommunikation des römischen Papstes Nikolaus I. 863, resp. Photios, des Patriarchen von Konstantinopel 867, spaltete sich die altkatholische Kirche 1054 endgültig in eine römische West- und eine byzantinische Ostkirche – die Entfremdung war vollzogen.[273] Während des 4. Kreuzzuges 1204 floh Kaiser Alexios V. aus Konstantinopel

---

381 beigefügt und 1014 päpstlich gebilligt, obschon das 4. Ökumenische Konzil von Chalcedon bereits 451 jegliche Veränderung des Glaubensbekenntnisses feierlich verboten hatte. Das Filioque bildet bis heute einen zentralen Vorwurf der orthodoxen an die lateinische Kirche. Für die Orthodoxie geht *alles* aus dem Vater hervor. Vgl. hierzu Vorgrimler, Herbert, *Neues Theologisches Wörterbuch* (NThW, mit CD-ROM), Herder Freiburg/Basel/Wien 2000, 192

[270] Tolstoj, Lew, Meine Beichte (исповедь, 1882), Insel Taschenbuch 3485, Insel Verlag Berlin 2010, 67, 90

[271] „Christus als ‚Bild des unsichtbaren Gottes' (Kol 1,15) ist durch seine Menschwerdung darstellbar geworden. Das Konzil von Ephesus (431) hat mit dieser Begründung einen Schlussstrich unter den frühen Bilderstreit gezogen." In: Garhammer Erich (Hg.), *Bilderstreit* – Theologie auf Augenhöhe, Echter Verlag GmbH, Würzburg 2007, 11

[272] „Am Sonntag der Orthodoxie wird folgender Marienhymnus gesungen, der das Geheimnis der Frömmigkeit, nämlich die Umgestaltung in Christus kraft des Heiligen Geistes, in einer ganz knappen Form zum Ausdruck bringt: ‚Das unumschreibbare Wort des Vaters hat durch seine Fleischwerdung aus dir, o Gottesgebärerin, sich selbst umschrieben. Und indem es das befleckte Bild in seiner Urgestalt wiederherstellte, durchdrang es dieses mit Göttlicher Schönheit. Bekennend also die Erlösung, bilden wir diese ab in Wort und Werk." Jungclaussen, Emmanuel (Hg.), Unterweisung im *Herzensgebet*, Eos-Verlag St. Ottilien 2008, 105. Das Bekennen der Erlösung wird in der Orthodoxie abgebildet durch Worte der Verkündigung, durch Hymnen und Lobpreis, sowie durch Werke wie Bilder und Ikonen

[273] Es erscheint nicht angebracht, hier vom „großen Schisma" zu sprechen. Kurienkardinal Walter Kasper, Präsident des Päpstlichen Rats zur Förderung der Einheit der Christen, vertrat am Rahmen des 13. Internationalen Kongress Renovabis in Freising (3.-5.9.09) die Auffassung, dass für eine Trennung in Ost- und Westkirche eher das Jahr 1204 gelten könnte, „wo während des 4. Kreuzzuges nicht Jerusalem, sondern Konstantinopel erobert, in barbarischer Weise

nach Nicäa in die heutige nordwestliche Türkei. Damit begann die Herrschaft der Lateiner, die bis zur Rückeroberung Konstantinopels durch byzantinische Truppen 1261 dauerte. Die spätbyzantinische Epoche endete 1453 mit der Eroberung Konstantinopels durch die Türken – die christliche Ära Konstantinopels wich der islamischen, die bis heute andauert. „...dass Ostrom, obwohl es feindlichen Angriffen ausgesetzter war, das weströmische Reich um fast 1000 Jahre überlebte, sollte zu denken geben.“[274] Dies mag hier als geschichtlicher Hintergrund genügen. Damit zurück zur orthodoxen Theologie:

> „»Die ostkirchliche Tradition hat niemals scharf zwischen Mystik und Theologie, zwischen persönlicher Erfahrung der göttlichen Mysterien und dem von der Kirche verkündeten Dogma unterschieden«, meinte der russische Theologe Vladimir Lossky (1903-1958) (S.12) und erläuterte diesem Grundsatz entsprechend die erstrebte Verankerung des kirchlichen Dogmas im Erleben und Erkennen der Menschen. »Das Dogma, das eine geoffenbarte Wahrheit ausdrückt, die uns wie ein unerforschliches Mysterium erscheint, muss von uns durch einen seelischen Prozess so erlebt werden, dass wir nicht das Mysterium unserer Erkenntnisweise anpassen, sondern vielmehr selbst eine tiefgreifende Umgestaltung, eine innere Umwandlung unseres Geistes erleiden, um zur mystischen Erfahrung fähig zu werden. Theologie und Mystik schließen einander nicht aus: im Gegenteil, sie stützen und ergänzen einander. Die eine kann ohne die andere nicht existieren: wird in der mystischen Erfahrung der allgemeine Glaubensinhalt zum persönlichen Erlebnis, so drückt die Theologie zum Nutzen aller das aus, was von jedem einzelnen erfahren werden kann« (S. 12 f.). Theologie ist also eine auf Erfahrung drängende Angelegenheit. Und zugleich ist sie eine aus der Erfahrung gespeiste Wahrheit. Nur weil sie so eingebunden ist zwischen Erfahrung und Erfahrung, kann sie wirksam werden. Anderenfalls geriete sie zur blanken Abstraktion und in völlige Belanglosigkeit. Denn die kirchliche Lehre hätte nach Meinung Losskys »keinerlei Macht über die Seelen, wenn sie nicht irgendwie doch eine innere Erfahrung der geoffenbarten Wahrheit ausdrücken würde, die, wenn auch in verschiedenem Grad, von jedem Gläubigen nachvollzogen werden kann« (S. 13). Es versteht sich, dass eine so betriebene Theologie nicht in Gegensatz zur Mystik geraten kann, wie das im Westen immer wieder geschehen ist. Da es keine wahre Theologie ohne Mystik geben kann, liegt es nahe, die Mystik selbst »als die Vollendung aller Theologie« zu betrachten, »als Theologie par excellence«.“[275]

„Die Orthodoxie überredet nicht und verlockt nicht, sie fesselt und zieht an, das ist die Form ihrer Wirkung in der Welt.“[276] Die tiefe Ehrfurcht vor dem Heiligen tritt in der Orthodoxie besonders zu Tage: das Heilige ist einerseits zum Erschauern, Erschrecken und Fürchten, und es ist zugleich etwas, in das hinein sich der Mensch bergen kann, um davon ganz durchdrungen und damit auch selbst geheiligt zu werden. Wahre Gottesfurcht (lat. timor simpliciter servilis) ist das ethisch legitime Motiv, welches zur Reue über die eigenen Sünden führt. Dies im Gegensatz zur knechtischen Gottesfurcht (lat. timor serviliter servilis), die den moralischen Unwert der Schuld verkennt oder nicht wahrhaben will, und die deswegen kein sittlicher Akt, sondern im Grunde ein als frömmlerische Unterwürfigkeit getarntes Trotzen gegen Gott ist.[277]

---

verwüstet und viele Kirchen, liturgische Geräte, Reliquien u. a. profaniert wurden ... Am Vorabend des Abschlusses des [zweiten Vatikanischen] Konzils wurden in einem feierlichen Akt gleichzeitig in Rom und in Konstantinopel die Exkommunikationen von 1054 ‚aus dem Gedächtnis der Kirche getilgt‘.“ In: Der Christliche Osten, LXIV/2009/6, 329f, sowie in: http://www.renovabis.de/sites/default/files/Kongress_Renovabis_2009_Referat_Kardinal_Kasper.pdf

[274] Schubart, Seele des Ostens, 186

[275] Tamcke, Das orthodoxe Christentum, 94f; vgl. auch Tamcke, Martin, *Achtsamkeit* in jedem Atemzug – Einführung in die ostkirchliche Spiritualität, Verlagsgemeinschaft topos plus, Kevelaer 2007, 25. Vgl. hierzu auch Lossky, Vladimir, *Mystische Theologie* – Betrachtungen über die mystische Theologie der Ostkirche, übers. v. Ines Kallis, Theophano Verlag, Münster 2009, 16f

[276] Sergij Bulgakov, in: Tamcke, Das orthodoxe Christentum, 94

[277] Vgl. hierzu NThW, 260

Die Pracht der göttlichen Liturgie, der Kirchen und Gewänder, die Schönheit der Ikonen – sie dürfen nicht darüber hinwegtäuschen, dass auch Askese zum orthodoxen Glauben gehört. Nebst den Fastenzeiten wird nicht nur das Essen eingeschränkt, sondern sogar die Buße.[278] Emotional überbetonte „individuelle Ausbrüche" sind nicht gestattet, und Bußübungen sind nur dann möglich, wenn die Kirche es erlaubt oder vorschreibt. Die Gläubigen beten an und werfen sich zum Boden nieder, aber es gibt kein Verharren in gekünstelter, selbstquälerischer oder gar sklavischer Demutshaltung. Das masochistische „Genießen" der Busse ist nicht erlaubt.

> „Orthodoxe Theologie ist weithin ‚apophatische' Theologie, d. h. eine ‚unaussprechliche' Theologie.[279] Hierfür gilt noch heute das Zeugnis des Dionysios Areopagitas als wegweisend. Ihm war das göttliche Wesen weder mit der Seele noch mit dem Verstand begreifbar. Alle menschlichen Verstehensmöglichkeiten reichen nicht hin. Gott war ihm die Ursache von allem und über jede Abstraktion hinaus die letzte Steigerung dessen, was schlechthin von allem frei und jenseits von allem ist...Der an Erkenntnis Gottes Zunehmende erfährt ein Doppeltes: Die Unfassbarkeit Gottes im Dunkel und das Sehen im Nichtsehen. Solches Sehen im Nichtsehen aber ist erfahrungsgebunden. Man sei kein Theologe, wenn man nicht den Weg beschreite, der zur Vereinigung mit Gott führe, meinte der russische Theologe Lossky (1903-1958). Daher ist es die religiöse Erfahrung des um Erkenntnis Ringenden, die nach P. Florenskij (1882-1937) allein eine legitime Weise der Erkenntnis der Dogmen darstellt. Hier bindet sich die Geschichte der Dogmatik mit der Geschichte der Mystik zusammen und erweist sich alles, was in der Mystik über Gott und seine Erkenntnis reflektiert wurde, als substantiell für Theologie und Dogmatik. Daher ist in der Orthodoxie der Übergang von dogmatischer Lehre zu gelebter Frömmigkeit oder Religiosität stets fließend und eigentlich nur in umgekehrter Reihenfolge denkbar: Aus der gelebten Religiosität und Frömmigkeit erwächst Verstehen der Dogmatik. Hesychasmus[280] ist nun nicht mehr nur reflektierende Rechtfertigung einer Frömmigkeitspraxis, sondern bis in die dogmatischen Entwürfe der Gegenwart hinein originärer Ausdruck orthodoxen Theologietreibens. Liturgie ist nicht nur Ritus, sondern gehört zum Kern dessen, was orthodoxe Theologie bewegt. Ikonenverehrung und Mönchtum sind nicht nur Phänomene der Frömmigkeit, sondern ebenso theologisch zu reflektieren."[281]

Maria ist das Urbild aller wesenhaft auf das Mysterium des Kreuzes Schauenden, das Urbild der mitlebenden und mitleidenden Kirche und aller Gläubigen. Dieses wesenhafte Schauen „bewegte den Areopagiten[282] und die ganze byzantinische Mystik [283] und konkretisierte sich in der Verehrung der heiligen Bilder, der

[278] „Vor hohen Festen stimmt sich der orthodoxe Gläubige auf die würdige Mitfeier durch Fasten ein: z.B. die 48 Tage der Großen Fastenzeit vor Ostern mit Verzicht auf Fleisch, Fisch, Eier und Milchprodukte sowie mit häufigerem Gebet in der Kirche; oder 40 Tage vor Weihnachten, wo nur Fischspeisen erlaubt sind. Daneben gibt es kleinere Fastenzeiten vor einigen Festen, sowie wöchentliche Fasttage am Mittwoch, der an den Verrat Jesu durch Judas erinnert, und am Freitag als Gedenken an den Kreuzestod Jesu." Quelle: http://www.russische-kirche-l.de/deutsch/l-kirched.htm . Details bei: http://www.pravoslavie-baden-baden.de/html/fastenzeiten-deutsch.html

[279] „...apophatische Theologie als grundsätzliche Haltung ostkirchlichen theologischen Denkens..." in: Lossky, Mystische Theologie, 8. „Sie [die Apophatik] ist eine existentielle Haltung, die den ganzen Menschen in Dienst nimmt; es gibt keine Theologie ausserhalb der Erfahrung...Apophatik ist also ein Kriterium, ein sicheres Anzeichen für eine Geisteshaltung, die der Wahrheit entspricht. In diesem Sinn ist jede wahre Theologie grundsätzlich eine apophatische Theologie." Ebd. 50ff

[280] Der Hesychasmus (s. Hesychia) war das Zentrum der gelebten Spiritualität der frühen Wüstenväter und -mütter (vgl. Apophtegmata: Theodora, Synklektika, Sarra), der Anachoreten, der aus der lauten Welt weggegangenen Mönche und Nonnen der Wüste. Deren Grundlegung prägt die Klöster, die Einsiedeleien und insbesondere die Spiritualität der Ostkirche bis heute. Vgl. Müller, Franz Nikolaus, Hesychasmus, in: Baier Karl (Hg.), *Handbuch Spiritualität – Zugänge, Traditionen, interreligiöse Prozesse*, Verlag Wissenschaftliche Buchgesellschaft, 1. Aufl. 2006, 171f

[281] Tamcke, Das orthodoxe Christentum, 101f

[282] Jungclaussen spricht hier von Dionysius Aeropagita, resp. Dionysius vom Areopag oder Pseudo-Areopagit (um 500)

[283] Mystik ist eine Form christlicher Spiritualität. Der besondere Weg byzantinischer Mystik ist das Erfahren göttlichen Lichts in der inneren Ruhe der Askese und in der Hingabe an den Erlöser. Vgl. Blum, Georg Günter, *Byzantinische*

Ikonen."[284] Der Begriff „Mystik"[285] weist hin auf die Begriffsgruppe „Mystiker, Mysterium, Mystagogie[286]": Augen/Mund/Ohren verschließen, um ein Geheimnis zu erfassen, um sich seiner inne zu werden, um es nicht auszusprechen. Aus der Vielfalt der Versuche, Mystik zu definieren, lassen sich in der hier gebotenen Kürze nur einige wichtige Kristallisationskerne nennen: Mystik ist Einung von Ich und absolutem Urgrund alles Seienden im völligen Zurücktreten des individuellen Selbst. Sie ist eine Form von Erkenntnis und Erfahrung unserer selbst und darin zugleich Erkenntnis und Erfahrung des Absoluten und ganz Anderen unserer selbst. Dieses absolute Andere, das zugleich unser innerstes nicht-Andere ist, trägt im monotheistischen Kontext den Namen „Gott". Mystik ist – bemerkenswerterweise selbst in der abendländischen Philosophie – das unmittelbare, nicht rationale, der Vernunft entgegengesetzte Erfahren eines absoluten Weltgrundes. So bedeutet Mystik auch Versuch einer Beschreibung, Reflexion und Interpretation des in tiefer Einung erfahrenen Unsagbaren. Theistische Mystik hat den Primat vor jeglicher monistischen oder Naturmystik und steht daher immer in einer religiösen und soziokulturellen Tradition. Allein schon deshalb kann es keine universal gültige Bestimmung von Mystik geben. Am Anfang mystischer Erfahrungswege hin zur unio mystica stehen existentielle Selbsterkenntnis und dabei besonders das Erkennen eigener Sündigkeit sowie der Begrenztheit des Lebens. Damit ist Selbsterkenntnis die Möglichkeitsbedingung wahrer Gotteserkenntnis. Erst diese tiefe Selbsterkenntnis bewirkt die völlige Zerknirschung des Herzens, jene dunkle Nacht, welche die unmittelbare, gnadenhaft geschenkte Gotteserkenntnis überhaupt erst ermöglicht, wie sie von Mystikerinnen und Mystikern immer wieder beschrieben wurde und wird. Und gerade sie bewirkt jenes quasi vorsprachliche Stammeln, jenes hymnische, oft paradoxal erscheinende, nicht selten hoch erotisch gefärbte Lobpreisen des Ewigen, welches die Brücke schlägt zur vorreflexiven, intuitiven Erkenntnis seiner selbst. So entstehen zum Beispiel Texte wie der folgende:

> „Der süße Tau der anfanglosen Dreifaltigkeit fiel aus dem Brunnen der ewigen Gottheit in die Blume der auserwählten Jungfrau. Und der Blume Frucht ist ein unsterblicher Gott und ein sterblicher Mensch und ein lebendiger Trost des ewigen Lebens, und unser Erlöser ist Bräutigam geworden. Die Braut ward trunken beim Anblick des edlen Antlitzes.[22] In der größten Stärke kommt sie sich selbst abhanden. Im schönsten Licht ist sie blind in sich selbst. In der größten Blindheit sieht sie am allerklarsten. In der größten Klarheit ist sie beides, tot und lebendig. Je länger sie tot ist, um so seliger lebt sie. Je seliger sie lebt, um so mehr erfährt sie. Je geringer sie wird, um so mehr fließt ihr zu. Je mehr sie sich fürchtet, [...]. Je reicher sie wird, um so bedürftiger wird sie. Je tiefer sie (in Gott) wohnt, um so aufnahmefähiger wird sie. (Je mehr sie begehrt), um so verlangender wird sie. Je tiefer ihre Wunden werden, um so heftiger stürmt sie. Je zärtlicher Gott gegen sie ist, um so höher wird sie entrückt. Je schöner sie vom Anblick Gottes aufleuchtet, um so näher kommt sie ihm. Je mehr sie sich müht, um so sanfter ruht sie. (Je mehr sie empfängt), um so mehr erfaßt sie. Je stiller sie schweigt, um so lauter ruft sie. (Je schwächer sie wird), um so größere Wunder wirkt sie mit seiner Kraft nach ihrer Macht. Je mehr seine Lust wächst, um so schöner wird ihre Hochzeit. Je enger das Minnebett wird, um so inniger wird die Umarmung. Je süßer das Mundküssen, um so inniger das Anschauen. Je schmerzlicher sie

---

Mystik – Ihre Praxis und Theologie vom 7. Jahrhundert bis zum Beginn der Turkokratie, ihre Fortdauer in der Neuzeit, LIT Verlag Dr. W. Hopf, Berlin 2009, 1

[284] Jungclaussen, Emmanuel, Abt: *Marienverehrung* im östlichen Christentum, Schriften zur orthodoxen Spiritualität, Benediktinerabtei Niederaltaich, Nieder-Bayern, undatiert, 18

[285] von altgriechisch „mýein": Augen und/oder Ohren verschließen. „Mystik ist die Verwandlung der sexuellen Energie in die Liebe zu Gott." Mystik ist Einswerden mit der Wirklichkeit Gottes in sich selbst und in der Welt. Vgl. hierzu Grün/Riedl, Mystik und Eros, 50f, Zitat bei 55

[286] von gr. mystagogein: „Einführen in das Geheimnis". Zwei Bedeutungslinien seien hier unterschieden: das Einweihen in die kultisch begangenen Mysterien, sowie das Einführen in die Glaubenswahrheiten und deren Sinn

scheiden, um so reichlicher gewährt er ihr. Je mehr sie verzehrt, um so mehr hat sie. Je demütiger sie Abschied nimmt, um so eher kommt er wieder. Je heißer sie bleibt, um so rascher schlägt sie Funken. Je mehr sie brennt, um so schöner leuchtet sie. Je mehr sich Gottes Lob verbreitet, um so größer bleibt ihr Verlangen."[287]

Hier liegt das „mystische Paradoxon" im Verhältnis zwischen Mystik und Sprache – das relative Aussprechen des absolut Unaussprechlichen.[288] Mystik hat zudem eine kosmologische Dimension, auf die hier jedoch nur kurz zitierend eingegangen werden kann:

„Es ist die uralte Spannung zwischen Logos und Mythos in bisher nicht dagewesener Antagonie. Sie ist heute zweifellos auch mit der Gefahr verbunden - vor der schon Paulus warnt -, in ein mythisches Weltbild zu flüchten und so neu wieder Sklave der Elementarmächte zu werden (vgl. Gal 4,9). Astrologie, die auf der Annahme eines anonymen Weltgeistes basiert, mag durchaus offen sein für psychotherapeutische Erfahrungen. Christlicher Glaube wird sich jedoch darauf allein nicht einlassen wollen. Er lebt aus der Gewißheit, auch im scheinbaren Chaos durch das schöpferische Wort Gottes je an einen bestimmten geschichtlichen Ort gestellt und dort von der Liebe Christi umfangen zu sein, in ihr »verwurzelt und auf sie gegründet«, wie es im Epheserbrief 3,17 heißt, bevor dann im folgenden Vers (Eph 3,18) die »kosmische Formel« genannt wird für die Kreuzgestalt des Kosmos, die es zu ermessen gilt. Das Kreuz Christi, das von seiner geschichtlichen Mitte her Himmel und Erde miteinander verbindet und die ganze Weite des Kosmos umfängt, wird für die Gläubigen gleichsam zum kosmischen Koordinatensystem, durch das jeder Mensch seinen Ort hat in der Verbundenheit mit allen Menschen aller Räume und Zeiten, mit der ganzen Schöpfung, wie wir sie in ihrer Abgründigkeit erfahren, wie sie im astralen Mythos zugleich als ein Kontinuum erfaßt wird. Christlichem Glauben wird beides zum Lobpreis des wirkmächtigen Wortes und Geistes Gottes in Seiner Schöpfung."[289]

Selbst die Tiefenpsychologie hat sich kosmologischen Aspekten nicht verschlossen: „So steht der Name C. G. Jungs dafür, dass sich Astrologie ernsthaft als Hilfe für die Lebensberatung anbietet."[290] Mystik sei hier verstanden als das gnadenhafte Erfahren von Gottesunmittelbarkeit, als Beschauen Gottes, das den Menschen vollständig und auf Dauer ergreift und umformt, als selbst erfahrenes Gotterleben. Die Mystik des alltäglichen Lebens in Gesellschaft und Natur bezieht Leiden und Sterben mit ein und hält durch diese hindurch an Gott fest. Damit wird sie zur Mystik der Auferstehung: Gott ließ Jesus – und lässt uns – nicht „einfach" sterben, sondern schenkte Ihm und schenkt uns das ewige Leben. Wahre Mystik ist reinstes Gottvertrauen, sie möchte aus „Lesenden des Evangeliums" neue „Lebende im Evangelium" formen. Wie weit dies gehen könnte, hat Karl Rahner in seinem berühmten Zitat angedeutet:

„Nur um deutlich zu machen, was gemeint ist, und im Wissen um die Belastung des Begriffs ‚Mystik' (der recht verstanden kein Gegensatz zu einem Glauben im Heiligen Pneuma ist, sondern dasselbe) könnte man sagen: der Fromme von morgen wird ein ‚Mystiker' sein, einer, der etwas ‚erfahren' hat, oder er wird nicht mehr sein, weil die Frömmigkeit von morgen nicht mehr durch die im voraus zu einer personalen Entscheidung einstimmige, selbstverständliche öffentliche Überzeugung und religi-

---

287 Schmidt, Margot/Riedlinger, Helmut (Hg.), *Mystik in Geschichte* und Gegenwart – Texte und Untersuchungen, Abteilung I – Christliche Mystik, Bd. 11, Mechthild von Magdeburg, Das fliessende Licht der Gottheit, I. Buch, 22. Kapitel, Friedrich Frommann Verlag, Günter Holzboog, Stuttgart/Bad Cannstatt 1995, 20f. Aus Raumgründen wurde hier auf die originale Versdarstellung verzichtet. Die originale Fussnote 22 bezieht sich auf Ps 42,3

288 Vgl. umfassend vertiefend hierzu: Wendel, Saskia, *Christliche Mystik* – Eine Einführung, Verlagsgemeinschaft Topos plus, Kevelaer 2004, 9f

289 Voss, Gerhard, *Musik des Weltalls* wiederentdecken – Christliche Astralmystik, Verlag Friedrich Pustet, Regensburg 1996, 192f

290 Voss, Gerhard, *Astrologie christlich*, Verlagsgemeinschaft topos plus, Kevelaer 2010, 15

öse Sitte aller mitgetragen wird, die bisher übliche religiöse Erziehung also nur noch eine sekundäre Dressur für das religiös Institutionelle sein kann."[291]

Damit ist implizit gesagt, dass wahres mystisches Erleben über den Glauben im Heiligen Geist zum Staunen und von diesem zum Schweigen führt. Denn unmittelbare Gotteserfahrung, die gnadenhafte Selbstmitteilung Gottes, ist a priori unsagbar – wer dennoch darüber spricht oder schreibt, versucht einzig, mittels kognitiver Produkte das geheimnisvoll Unsagbare, das ganz andere Wesen Gottes in Worte zu fassen. Theologie bedeutet demzufolge in der byzantinischen Mystik keine wissenschaftliche Disziplin, sondern beten zu Gott und Schau Gottes – „theoria" statt Theorie. Mit mystischer Erleuchtung ist dementsprechend nicht eine Einsicht menschlicher Vernunft gemeint, sondern das Eingehen Christi, des wahren Lichts, ins Herz des Menschen.

Die großen Mysterien des Menschseins gebären Mythen, axiomatische, sich auf das Unbewusste beziehende Erklärungsgeschichten, mit deren Hilfe wir unsere Grunderfahrungen und existentiellen Herausforderungen meistern. Mythen konstellieren sich autonom dank kollektiver seelischer Prozesse. Mystik hat mit Mythen zu tun: Die großen Mythen der Menschheitsgeschichte können als Kristallisationspunkte der Mystik verstanden werden, Mystik als individuell fokussiertes mythisches Erfahren und Erleben des Numinosen. Die Tiefenpsychologie C. G. Jungs geht dieser Spur nach, ganz besonders im Hinblick auf das Wunschbild einer gelingenden Individuation des Mannes, die ohne Kenntnis, Verstehen und Einbeziehen uralter mythischer Bilder nicht vollendet werden kann. „Die großartige Leistung Jungs ist, die unpersönliche, kollektive Tiefenschicht im Menschen anerkannt zu haben. Der Mensch kann nicht nur aus sich selber heraus verstanden werden, sondern lebt aus einer archetypischen Tiefenschicht heraus. Er lebt in den Mythen, die von den Archetypen immer wieder erzählt werden."[292] Die Erzählungen des Alten Testaments besonders über die Schöpfung haben mit dem II. Vatikanum ihre Würde als wunderbare göttliche Mythen zurückbekommen. Die Geburtsgeschichte Jesu kann als Bindeglied zwischen mythischer Rede im Alten zu jener des Neuen Testaments gesehen werden. „Allmählich wird klar, dass allein aus dem Mythos zu leben, wirkliches, d.h. lebenschaffendes Leben bedeutet."[293]

Hier soll in diesem Zusammenhang einzig die letztlich erlösende Trennung des Jungen von seiner Mutter erwähnt werden, wie sie Jesus am Kreuz nicht nur soteriologisch, sondern auch mythologisch beispielhaft vollzog: „Als Jesus seine Mutter sah und bei ihr den Jünger, den er liebte, sagte er zu seiner Mutter: Frau, siehe Dein Sohn! Dann sagte er zu dem Jünger: Siehe, Deine Mutter! Und von jener Stunde an nahm sie der Jünger zu sich."[294] Die psychotherapeutische Sicht auf diese Sätze lässt das Erreichen zweier konkreter Ziele besonders wertvoll erscheinen: Zum einen, dass heranwachsende Söhne sich auf diese erwachsene Weise von ihrer Mutter lösen könnten. Und zum anderen, wenn Männer bei Trennungen oder Scheidungen ihren Partnerinnen tapfer und ehrlich sagen könnten: „Siehe, jener ist nun Dein Mann, ich gebe Dich frei an ihn". Und zu jenem sagen könnten: „Siehe, diese ist nun Deine Frau, sei gut zu ihr, sie verdient es". Welch eine

[291] Rahner, Karl, *Gotteserfahrung heute*, Verlag Herder GmbH, Freiburg i. Br. 2009, 78, z. n. Rahner, Karl, Frömmigkeit früher und heute, in: Ders., Sämtliche Werke, Bd. 23, 31f
[292] Vgl. Guggenbühl, Allan, *Männer, Mythen, Mächte* – Was ist männliche Identität?, Kreuz-Verlag, Stuttgart 1994, 31
[293] Vgl. hierzu: Totzke, Angst und Religion, 19
[294] Joh 19, 26-27

Gnade wäre dies für alle Beteiligten – ganz besonders für die Kinder. Diese Gnade könnte uns die Gottesgebärerin in ihrer und aus ihrer Verehrung schenken! Denn Gott will Heil und Wahrheit für *alle* Menschen.[295]

11.3 Orthodoxe Spiritualität

Die orthodoxe Kirche versteht sich als Kirche der Sieben Ökumenischen Konzilien und der Heiligen Väter. Selbst eine kurze Darstellung orthodoxer Spiritualität muss sich an diesem Selbstverständnis orientieren:

> „Orthodoxe Spiritualität gründet auf der Lehre von der Heiligsten Dreifaltigkeit und vom Gottmenschentum Jesu Christi, wie sie auf den ersten sieben Konzilien verkündet wurde. Sie verwirklicht sich als Teilhabe am Leben des dreieinigen Gottes, und zwar durch die Umgestaltung in Christus (Vergöttlichung) mittels des Hl. Geistes in der Gliedschaft am mystischen Leib Christi, der die Kirche ist. Bei dieser umgestaltenden Teilhabe kommt den Mysterien (Sakramenten) eine entscheidende Bedeutung zu.“[296]

Bis zum 7. Ökumenischen Konzil von Nicäa 787 waren alle Elemente orthodoxer Spiritualität etabliert. Sie werden bis zum heutigen Tag von den einzelnen autokephalen Ostkirchen, insbesondere der russisch-orthodoxen, weiter ausgestaltet. Sie wurden sogar zum Maßstab besonders russischer Schriftseller des 19. Jahrhunderts wie Fjodor Michailowitsch Dostojewski oder Lew Nikolajewitsch Tolstoi, die sich beide auch geistlichen Themen widmeten. Das immerwährende Herzens-, resp. Jesusgebet der Ostkirche, jene „Liturgie des Herzens“, wie sie mit dem Hesychasmus im folgenden näher behandelt wird, begründet die Kurzdefinition orthodoxer Spiritualität als die „Spiritualität des Herzens.“[297] Mit dem Herzen „schauen“ ist das Wesen ostkirchlicher Spiritualität – im Gegensatz zum vom Hl. Benedikt geprägten „hören“ in der Spiritualität der Westkirche. Die benediktinische Tradition weist ihrer Spiritualität das Prädikat „Lust am Leben“ zu.[298]

11.4 Stellung und Rolle der Frau in der orthodoxen Kirche

Der ökumenische Patriarch Dimitrios I. äußerte sich anlässlich seines Besuches bei Papst Johannes Paul II. auch zur so genannten Frauenfrage. In seiner Ansprache vom 5. Dezember 1987 in der Kirche Maria Maggiore in Rom betonte er unter anderem, dass die zentrale Bedeutung, die Maria, die Allheilige, in der christlichen Ekklesiologie hat, für den ökumenischen Dialog zur Position der Frau in der Kirche eine besondere Bedeutung habe. Die Anerkennung und Hervorhebung Mariens im Leben und im Glauben der Kirche habe

> „...ohne Zweifel auch die Anerkennung und den Erweis der der Frau selbstverständlich gebührenden Ehre und Würde zur Konsequenz, in dem Sinne, dass auch die Frau ein volles und gleichwertiges Bild Gottes darstellt wie der Mann...Jedoch kann hier nur andeutungsweise gesagt werden, dass innerhalb der orthodoxen Kirche nicht gesagt werden kann, die Frau wäre grundsätzlich aus ontologischen Wesenskriterien weiheunfähig...Trotzdem muss hier gesagt werden, dass die orthodoxe Kirche – genauso wie die alte Kirche – eine Ordination der Frau kennt, sie bis heute akzeptiert, auch wenn sie diese nicht wie früher praktiziert. Ich meine hier die Diakonisse[31], die nicht identisch ist mit der heutigen Diakonisse der evangelischen Kirche. Die Diakonisse der Alten Kirche wurde geweiht wie die männlichen Diakone[32], sie gehörte dem Kleriker-Stand der Kirche an [33]...Prof. Evangelos Theodorou stellt zum Problem der Frauenordination fest, dass die Weihe der Diakonin »ein Spezifikum des

---

[295] 1 Tim 2,4

[296] Jungclaussen, Emmanuel, Abt: *Orthodoxe Spiritualität*, Schriften zur orthodoxen Spiritualität, Benediktinerabtei Niederaltaich, Nieder-Bayern, undatiert, 1

[297] Vgl. ebd., 2f

[298] Vgl. Grün/Riedl, Mystik und Eros, 8

byzantinischen kirchlichen Lebens ist«, und dass diese byzantinische Tradition, was dieses Problem betrifft, »als Brücke eine vermittelnde Rolle übernehmen könnte«[34], trotz der Tatsache, dass es auch orthodoxe Theologen gibt, die meinen, das Amt der Diakonissen sei nicht identisch mit dem Amt der männlichen Diakone."[299]

Aus orthodoxer Sicht bestehen zwischen Männern und Frauen als Glieder der Kirche Christi keine Unterschiede, die mit der Schöpfungsordnung begründet werden könnten. „Beide sind gleichwertige Glieder des Leibes Christi, Kinder Gottes und Erben seiner Verheißungen, berufen zur harmonischen Zusammenarbeit für den Bau und für das Wachstum der Kirche – des Leibes Christi und für die Verwirklichung ihres Heilswerkes in der Welt."[300]

„Aus der Sicht einer orthodox argumentierenden Theologie gibt es keine zwingenden theologisch-dogmatischen Gründe, die gegen die Frauenordination sprechen. Diese Erkenntnis bedeutet allerdings nicht, daß nun alle Kirchen Frauen weihen müssen, denn dies hängt auch von anderen, sogenannten nichttheologischen Faktoren wie z. B. dem im Kirchenvolk vorherrschenden Bild der Frau ab, die mitbedacht werden müssen, ausgehend davon, daß der priesterliche Dienst der Frau keine Frage der Gleichberechtigung von Mann und Frau ist, sondern des Dienstes zum Heil der Welt."[301]

Das Bild Gottes ist in allen Menschen das gleiche und im Mysterium der christlichen Taufe werden alle Getauften zu Nachfolgenden Christi. Damit entfällt jede grundsätzliche seinsmäßige und auch jede auf das Christ-sein bezogene Unterscheidung zwischen Frauen und Männern.

„...wichtiger als jeder Versuch rationaler Erhellung des Mysteriums ist die Frage, wie der Sinn für das Mysterium geweckt werden könne. Der Sinn für das Geheimnis ist gebunden an die Dimension des Fraulichen im Menschen überhaupt. Marienverehrung als Entfaltung der ‚anima' gegenüber einem selbstherrlichen ‚animus' und als kultisches Einüben in die Grundverhaltensweisen angesichts des Mysteriums – nach dem Vorbild Marias wäre also zugleich Weckung des Sinnes für das Geheimnis und damit Bereitung zur stufenweisen Einweihung in das Mysterium der Offenbarung der Weisheit Gottes."[302]

Auf diesen Aspekt des Fraulichen Mariens gilt es im Hinblick auf die so genannt männlichen Formen menschlicher Identität und Individuation vertieft zurückzukommen. Maria ist die Symbolfigur des Empfangenden im Menschen, des neuen Menschen im kommenden Reiche Gottes. Es geht im Evangelium auch um die Erkenntnis, dass das Frauliche, das Empfängliche, eher geeignet ist, das Göttliche zu erfahren, als das Aktive und Männliche. Das Frauliche schenkt uns den Zugang zu unserem tiefsten Wesen. Es hat eine Affinität zu Gott, die dem Verstand und dem Willen nicht eigen ist. Mystik mobilisiert die fraulichen Fähigkeiten, der mystische Weg verlangt die Fähigkeit des Offenseins, des Wartens, des Wachsenlassens und der Hingabe. Er verlangt die innere Synthese und Harmonie zwischen Anima und Animus. Wer die gegensätzlichen Kräfte in sich zulässt und gemeinsam entwickelt, vereinigt Himmel und Erde, schafft neues

[299] Vgl. Larentzakis, *Maria in der orthodoxen Kirche,* 1988, 38f. Die originalen Fussnoten im Zitat beziehen sich auf: Theodorou, Evangelos, Das Amt der Diakoninnen in der kirchlichen Tradition (Fussnote 31); Kanon 15 des Konzils von Chalcedon (451), wie auch Kanon 14 und 40 des Konzils von Trullos (692) (Fussnote 32); vgl. E. Theodorou, Die diakonische und soziale Dimension des griechisch-orthodoxen liturgischen Lebens (Fussnote 33); E. Theodorou, Das Priestertum nach dem Zeugnis der byzantinischen liturgischen Texte, in: Ökumenische Rundschau 35 (1986), 271 (Fussnote 34)

[300] Karmiris, J., orthodoxer Dogmatiker, in: Larentzakis, *Maria in der orthodoxen Kirche,* 1988, 40f

[301] Kallis, 100 Fragen, 130

[302] Jungclaussen, *Marienverehrung*, 15. Ders. identisch in: Beinert, Maria heute ehren, 58. Hier liegt ein aus fachlicher Sicht lässliches Missverständnis vor: Einen „selbstherrlichen animus" in dem von Jungclaussen gemeinten Sinne kann es nicht geben, weil der animus in der Archetypen-Lehre C.G. Jungs jene seelischen Elemente *auch der Frau* meint, die ihre männlich konnotierten Anteile repräsentieren. Vgl. hierzu insbesondere GW 9/1, 34[30], 35, 37, 214, 304f, 305

Leben, gebiert neue Lebendigkeit. „Der Name Mirjam in seiner graezisierten Form Maria wurde eine Chiffre für ein ewiges Wunschbild der Anima.“[303]

Jesus gibt *Frauen* den Auftrag, den Jüngern seine Auferstehung zu verkünden.[304] Ihm geht es dabei nicht um das Bevorzugen der Frauen, sondern um deren besondere Fähigkeit, tiefinnerliche Erfahrungen auf religiösem Gebiet zu machen. Den weiblichen Anlagen ist dies offensichtlich eher gegeben als den männlichen. Wer bereit ist zu empfangen, offen zu sein, schwanger zu werden, zu sein und zu gebären, wird auch im Innersten erfassen, was Auferstehung und ewiges Leben bedeutet und ist. Der, vielmehr die kann es dann auch anderen verkünden. Der Frau scheint es offenkundig leichter zu fallen, diesen Zugang zur Dimension religiöser Erfahrungen zu finden, die Jünger, also Männer, ringen sich offensichtlich nur sehr viel schwerer zu dieser durch. Die Psyche der Frau wird damit zur Geburtsstätte der Auferstehungsbotschaft. Die Studie der VELKD fragte sogar, „ob die Mariengestalt nicht auch als Hinweis darauf dienen könnte, dass in der Hl. Schrift Gott nicht nur mit männlichen und väterlichen, sondern auch mit weiblichen und mütterlichen Zügen dargestellt wird.“ Die Sehnsucht nach einer weiblichen Dimension des Göttlichen wird darin positiv bewertet.[305] Innerhalb der Orthodoxie stellt sich die Frage des Frauenpriestertums nicht, sie wird im Rahmen ökumenischer Gespräche von „außen“ an sie herangetragen. Selbst wenn aus orthodoxer Sicht nicht gesagt werden kann, die Frau wäre aus ontologischen Wesenskriterien nicht zur Priesterin weihefähig, werden solche Ordinationen in der Realität nicht durchgeführt. Eine Ordination der Frau kennt die orthodoxe Kirche jedoch seit alters her in jener der Diakoninnen, die wie Diakone mit Handauflegung geweiht wurden und – gemäß den Worten des Erzbischofs von Athen vom 6.10.98 – weiter werden können.[306] Wir sollten nie vergessen, dass wir die Stellung einer Person – sei es eine Frau oder ein Mann – auch in der Kirche nicht nach dem Leistungsprinzip an deren Funktionsmöglichkeiten messen. Wir sollen nicht aus jeder Hoffnung und Berufung des Glaubens schon ein „Gleichstellungsprogramm“ machen. Wir haben das Göttliche in uns zu entdecken, so, wie es auf vielen Ikonen dargestellt ist. Wir sollten erkennen, dass wir damit schwanger gehen, dass es sich in uns gebären möchte und dass das nur über die Offenheit, über das Loslassen und über die funktionsunabhängige Hingabe zu erfahren ist. So, wie es uns nicht nur die Mutter Jesu, sondern auch Maria von Magdala und die anderen Frauengestalten in den Ostererzählungen zeigen.[307]

> „Was besagen die Worte des heiligen Paulus im Brief an die Galater: "Ihr alle, die ihr auf Christus getauft seid, habt Christus als Gewand angelegt. Es gibt nicht mehr Juden und Griechen, nicht Sklaven und Freie, nicht Mann und Frau; denn ihr alle seid ‚einer‘ in Christus." (Gal 3,27f). In dieser Passage lehrt der heilige Paulus die Gleichheit...Diese Worte des heiligen Paulus sind sehr stark. Ich weiß nicht, ob sie in der katholischen Kirche genügend meditiert wurden...Wenn wir alle eins sind in Christus und es keinen Unterschied zwischen Mann und Frau gibt, warum kann die Vollmacht des Ordo nur den Männern gegeben werden? Dies scheint mir ein kräftiges biblisches Argument für die Priesterweihe von Frauen zu sein.“[308]

[303] Ben-Chorin, Mutter Mirjam, 28
[304] Mat 28,5f, Joh 20,11f
[305] Heintze, Maria – Fragen und Gesichtspunkte, Einladung der VELKD, in: Hofrichter, Marienfrömmigkeit, 304
[306] Ausführliches hierzu bei Larentzakis, Die orthodoxe Kirche, 73f
[307] Vgl. zu diesem Topos: Larentzakis, Die orthodoxe Kirche, 122f
[308] Wuchse, Ludwig (Hg.), Isnard, Clemente José Carlos, *Gedanken eines Bischofs* zu den heutigen kirchlichen Institutionen, Edition Neue Wege, Gösing 2008, 49f. Dom Clemente Isnard OSB war der erste Bischof von Nova Friburgo, Rio de Janeiro. Er nahm am II. Vatikanischen Konzil teil, war Präsident der Liturgiekomission der

Es muss hier offen bleiben, wie viele Frauen in den Bereichen der West- wie der Ostkirchen die Berufung zum Amt der Priesterin verspüren, dieser jedoch aus Gründen des Kirchenrechts oder der Kirchentradition nicht folgen können. Als Christ-, respektive Altkatholik freue ich mich darüber, dass den Frauen unserer Kirche diese Möglichkeit seit Pfingstmontag 1996 in Deutschland, seit 1997 in Österreich, seit 1999 in den Niederlanden und seit 2000 in der Schweiz offensteht. Die bisher geweihten Priesterinnen bewähren sich.[309]

11.5 Kleine Philokalie[310] – Betrachtungen der Mönchsväter über das Herzensgebet[311]

Die Philokalie versammelt Werke, Sprüche und Erfahrungen von (je nach Ausgabe) 30, 36 oder 38 christlich-orthodoxen Asketen und Schriftstellern des 3. bis 15. Jahrhunderts. In ihr wird seit über tausend Jahren das Ziel der östlichen Askese beschrieben: Durch rein geistiges Gebet oder Gottversunkenheit[312] zur inneren Einung mit Gott zu gelangen. Die Philokalie ist die theologisch-spirituelle Grundlage des immerwährenden Herzensgebets der Ostkirchen, sowie das asketisch-pädagogische Handbuch für ihr klösterliches Leben. Weil sie dem Geist der traditionellen russischen Frömmigkeit entsprach, fand die Philokalie am Ende des 18. Jahrhunderts besonders in Russland unter dem Titel „Dobrotoljubie" (russ. „Liebe zur Tugendschönheit") rasche und weite Verbreitung. In Kreisen der Starzen[313] wurde die Philokalie zum förmlichen Handbuch ihres mystischen Lebens.

> „Die russische Frömmigkeit zeigte immer asketische Züge, und in ihrem Mittelpunkt stand das Gebet. Der russische gläubige Christ ist nicht so sehr bestrebt, den theologisch-dogmatischen Glaubensinhalt zu begreifen, als vielmehr seine Verbundenheit mit Gott zu erleben. Darum wirkte der Gottesdienst, die Liturgie, sehr stark auf sein Gemüt. In der Kirche fühlt er sich im Zustand der Weltentrückung, und in den langen Stunden der Gottesdienste erlebt er eine wirkliche Weltüberwindung. Beim Russen ist nicht so sehr eine Weltverneinung lebendig, sondern vielmehr die richtige Einschätzung des Irdischen. Die äußere Welt ist für ihn etwas Zeitliches, Vorübergehendes und Begrenztes. Die Geschichte seines Landes hat ihn oft zum Wandern gezwungen. Die großen Prozesse der inneren Kolonisation Russlands trieben ihn dazu. Die christliche Religion verkündete ihm das andere, ewige Leben und die Nichtigkeit des Irdischen. Weil er nun in seiner Geschichte die Vergänglichkeit der Schätze dieser Welt erlebte, so erkannte er in der christlichen Verkündigung eine Bestätigung dieser schweren und harten Wirklichkeit. In seinem Streben nach der Verbundenheit mit Gott hoffte er auch auf das Eindringen des Himmlischen in das Irdische. Dieses Eindringen erlebte er aber, wenn er die Liturgie seiner Kirche feierte.…Der Russe fühlt sich durch die reiche Hymnologie und die langen Gebete seiner Liturgie, die mit Zerknirschung und Demut, mit innigem Flehen um Gottes Barmherzigkeit, mit tröstlicher Hoffnung auf Gottes Erhörung durchweht sind, innerlich tief angesprochen. Das Beten war für den Russen immer ein asketisch-mystisches Tun, und er erkannte darin die sinnvollste Betätigung sei-

brasilianischen Bischofskonferenz, Vizepräsident der brasilianischen und der lateinamerikanischen Bischofskonferenz. 1964 wurde er von Papst Paul VI. als Mitglied in den Rat zur Umsetzung der „Konstitution über die heilige Liturgie" und später in die Kongregation für den Gottesdienst und die Sakramentenordnung berufen

[309] Einzelheiten dazu unter http://www.alt-katholisch.de/information/frauenordination.html

[310] Gr. etwa: „Liebe zur Schönheit", d.h. Liebe zur Tugend oder zur geistigen Schönheit. Erschien erstmals 1792 in Venedig, in Griechisch herausgegeben vom Mönch Nikodemus vom Berg Athos und vom Bischof Makarios von Korinth. Bereits 1793 erschien die ins Kirchenslawische übersetzte Ausgabe von Paissij Welickowskij

[311] Dietz, Matthias/Smolitsch, Igor, Kleine *Philokalie* – Betrachtungen der Mönchsväter über das Herzensgebet, Verlag Patmos, Düsseldorf 2006

[312] Auch „stille Abgeschiedenheit", für gr. Hesychia: „Ruhe des Herzens" oder „einsame Ruhe"

[313] Russ. Starez (Einz.): weiser Alter. Die russischen Starzen erscheinen als das Analogon zu den Abbas, den Wüstenvätern. Ihr Wesen ist einfach und schlicht, verbunden mit gütiger Zuwendung, milder Sanftheit und liebender Zartheit, alles tragen sie im Gebet vor Gott. Bäumer zieht interreligiöse Vergleiche zwischen Starzen, indischen Gurus und ägyptischen Wüstenvätern, in: Bäumer, Bettina, Trika – Grundthemen des kaschmirischen *Sivaismus*, Verlag Tyrolia, Innsbruck/Wien 2008, 32ff

nes Lebens. Das inbrünstige Sich-hingeben an das Gebet mit seinen vielen Verneigungen und dem Ertragen der langen Dauer war für ihn Askese, und dadurch erlebte er die Überwindung des Irdischen und gelangte zur Erkenntnis des Himmlischen.“[314]

Hier erkennen wir eine zentrale Verbindung zur Logotherapie: „Das Leben der Verinnerlichung ist die Grundvoraussetzung für eine anhaltende religiöse Erfahrung und damit – man mag es drehen, wie man will – für ein sinnerfülltes Leben.“[315] Die Amma Theodora, eine Wüstenmutter, traute der rechten Demut selbst das Austreiben von Dämonen zu – moderne Psychotherapie spräche hier vom Befreien von Wahnvorstellungen:

> „Nicht Askese, Entbehrung des Schlafes, nicht vielerlei Anstrengung rettet – es rettet allein die echte Demut. Da war ein Einsiedler, der die Dämonen austreiben wollte. Er fragte sie: ‚Wodurch fahrt ihr aus? Durch Fasten?‘ Sie antworteten: ‚Wir essen und trinken nicht!‘ ‚Etwa durch Schlaflosigkeit?‘ ‚Wir schlafen nicht!‘ ‚Oder durch Leben in der Einsamkeit?‘ ‚Wir leben in der Vereinsamung.‘ ‚Wodurch fahrt ihr dann aus?‘ Sie sagten: ‚Nichts besiegt uns als die Demut!‘ Siehst du also, daß die Demut das Mittel zum Siege über die Dämonen ist?“[316]

Die ostkirchliche Frömmigkeit atmet den mystisch-asketischen Geist der in der Philokalie versammelten Überlieferung. In aller Not und Sorge sucht der Ostchrist zuerst eine Antwort bei den Kirchenvätern, die Jahrhunderte vor ihm lebten. Damit drückt er aus und glaubt unerschütterlich, dass das grundsätzliche Verhältnis zwischen Gott und Mensch sich nicht ändern kann und wird.[317] Selbst was Immanuel Kant gegen Ende des 18. Jahrhunderts als „kategorischen Imperativ“[318] für die Allgemeinheit forderte, war in der Philokalie in individualisierter Form bereits Hunderte Jahre zuvor enthalten: „Vor den Menschen verhalte dich aber so, dass du keinem etwas tust, von dem du nicht willst, dass man es dir tut.“[319]

11.6 Das immerwährende[320] Herzensgebet oder Jesusgebet – das Rosenkranzgebet der Ostkirche?

Das immerwährende Herzensgebet ist die Wissenschaft
aller Wissenschaften und die Kunst der Künste
Johannes Klimakos[321]

Das Anrufen des Gottesnamens ist ein Urphänomen des Religiösen überhaupt. In diesem Anrufen wird in der Du-ich-Beziehung die ‚religio‘, die Rückbindung ans Numinose, offenbar. In den erschauern lassenden Kategorien des „fascinosum et tremendum“ erfahren sich die Anrufenden in der Spannung zwischen dem

---

314 Dietz/Smolitsch, Philokalie, 12f

315 Jungclaussen, Herzensgebet , 21

316 Weisung der Väter, *Apophtegmata Patrum* (AP), auch Gerontikon oder Alphabeticum genannt, übersetzt von Bonifaz Miller, Paulinus Verlag, 8. Unveränderte Auflage, Reihe Sophia – Quellen östlicher Theologie, Trier 2009, 115

317 Vgl. Dietz/Smolitsch, Philokalie, 16

318 Das grundlegende Prinzip der Ethik Kants wurde erstmals 1785 publiziert: „Handle nur nach derjenigen Maxime, durch die du zugleich wollen kannst, dass sie ein allgemeines Gesetz werde“, aus: Kant, Immanuel, Grundlegung zur Metaphysik der Sitten, Akademie-Ausgabe Kant Werke IV, Gruyter 1963 (Nachdruck der Ausgabe 1903), 421

319 Symeon dem Theologen (*949 †1022) zugeschrieben; wahrscheinlich aber von Nikephoros Gregoras (*um 1295 †1360) vom Berge Athos, in: Dietz/Smolitsch, Philokalie, 56

320 Ständiges Wiederholen, lat. ruminare/ruminatio, „wiederkäuen“, beschreibt diese Gebetsmethode wohl am besten

321 *vor 579 †um 649, Heiliger, Mönch im Sinai-Kloster, griechischer asketischer Schriftsteller („Die Himmelsleiter“)

Faszinosum als sehnsuchtsvolle Anziehung und dem Tremendum als abdrängende Scheu. Darin spiegelt sich das Erfahren des Heiligen, das Betroffensein im Umgang mit Offenbarung schlechthin.[322] „Gebet ist ein Erheben von Herz und Sinn zu GOTT. Immerwährendes Gebet – ist ein immerwährendes Hinwenden von Verstand und Herz zu IHM (Theophanos der Eremit)."[323] Zum Zweck des Betens sei hier zunächst gesagt: „Die echte Wirkung des Gebetes ist die Glut des Gemütes, die alle leidenschaftlichen Reize verbrennt, der Seele Freude und Fröhlichkeit bringt, das Gemüt durch sichere Liebe und das Gefühl von einem unzweifelhaften Seelenreichtum stärkt."[324] Bereits im 4. Jahrhundert empfahl der Anachoret Evagrios „...bete ununterbrochen und kurzgefaßt, und der Geist des Überdrusses wird vor dir fliehen."[325] Die Mönche Kallistos und Ignatios des Klosters Xanthopulos bei Konstantinopel stellten im 14. Jahrhundert die erste systematische Synthese der Erfahrungen und Erkenntnisse der Wüstenväter mit dem Herzensgebet vor. Ihr Handbuch „Methode und Kanon" zum kontemplativen und monastischen Leben enthält 100 Kapitel, die Ende des 18. Jahrhunderts in die Philokalie aufgenommen wurden.[326]

Das Herzens- oder Jesusgebet ist ein geistlicher Weg. Gregorios Sinaites verfasste Anfang des 14. Jahrhunderts eine Anleitung dazu.[327] Es ist eine christliche Meditationsform, die besonders im orthodoxen Christentum gepflegt wurde und wird, und die auch im Westen immer bekannter wird.[328] Dies auch deshalb, weil das Herzensgebet in seiner äußeren Erscheinungsform im Westen als eine Entsprechung zu asiatischen Meditations- und Gebetsformen wie Yoga oder Sufismus gesehen wird.[329] Diese Art des Betens führt in die eigene Tiefe und in die Erfahrung Gottes. Aus diesen Gründen erscheint „das Herzensgebet sehr gut für den interreligiösen Vergleich und Dialog geeignet."[330] Durch besondere Übungen zum Spüren des eigenen Körpers sowie durch ein achtsames Mitfühlen und „Hören" auf den eigenen Atem kann dies erreicht werden.

Wohl am umfassendsten und eindrücklichsten wird das Jesus- oder Herzensgebet, seine Form und Wirkung, in dem Buch „Aufrichtige Erzählungen eines russischen Pilgers" dargelegt. Seit eineinhalb Jahrtausenden wird dieses Gebet im Osten praktiziert, seine Ursprünge liegen im Neuen Testament: Die an Jesus gerichteten Stoßgebete[331] sowie die Mahnung, ohne Unterlass zu beten, [332] bezeichnen die grundlegende Haltung dazu. Ganz besonders häufig im Hesychasmus der Wüstenväter und ihrer Spiritualität – z.B. bei Johannes Klimakos oder bei Gregor vom Sinai [333] – ist diese Form des Betens bezeugt.[334] Hesychia bedeutet den

[322] Vgl. Jungclaussen, Marienverehrung, 9
[323] Selawry, Alla: *Das immerwährende Herzensgebet* – Ein Weg geistiger Erfahrung; russische Originaltexte. Verlag Turm, Bietigheim 2005, 7
[324] Dietz/Smolitsch, Philokalie, 41
[325] Evagrios, Acht Gedanken, 62, XIV/18
[326] Dietz/Smolitsch, Philokalie, 82
[327] Vgl. Blum, Byzantinische Mystik, 330f. Denk-, Sitz- und Körperhaltung, Atemtechnik, Formulierung, Sprechweise und Ernährung sind hier ausführlich beschrieben
[328] „Die grosse Verbreitung des Jesusgebetes im katholischen Raum kommt darin zum Ausdruck, dass sich im katholischen Kirchengesangbuch, dem ‚Gotteslob', unter der Nummer 6/1 eine kurze Einführung und Anleitung zum ‚immerwährenden Jesusgebet' findet." Müller, *Hesychasmus*, in: Baier, Handbuch Spiritualität, 181
[329] Jungclaussen, Aufrichtige Erzählungen, 10
[330] Müller, Hesychasmus, in: Baier, Handbuch Spiritualität, 182f
[331] U. a. bei Mt 15,22; Mt 20,31; Mk 10,47; Lk 17,13
[332] Vgl. Lk 18,1; Eph 6,18; ganz besonders bei Thess 5,17
[333] *1255 †1346

inneren und äußeren Zustand der Ruhe, Stille, des ehrfürchtigen Schweigens, der Abgeschiedenheit und Gelassenheit. Hesychasmus ist demnach eine Spiritualität, die wesentlich ausgerichtet ist auf innerliche Betrachtung und Beschauung. Sein Ziel ist die liebende Einung des Menschen mit Gott auf dem Weg des immerwährenden Herzens-/Jesusgebets in der Hesychia. Dieser Weg der Ehrfurcht, verbunden mit der Demut, ist das entscheidende Moment und die Basis christlicher Spiritualität überhaupt.[335] Das Jesusgebet erwächst aus dem Gehorsam gegenüber Christus: Auf Ihn wollen wir *hören* und *horchen*, Ihm möchten wir ge*horchen*, Ihm ganz ge*hören* – eine innere Verbindung zur Regel des heiligen Benedikt.[336] Die berührendste Darstellung des Herzensgebets stammt vom Athos-Mönch und späteren Erzbischof von Thessaloniki, Gregorios Palamas[337]:

> „Hesychia ist Stillesein des Geistes und der Welt, Vergessen des Niedrigen, geheimnisvolles Erkennen des Höheren, das Hingeben der Gedanken an etwas Besseres als sie selber sind. So schauen die, die ihr Herz auf solche heilige Hesychia gereinigt und sich auf unaussprechliche Weise mit dem alles Denken und Erkennen übersteigenden Licht vereinigt haben, Gott in sich selbst wie in einem Spiegel."[338]

Das ununterbrochene Anrufen des Gottesnamens ist der Kern der Übung. Die geläufige, klassische Form des Herzensgebets lautet: „Herr Jesus Christus, erbarme Dich meiner"; die erweiterte Form: „Herr Jesus Christus, Sohn Gottes, erbarme Dich über mich Sünder" – Anruf um Hilfe und Bitte um Vergebung. Diese Kürze mag erstaunen. „Doch vor der Gemeinde will ich lieber fünf Worte mit Verstand reden, um auch andere zu unterweisen, als zehntausend Worte in Zungen stammeln."[339] Die Väter bezogen sich beim Erklären der für manche geradezu schockierenden Kürze des Jesusgebets auf das Beispiel vom Pharisäer und vom Zöllner im Tempel: „Der Zöllner aber blieb ganz hinten stehen und wagte nicht einmal, seine Augen zum Himmel zu erheben, sondern schlug sich an die Brust und betete: Gott sei mir Sünder gnädig!"[340], sowie auf jenes von der Heilung eines Blinden bei Jericho: „Jesus, Sohn Davids, hab Erbarmen mit mir!"[341] Man stelle sich beim Jesus-Gebet vor, in ehrfürchtigem Schauder vor Gott zu stehen, Ihm aufrichtig dankend, Ihm aufrichtig die eigenen Fehler reumütig zu bekennen und sich in Seine Hände fallen zu lassen. Wer unablässig in dieser von Johannes Klimakos empfohlenen Weise zum Herrn betet,[342] betet bald wie von selbst und immerwährend in seinem Herzen. „Das Jesus-Gebet ist ein erprobtes, begnadetes Mittel zum immerwährenden Herzensgebet (Theophanos der Eremit)."[343] Was das Beten am meisten gefährdet, sind Hochmut, Eigendünkel, Selbstsucht, der Wahn, begnadet zu sein, mangelnde Demut.[344] Dies sind Vergehen gegen die Liebe – die wahre Gottesliebe, die reine Nächstenliebe und die rechte Selbstliebe. Echte Gnade ist immer eine freie Gabe des Heiligen

---

334 „Im Leben des hl. Dositheos (6. Jahrhundert) findet sich erstmals die geläufige Form: ‚Herr Jesus Christus, erbarme Dich meiner!'", z. n. Jungclaussen, Herzensgebet, 17

335 Vgl. Jungclaussen, Herzensgebet, 100

336 RB Prol 1 (das erste Wort im Prolog zur RB heisst „Höre, …!")

337 *1296 †1359, heilig gesprochen 1368, eine der höchsten Autoritäten der Ostkirche

338 Abt Emmanuel Jungclaussen: Das Jesusgebet als *geistlicher Weg*, Schriften zur orthodoxen Spiritualität, Benediktinerabtei Niederaltaich, Nieder-Bayern, undatiert, 2

339 1 Kor 14,19

340 Lk 18,13

341 Lk 18,38

342 Vgl. Selawry, Das immerwährende Herzensgebet, 68

343 Ebd. 55

344 Vgl. hierzu Selawry, Das immerwährende Herzensgebet, 134f

Geistes, sie kann weder „gemacht“ noch „erarbeitet“, sondern nur erbeten werden.[345] Und die Annahme seiner selbst kann letztlich nur gelingen in der Annahme des Gekreuzigten und Auferstandenen. Wenn ich Sein Erbarmen wirklich an mir selbst erfahre, kann ich selber auch nur noch Erbarmen üben an meinem Nächsten.

Unser Leib ist der Tempel des Heiligen Geistes und das Instrument der Gottesbegegnung.[346] „Als von Gott geschaffen, ist unser Leib gut…Sich selbst im Leib als Kirche zu erleben, sollte jedes Mal eine Art Heimkehr sein: Ich kehre heim zu mir selbst, in meinen Leib, weil dort jemand auf mich wartet.“[347] Es ist beim Beten und in der Kontemplation also wesentlich, wie wir unseren Leib halten, wie wir uns *leib*haftig einbringen und hingeben. In der Orthodoxie geht Leibhaftigkeit so weit, dass die Betenden sich mit den Worten „Herr Jesus Christus“ niederwerfen auf die Knie, mit der Stirn den Boden berühren und dabei sprechen „erbarme Dich meiner“.[348] Man sitzt beim Herzensgebet jedoch gemeinhin auf einem niedrigen Schemel, auf einem Meditationskissen oder -bänklein, Kopf und Schultern sind gebeugt, die Augen auf das Herz oder den Nabel[349] gerichtet. Das Bewusstsein wird im Herzen gesammelt. Der Atem geht langsam, im Rhythmus des stumm gesprochenen Gebets: Beim Einatmen „Herr Jesus Christus“, beim Ausatmen „erbarme Dich meiner“. Seit dem 12. Jahrhundert ist diese Gebetsform in Russland nachgewiesen; besonders die Starzen in den russischen Klöstern Ende des 18. sowie im ganzen 19. Jahrhundert brachten diese Meditations- und Bußform zur Hochblüte. Aus dieser Zeit stammen die „Aufrichtigen Erzählungen eines russischen Pilgers“. Diese wiederum sind untrennbar verbunden mit der bereits genannten „Philokalie“, welche Texte von Schriftstellern des christlichen Ostens versammelt, die sich alle auf das Üben des Herzensgebets beziehen. Ihre Schriften bilden die Summe der geistlichen Überlieferung und Spiritualität der Ostkirche: Demütige Hingabe der Betenden an Jesus Christus im Bewusstsein der eigenen Sündhaftigkeit.

Nach Jungclaussen gilt es für die Betenden, fünf Punkte besonders zu beachten:[350]

- Das Motiv: Will ich mich Jesus anschließen, ihm ganz gehören? Oder will ich etwas für mich haben?
- Jesus kennenlernen: Will ich täglich mindestens so lange in den vier Evangelien lesen als beten?
- Zeit einräumen: Will ich täglich von wenigen kurzen Malen bis hin zu ununterbrochen still beten?
- Haltung und Atem: Will ich mich bemühen, ehrfurchtsvoll sitzend im rechten Atemrhythmus zu beten?
- Mut zur Krise: Das erbetene Erbarmen Gottes kann mir äußerst schmerzliche Läuterung abverlangen!

Zusammengenommen kann dies bedeuten, dass wir beten: „Herr Jesus Christus, erbarme Dich meiner – nimm mich, wie ich bin, und mache mich so, wie Du mich haben willst“. Das ist die Herzenshaltung der Gottesgebärerin, wie sie sich zeigte in ihrer bedingungslosen Annahme der Mutterschaft Gottes[351] oder auf

[345] Der Begriff „Gnade“ sei hier weiter verstanden als „seinsmäßiges „Abfärben“ der Göttlichkeit Gottes auf den Menschen, dem Gott sich mitteilt.“ In: Müller, Glaubensrede, 106
[346] Vgl. 1 Kor 3,16-17 und 1 Kor 6,19-20
[347] Jungclaussen, Herzensgebet, 28
[348] Dies nennt man die große Metanie (von gr. Metanoia = „Umkehr“, „Bekehrung“); bei der kleinen Metanie verbeugt man sich tief und berührt mit der Hand kurz den Boden
[349] zur spirituellen Bedeutung von Leib und Nabel beim Kirchenlehrer Gregor Palamas, in: Bäumer, Bettina, Abhinavagupta – *Wege ins Licht*, Texte des tantrischen Sivaismus aus Kaschmir, Benziger Verlag AG, Zürich 1992, 48f
[350] nach Jungclaussen, Jesusgebet, 7f
[351] Lk 1,38: Mir geschehe, wie Du es gesagt hast

der Hochzeit zu Kana[352]. Welch befreiende, erlösende, ja bekehrende Wirkung diese innere Haltung auf das ganze Leben haben kann, zeigt uns Dostojewski, der wohl christlichste Dichter der Menschlichkeit. Er beschreibt in seinem letzten Roman „Die Brüder Karamasov" eine Bekehrung. Sie geschieht bei der Lesung der Geschichte von der Verwandlung von Wasser in Wein durch Jesus auf eben jener Hochzeit zu Kana durch den Mönch Paissij in dessen Klause, am Sarg des innig geliebten Starez Sossima. Erschöpft und übermüdet hört Aljoscha, der jüngste der drei Brüder Karamasov, nach einem anstrengenden Tag – halb schlafend – diese Geschichte vom ersten Zeichen, das Jesus tat. Im Halbschlaf sieht er jene Hochzeitsgesellschaft, immer mehr Menschen nehmen an diesem Fest teil. Sossima, der von Aljoscha so sehr verehrte und geliebte, hagere, kleine und runzlige Starez, ist ebenfalls anwesend und ruft ihn, auch herbeizukommen:

> "Es war Aljoscha, als brenne etwas in seinem Herzen und erfülle es mit unsäglichem Schmerz. Tränen der Begeisterung lösten sich aus seiner Seele...Er breitete seine Arme aus, schrie auf und erwachte...Ihm war, als verbänden sich unsichtbare Fäden von all diesen zahllosen Welten Gottes in ihm, und seine ganze Seele erschauerte in der Berührung mit anderen Welten. Er wollte allen alles vergeben und selbst um Vergebung bitten...Und mit jedem Augenblick fühlte er immer deutlicher, wurde es ihm immer mehr bewusst, dass etwas Festes und Unerschütterliches…in seine Seele einzog,…und zwar für sein ganzes Leben und für alle Ewigkeit. Als schwacher Jüngling war er noch zur Erde niedergefallen, als ein fürs ganze Leben gewappneter Kämpfer erhob er sich wieder – das fühlte er, und dessen wurde er sich plötzlich bewusst in diesem Augenblick seiner großen Verzückung. Sein ganzes Leben lang, niemals, niemals konnte Aljoscha diesen Augenblick vergessen...'Jemand hat in dieser Stunde meine Seele heimgesucht', sagte er später."[353]

Es ist bestimmt kein Zufall, dass Dostojewski hier das Pronomen 'jemand' benutzt, während er sonst Gott eher mit unpersönlichen Wendungen umschreibt. Das Empfinden der Berührung mit anderen Welten wird hier in Aljoscha jedoch so stark und so konkret, dass das göttliche Sein als Person, eben als „jemand" empfunden und erlebt wird. Dostojewski zeigt in der Bekehrungsgeschichte Aljoschas, dass die Beziehungen zwischen Gott und Welt echte Wechselbeziehungen sein können: Beziehungen, die nicht nur vom Menschen in Anbetung und Meditation hinaufgehen zu Gott, sondern auch von Gott herab zum Menschen.

Christliche Konfessionen wie nicht-christliche Religionen kennen Gebete, die an „Zählketten" oder „Zählschnüren" verrichtet werden. In der orthodoxen Kirche hat eine analoge Zählkette oder -Schnur im Blick auf das immerwährende Herzensgebet oder Jesusgebet eine lange Tradition. Dieselbe Hilfsfunktion haben das Tasbih im Islam und die Mala im Buddhismus und im Hinduismus. Die römisch-katholische Rosenkranz-Gebetskette hat seit Beginn des 15. Jahrhunderts 59 Perlen oder Knoten. Die orthodoxe Gebetsschnur (russ.: Tschotki, gr. Komboskini) bestand ursprünglich nicht aus Perlen, sondern aus einer einfachen Schnur, in die zwischen dreißig und bis zu über hundert Knoten geknüpft wurden. Die geschlossenen, endlosen Ketten oder Schnüre symbolisieren das nie endende Gebet gemäß der Heiligen Schrift: „Betet ohne Unterlass".[354] Die Gebetsschnur wird in der orthodoxen Tradition beim Jesusgebet als Hilfe zur Konzentration und zum Einhalten eines gleichmäßigen Rhythmus' verwendet.

---

[352] Joh 2,5: Was Er euch sagt, das tut

[353] Dostojewski, Fjodor Michailowitsch, *Die Brüder Karamasoff*, Gesamtausgabe Piper Verlag München 2008, 591f

[354] 1 Thess 5,17

Papst Leo XIII. postulierte in seiner Rosenkranz-Enzyklika vom 1. September 1883, dass nichts den Weg zu Gott effizienter und sicherer ebne, als das Rosenkranzgebet.[355] Doch „der eigentliche Mittler zwischen Gott dem Vater und den Menschen bleibt nach wie vor Jesus Christus."[356] Im ersten Brief des Timotheus steht: „Denn: Einer ist Gott, Einer auch Mittler zwischen Gott und den Menschen: Der Mensch Christus Jesus."[357] Eine vorgeschaltete „Vermittlung" der Mutter Gottes war demnach nicht vorgesehen, das Beten zum dreieinigen Gott reicht völlig aus – so, wie es auch die Bergpredigt vorsieht: „Du aber geh in deine Kammer, wenn du betest, und schließ die Tür zu; dann bete zu deinem Vater, der im Verborgenen ist. Dein Vater, der auch das Verborgene sieht, wird es dir vergelten."[358] Verehren und lieben können und sollen wir Maria als die gebenedeite Mutter Gottes trotzdem von ganzem Herzen.

Das Beten und das Gebet sowie deren Wirkung auf die Betenden können auch psychologisch betrachtet werden. Hier soll einzig auf die Frage eingegangen werden, welche wesentlich wichtigen Prozesse insbesondere das Herzens- oder Jesusgebet in den Betenden auslösen kann. Die Studie „Die psychologische Aufhellung der Technik des hesychastischen Gebets und des auf ihr beruhenden mystischen Zustandes"[359] soll hier als Hinführung dienen. Die Synode von Konstantinopel 1351 anerkannte die Orthodoxie des Hesychasmus – eine kirchengeschichtliche Entscheidung, welche die West- von der Ostkirche bis heute trennt. Mit dieser geistigen und geistlichen Entscheidung wendete sich die Ostkirche gegen jegliche Form des „Intellektualismus" und blieb damit ihrer platonisch-mystischen Überlieferung treu, welche in der Schau des Göttlichen (gr. theoria) gipfelt. Diese lebendige Schau Gottes ändert beim Eidetiker – dem „Schauenden ohne Anschauung" – das Wahrnehmen der Wirklichkeit: Er oder sie „sieht" bei vollem Bewusstsein etwas, was nicht „da" ist. Doch im Gegensatz zum halluzinatorischen Erleben weiß der meditierende Eidetiker, dass seine geschauten Vorstellungen keine Wahrnehmungen sind, obschon er oder sie zum Erschauten hin geformt wird. Die Gnade der Schau der eigenen, Gott wesensgleichen Seele ist immer eine unmittelbar intuitive und keine sich diskursiv erschließende. „Nicht das Denken allein bahnt den Weg zu Gott,[360] am wenigsten das abstrahierende und schlussfolgernd vermittelnde Denken, sondern das unmittelbare Gewahrwerden und geistige Aufnehmen, für das – in echt hellenischer Art – die Schau, die theoria stehen könnte."[361] Im interreligiösen Prozess, Dialog und Vergleich zeigt sich hier mit aller Deutlichkeit die ostkirchliche Einstel-

---

[355] « A cette fin, Nous estimons que rien ne saurait être plus efficace et plus sûr que de Nous rendre favorable, par la pratique religieuse de son culte, la sublime Mère de Dieu, la Vierge Marie,... » ... « Sixte IV a dit que cette manière de prier est avantageuse à l'honneur de Dieu et de la Sainte Vierge, et particulièrement propre à détourner les dangers menaçant le monde. » http://www.vatican.va/holy_father/leo_xiii/encyclicals/documents/hf_l-xiii_enc_01091883_supremi-apostolatus-officio_fr.html

[356] Larentzakis, Maria in der orthodoxen Kirche, 28

[357] 1 Tim 2,5

[358] Mt 6,6

[359] Wunderle, Georg, Zur *Psychologie des hesychastischen Gebets* – mit einer Einleitung von Altabt Emmanuel Jungclaussen, Verlag „Der Christliche Osten" GmbH, Würzburg 2007, 16

[360] „Der Weg zu Gott führt nach der Regel Benedikts über das Hinabsteigen in die eigene Wirklichkeit, in die Realität des Leibes und der Seele, in die Realität des Alltags mit seinen Mühen, in die Wirklichkeit der Arbeit und der Beziehung zu den Menschen. Der Leib als ein Holm, der die Stufen der Leiter zusammenhält, meint auch die Sexualität und den Eros. Die Leiter zu Gott beginnt bei Benedikt in der Spannung von Leib und Seele, von Eros und Mystik. Nicht am Leib, nicht an der Sexualität vorbei, sondern durch sie hindurch steigen wir zu Gott auf." In: Grün/Riedl, Mystik und Eros, 28. Vgl. RB Kapitel 7,1-10, wo diese Funktionen der benediktschen Leiter zum Himmel en détail erläutert sind

[361] Wunderle, Psychologie des hesychastischen Gebets, 45

lung zum Gebet, insbesondere zum Herzens- oder Jesusgebet, als „passiver", zäher, ausdauernder, mystischer und emotionaler als im „aktiv-intellektuellen" Westen: Hier wird Meditation nicht selten sogar doppelt missbraucht – einmal durch ihre gewinnorientierte Säkularisierung bis hin zum Wellness-Element, zum anderen durch Versuche, die Erfahrung des Erlöstseins zu „produzieren".[362] Das gesamte aszetisch-mystische Streben ostkirchlicher Frömmigkeit hingegen ist darauf ausgerichtet, den paradiesischen Verkehr des Menschen mit Gott und mit der Natur durch die Gnade wiederherzustellen. Dieser „östlichen" Haltung im Gebet kommt die Logotherapie, die sinnorientierte Psychotherapie nach Professor Viktor E. Frankl, sehr weit entgegen, ist sie es doch, die unter sämtlichen Methoden der Psychotherapie als einzige die Sinnfragen des menschlichen Lebens und Glaubens sowohl in ihrer Existenzanalyse – die Anthropologie Frankls – als auch in ihren therapeutischen Strategien explizit stellt.[363]

Im gnadenhaft geschenkten Vorgang und Erleben der mystischen Erfahrung der Gegenwart Gottes liegt auch die ernste Mahnung an Psychologie und Psychotherapie begründet, den unmittelbar übernatürlichen Charakter der allenfalls zu untersuchenden inneren Erlebnisse beim Beten und beim Meditieren gebührend zu bedenken und zu respektieren.

> „Nichts ist schlimmer, als göttliches Tun mit menschlichem Maßstabe zu beurteilen und zu messen… Wenn schon jemand, der die Sonnenstrahlen mit bloßem, menschlichem Auge auffangen will, nicht nur das nicht bewerkstelligen und seinen Zweck nicht erreichen, sondern sogar Blendung erleiden und Schaden nehmen wird, so muss noch viel mehr derjenige solches erfahren, der mit seinem winzigen Verstande in jenes göttliche Licht blicken will."[364]

Psychotherapie war ursprünglich ein spirituelles Phänomen. Schamaninnen und Schamanen, Heiler/innen, Nonnen, Mönche, Rabbis, antike Philosophen – insbesondere jene der Stoa – nahmen sich der seelisch Leidenden an. Die Geschichte der Kulturen und Religionen offenbart die enge Verbindung von Heil und Heilung, von spiritueller Einsicht und seelischer Gesundheit. C. G. Jung stellte, wie bereits zitiert, fest, dass ausnahmslos alle seine Patientinnen und Patienten über 35 nebst ihren seelischen Störungen immer auch eine religiös-spirituell fundierte Sinnkrise durchmachten. Doch bis noch vor wenigen Jahren beachteten Psychiatrie, Psychologie und Psychotherapie die religiös-spirituellen Krisen ihrer selbst und ihrer Klientel kaum.[365] „Dabei ist nicht zu übersehen, dass die Erstarkung der evangelikalen Bewegung in den USA während der 90er Jahre auch die traditionell atheistischen Bastionen der Psychiatrie, der Psychologie und Psychotherapie mit erfasst hat."[366] Paradoxerweise ermöglichte erst die jüngste, inflationäre Säkularisierung des Spirituellen z.B. in der Wellness-Euphorie diese Korrektur: Die inzwischen offen zutage getretene Krise der institutio-

---

[362] Vgl. Kurz, Wolfram, Die Bedeutung religiöser *Erziehung*, in: Kurz, Wolfram/Sedlak, Franz (Hg.), *Kompendium der Logotherapie* und Existenzanalyse, Verlag Lebenskunst, Tübingen 1995, 549

[363] Vgl. Riedel/Deckart/Noyon, *Existenzanalyse und Logotherapie*, Verlag Primus 2002, 161f

[364] Hl. Johannes Chrisostomos, 2. Homilie über den 2. Timotheusbrief, I, in: Wunderle, Psychologie des hesychastischen Gebets, 86

[365] Vgl. Hell, Daniel, Steht die Psychotherapie vor einer Spiritualisierung? , Interview im „TagesAnzeiger" http://sc.tagesanzeiger.ch/dyn/news/varia/832916.html; vgl. ders. unter „Portal katholische Kirche Schweiz", http://www.kath.ch/index.php?na=11,0,0,0,d,26108

[366] Van Quekelberge, Renaud, *Transpersonale Psychologie*/Psychotherapie, Quantenpsychologie – Konzepte zur Spiritualität in der Transpersonalen Psychologie und Psychotherapie, in: Reiter A./Bucher A. (Hg.), *Psychologie – Spiritualität – interdisziplinär*, Naturwissenschaftliche Fakultät Universität Salzburg, Verlag Dietmar Klotz, Eschborn b. Frankfurt a. M. 2008, 46

nellen Religionen lenkte das Interesse vieler Gläubiger weg von kirchlichen Institutionen, Ämtern, Dogmen, exklusivem Wahrheitsanspruch und Traditionalismus, hin zu erfahrungsorientierter Spiritualität.

> „Die offensichtliche Popularität von Spiritualität hat mehrere Gründe. Zum einen ist es die Krise der institutionellen Religionen, speziell der Kirchen, der römisch-katholischen wohl stärker als der evangelischen. Nach wie vor schließt die römisch-katholische Kirche die Hälfte der Menschheit von Weihen aus, obschon sich in vielen religiös-spirituellen Traditionen Frauen als ‚Weise, Heilerinnen und Verkörperungen der Göttinnen' und damit als ‚Priesterinnen' – so ein Buchtitel von Sharron Rose (2003) [367] – hervorgetan und bewährt hatten. Nach wie vor beansprucht die katholische Kirche, die einzig wahre Kirche zu sein; die Schwesterkirchen seien – so im Schreiben von Papst Benedikt XVI vom 10. Juli 2007 – ‚mit Mängeln behaftet'. Viele Zeitgenossen können auch nicht mehr nachvollziehen, warum Priester zum Zölibat verpflichtet sind, warum sich Menschen, bevor sie einen Gottesdienst feiern, für schuldig deklarieren sollen – ein dreifaches ‚durch meine Schuld' – und warum Mitmenschen, wenn eine Beziehung gescheitert ist und eine neue eingegangen wird, vom ‚Brot des Lebens' ausgeschlossen sein sollen.
>
> Von daher verwundert es wenig, dass sich bei zusehend mehr Zeitgenossen folgende Kontrastierung ergeben hat: Religion, speziell kirchliche, assoziiert mit Institution, Orientierung an Dogmen, exklusivem Wahrheitsanspruch und Traditionalismus, wohingegen persönliche Religiosität – für viele: Spiritualität – individuell ist, erfahrungsorientiert, ökumenisch, offen, eine Suche auf einem spirituellen Pfad und weniger ein Wohnen innerhalb fester Mauern, die durch Kirchenrecht und Gesetzesparagrafen verstärkt sind. In einer luziden Studie haben Saucier & Skrzypinska (2006) nachgewiesen, dass es – in einer repräsentativen amerikanischen Stichprobe – in der Tat Menschen mit einer eher spirituellen oder einer eher religiösen Disposition gibt. Bei Ersteren sind Variablen wie Selbstabsorption und Offenheit für neue Erfahrungen ausgeprägter, bei Letzteren hingegen Traditionalismus, Dogmatismus und Ethnozentrizität."[368]

„Dank einer weitestgehenden Trennung zwischen Spiritualität und Religion gewinnt die Psychologie oder Psychotherapie die für die wissenschaftliche Erforschung notwendige ‚kritische Distanz' wieder."[369] Das geht inzwischen so weit, dass Quantenphysiker das rationalistische Weltbild Descartes[370] revidieren, indem sie die energetisch-ontologische Verbundenheit alles Existierenden betonen.[371] Demgegenüber sind Existentielle Fragen und Krisen, ethische Bewertungsprobleme, innerlichste Entscheidungen mit den methodischen Ansätzen der Naturwissenschaften nicht lösbar, weil diese einzig die Fragen nach dem „wie" (z.B. nach dem neurologischen Funktionieren), nicht jedoch jene nach dem „was" (z.B. was fühle ich?) oder gar nach dem „wozu" (z.B. wozu lebe ich?) beantworten können.

> „Die Menschen erwarten von den verschiedenen Religionen Antwort auf die ungelösten Rätsel des menschlichen Daseins, die heute wie von je die Herzen der Menschen im tiefsten bewegen: Was ist der Mensch? Was ist Sinn und Ziel unseres Lebens? Was ist das Gute, was die Sünde? Woher kommt das Leid, und welchen Sinn hat es? Was ist der Weg zum wahren Glück? Was ist der Tod, das Gericht

[367] Rose, Sharron, Der Weg der Priesterin – Die Rolle der Frau als Weise, Heilerin und Verkörperung der Göttin, Verlag Ansata/Ullstein Heyne List GmbH & Co. KG, Berlin 2003 (amerikanischer Originaltitel: „The Path of the Priestess")

[368] Bucher, Anton, *Empirische Forschung zur Spiritualität*, 12, in: Reiter A./Bucher A. (Hg.), Psychologie – Spiritualität – interdisziplinär, Naturwissenschaftliche Fakultät Universität Salzburg, Verlag Dietmar Klotz, Eschborn b. Frankfurt a. M. 2008

[369] Van Quekelberge, Transpersonale Psychologie, in: Ebd. 49

[370] Der cartesianische Dualismus ging 1641 aus von der Existenz zweier miteinander *nicht* in Wechselwirkung stehender, voneinander verschiedener ‚Substanzen': Geist und Materie. Diese Auffassung wurde bereits 1687 durch die Naturphilosophie Newtons widerlegt, der die Wechselwirkung aktiver, jedoch immaterieller ‚Naturkräfte' (z.B. die Schwerkraft) mit der absolut passiven Materie nachwies

[371] Bucher, Empirische Forschung zur Spiritualität, 13

und die Vergeltung nach dem Tode? Und schließlich: Was ist jenes letzte und unsagbare Geheimnis unserer Existenz, aus dem wir kommen und wohin wir gehen?"[372]

Religion bedeutet auch Kommunikation, Verständigung mit, über und vor Gott. Religiosität als „angewandte Religion" verlangt deshalb kommunikative Fähigkeiten sowohl im klassischen, nach außen gewandten, als auch im nach innen gerichteten, metaphysischen Sinne. So drängt sich Betenden hie und da die Frage auf, woran sie zuverlässig erkennen könnten, ob sie der Gnade der Schau teilhaftig geworden seien. Wohl am schönsten und bildhaftesten wird eine Antwort gegeben im Bericht des Richters Nikolai Motowilow im Jahr 1831 über sein Gespräch mit dem russischen Heiligen Seraphim[373] von Sarow. Darin erklärt der Heilige seinem Besucher unter anderem:

> „ ‚Die Gnade des Heiligen Geistes ist ein Licht, das den Menschen erleuchtet...Denkt an Mose nach seinem Gespräch mit Gott auf dem Berg Sinai. Die Menschen konnten ihn nicht ansehen, weil aus ihm ein ungewöhnliches Licht strahlte, das sein Angesicht umgab. Er war genötigt, dem Volke schließlich verhüllt gegenüberzutreten. Denkt an die Verklärung des Herrn auf dem Berge Tabor. Ein großes Licht umstrahlte ihn, und seine Kleider wurden weiß wie Schnee, seine Jünger aber stürzten erschrocken zu Boden.' Doch Motowilow reagierte auf diese Ausführungen etwas zweifelnd und fragend. ‚Da nahm mich Vater Seraphim überaus kräftig an der Schulter und sagte: ‚Wir sind beide jetzt, Väterchen, im Geiste Gottes...Warum schaut Ihr mich denn nicht an?' Ich gab zur Antwort: ‚Ich kann Euch nicht anschauen, Väterchen, weil aus Euren Augen Blitze sprühen. Euer Gesicht ist heller als die Sonne geworden, und meine Augen schmerzen davon...' Vater Seraphim sagte: ‚Entsetzt Euch nicht, Eure Gottergebenheit, Ihr seid jetzt ebenso lichtüberflutet wie auch ich. Ihr selbst seid jetzt in der Fülle des Geistes Gottes, sonst könntet Ihr mich gar nicht so sehen.' Und während er seinen Kopf zu mir neigte, flüsterte er mir leise ins Ohr: ‚Dankt Gott dem Herrn für seine unaussprechliche Gnade gegen Euch. Ihr habt ja gesehen, dass ich mich nicht einmal bekreuzigt habe, nur in meinem Herzen habe ich still den Herrn gebeten und innerlich gesagt: Herr, würdige ihn, daß er klar und mit seinen leiblichen Augen die Herabkunft Deines Geistes sieht, dessen Du deine Knechte würdigst, wenn immer es Dir gefällt, Dich im Lichte deiner majestätischen Herrlichkeit zu offenbaren.' "[374]

Odo Casel OSB, dem Vorreiter der ökumenischen „Liturgischen Bewegung"[375], verdanken wir das Wiederbeleben der ursprungsgerechten Feier der Eucharistie, die seit dem 13. Jahrhundert zunehmend „verwissenschaftlicht" wurde und vielerorts von einer buchstäblich wundervollen Mysterienhandlung zu einer bloßen Hostienbereitung absank.[376] Zu Casels reanimierter „anamnetischer Glaubensvermittlung" kommt Pavel Florenskijs Bildcharakter des Anamnisierten[377] hinzu: Die Anamnese als Ikone – und umgekehrt:

> „Wie wir beschrieben, rufen die liturgischen Riten in den feiernden Gläubigen Bilder wach. Dies sind nicht Phantasiegebilde, die uns an dies und das erinnern, sondern gemäß antiker, speziell spät-antiker Tradition Bilder, die unsere Seele bleibend[104] prägen; d.h. sie kommen aus einem *außer-ichhaften* Bereich - aus dem Bereich des Anamnisierten[105], in diesem Fall aus dem Bereich des Gottessohnes, sind also Göttliches Geschenk – und gehen durch die Kraft des Ritus in unsere Seele über. Sie nehmen als Ikone in unserer Seele Platz. Sie bleiben aber dort nicht unverändert, etwa wie[106] in einem Museum

---

[372] NA, Art 1 Abs 3

[373] *1759 †1833

[374] Vgl. Warning, Wilhelm, *Abstraktion und Figuration*, in: Una Sancta 4/2009, 310f. Der folgende Link zu Fink, Erich-Maria, röm.-kath. Priester, seit 2000 in Beresniki/Ural, Russland, bietet auf Seite 6 den vollständigen, oben zitierten Text: http://www.kirche-heute.de/images/Fink-Rosenkranz.doc

[375] Ausführlich beschrieben von Schulz, Hans-Joachim, in: UNA SANCTA 1/1984, 52ff. Casel fühlte sich der ostkirchlichen, insbesondere der griechischen Mysterienfrömmigkeit ganz besonders nah; vgl. hierzu ebd. 54f

[376] Vgl. Warning, Abstraktion und Figuration, 332f

[377] Von gr. „Erinnerung": In der Liturgie der Eucharistie folgt den Einsetzungsworten (z.B. nach Mt 26,26-28) die Anamnese „Tut dies zu meinem Gedächtnis" (1 Kor 11,25) vor der Epiklese, der Herabrufung des Heiligen Geistes. Anamnese bedeutet hier feierliches Gedenken des Todes, der Auferstehung und des gesamten Heilshandelns Christi

unverändert aufgebahrt[107], vielmehr verdichtet sich die Ikone in der Seele bildnerisch[108], um vom Betrachter immer wieder von neuem – ihn bereichernd – aufgenommen und („fides quarens intellectum“) dekodiert zu werden.“[378]

Damit führt Florenskij die Gedanken Casels in die Nähe zweier psychotherapeutischer Möglichkeiten, nämlich des katathymen Bilderlebens [379] und der Wertorientierten Imagination.[380] Beide lassen innere Bilder sprechen, die der Mensch ohne Unterbruch im Wachen wie im Schlafen „erzeugt“ und „hat“ – auch Bilder zur erfahrenen Liturgie. Was er oder sie in diesem inneren Geschehen erschaut, *bildet* sich nicht bloß in den neurologischen Strukturen des Gehirns ab, sondern *bildet* einen Teil des seelischen Erlebens – und ist damit bereits Gegenstand der Psychologie, die sich definitionsgemäß mit dem Erleben und Verhalten des Menschen beschäftigt. Wer in äußerer Versenkung in das geheiligte Geschehen des immerwährenden Jesus- oder Herzensgebets oder der Göttlichen Liturgie, beim wiederholten Erblicken, Küssen und Betrachten heiliger Ikonen, wer durch dies alles hindurch das Heilige innerlich erschaut, erlebt unmittelbar seelische, nicht selten sogar körperliche Heilung. Es gibt inzwischen…

„…eine nicht mehr überschaubare Fülle von Studien, die einen positiven Zusammenhang feststellen zwischen spiritueller Praxis einerseits und physischer und psychischer Gesundheit, größerer Lebenszufriedenheit, längerer Lebensdauer, Glück und vielen anderen wünschenswerten Variablen für ein erfülltes Leben andererseits.“[381]

---

[378] Warning, Wilhelm, Abstraktion und Figuration, in: Una Sancta 4/2009, 334f. Die zitierte originale Fußnote 104 bezieht sich auf “…die regelmäßige Wiederholung der Kulthandlungen, die nicht bloße Wiederholung, sondern geistseelische Vertiefung bedeutet.“ Die Fußnoten 105 bis 108 sind hier unerheblich

[379] „Eine therapeutisch nutzbare Wirkung von Wahrnehmungen ist die Schau innerer Bilder. Prominentestes Beispiel ist das katathyme Bilderleben (KB; auch katathym-imaginative Psychotherapie KIP genannt). Es handelt sich um eine von Professor Hanscarl Leuner entwickelte Tagtraumtechnik der Einzelpsychotherapie. Der Begriff ‚katathym‘ setzt sich aus zwei griechischen Wörtern zusammen: katá = gemäß, entsprechend; thymos = Seele, Emotionalität. Das Wortpaar ‚katathymes Bilderleben‘ (KB) verweist auf die Zusammenhänge zwischen imaginativen Vorgängen und Affekten oder Emotionen. Das KB gilt derzeit als das am besten organisierte und systematisierte Verfahren der imaginativen Psychotherapie. Sein Konzept geht davon aus, daß spontane oder vom Therapeuten induzierte Imaginationen unbewusste Konflikte in der Form tiefenpsychologischer Traumsymbole widerspiegeln (projektive Selbstdarstellung). Unsere Seele hat den spontanen Drang, sich in (Traum-)Bildern darzustellen. Die therapeutischen Ziele des KB sind dementsprechend das Erkennen unbewußter Psychodynamik, das Entwickeln reifer Ich-Anteile, das Entdecken von Ressourcen und Perspektiven, das geistige Vorwegnehmen (‚Durchspielen‘) von Möglichkeiten und die Hingabe an das eigene Innenleben.“ In: Buschan, Christian, *Spuren suchen – Sinn finden*, Diplomarbeit am Institut für Logotherapie und Existenzanalyse (Hg.), Chur 2004, 142f

[380] „Jeder Mensch hat innere Bilder, jeder kennt sie aus den Träumen der Nacht. Jede menschliche Seele hat auch die Tendenz, das, was in ihr vorgeht – also Ahnungen, Gedanken und Gefühle – in anschauliche Bilder zu übersetzen, so daß sich z.B. der Imaginand Landschaften und Gestalten gegenübersieht und in Geschichten oder gar Dramen verwickelt wird. So entstanden Mythen und Märchen, so entstehen Träume – und Imaginationen. Im Gegensatz zu den Träumen jedoch ist sich der Imaginand seiner selbst und dessen bewußt, was er erlebt. Er hat deshalb die Möglichkeit, auf das, was ihm bildhaft begegnet, bewußt Einfluß zu nehmen und sich mit ihm auseinanderzusetzen. Daher ist die Wirkung imaginativer Arbeit ungleich stärker als die der Traumanalyse…Imaginationen basieren auf unserem inneren Sprechen, ‚auf der assoziativen, sprachlich-dialogischen Tätigkeit unseres Denkens, die ständig in uns abläuft‘[15]. Das bedeutet, daß im Unbewußten ein ständiges Gespräch stattfindet, doch kein abstraktes, sondern ein bildhaftes. Nähern wir uns nun den inneren Bildern, nehmen wir diesen inneren Prozeß wahr. Gerade diese Möglichkeit aber verschafft uns die Gelegenheit, auf sie in einer Weise Einfluß zu nehmen, wie es über ein Gespräch auf der Bewußtseinsebene nie möglich wäre. Nehmen wir nämlich auf die inneren Bilder Einfluß, so beeinflussen wir nicht nur sie, sondern auch und vor allem die Gefühle und *Gefühlskräfte,* die durch die Bilder symbolisiert werden.“ In: Böschemeyer, Uwe (Hg.), *Wertorientierte Imagination* – Theorie und Praxis, Grundlagen – Methodik – Anschauung, Libri Books on demand, Hamburg 2000, 16f. Die originale Fussnote 15 bezieht sich auf den dort zitierten Müller, Lutz, Suche nach dem Zauberwort, Identität und schöpferisches Leben, Stuttgart 1986, 233f

[381] Roth, Wolfgang, *Von der Neurobiologie zur Psychologie*, in: Hüther/Roth/von Brück, Damit das Denken Sinn bekommt, 73f

Das British Medical Journal berichtete von einer Studie der Universität Pavia, bei der herausgefunden wurde, dass sich das Rosenkranzgebet positiv auf das Herz-Kreislaufsystem auswirkt[382]. Außerdem fördert es die Konzentration und die innere Ruhe. Aus psychologischer Sicht ist das Rosenkranzgebet als „Repetitives Meditationstraining“ (RMT) zu benennen. Diese vom Musikpädagogen Rauhe und vom Präventivmediziner Schnack entwickelte Entspannungsmethode kann als säkularisierte Form sowohl des Rosenkranzgebets als auch des Jesusgebets gelten, weil sie auf demselben Prinzip beruht: Nämlich der rhythmischen Wiederholung einer Formel, die sich nach und nach an der Atmung orientiert und bei regelmäßiger Übung sehr positiv auf den Parasympathikus wirkt.[383] Romano Guardini äußert sich in seinem Werk „Wille und Wahrheit – geistliche Übungen“ auch zum Atem und „...was der Atem für die Meditation leisten kann. Er ist ein vortreffliches Mittel, um die vorbereitenden Übungen der Sammlung aufzunehmen, wie das Still- und Anwesendwerden. Sie gelingen noch einmal so leicht und gewinnen eine besondere Tiefe, wenn man sie mit dem ruhig und voll gehenden Atem verbindet“.[384]

> „Das Gebet ist keine Beziehung zwischen Begriffen. In ihm stoßen sich das Ich und der Herr nicht. Das Gebet ist eine «Performanz», aus der man Metaphysik heraushalten oder herausziehen kann. Anders als die Begriffe kommt es nicht mit einem Besitzanspruch einher. Es tröstet und versöhnt das Subjekt in seinen Versagenszuständen mit dem Realen, führt es in eine symbolische Ordnung ein und beglückt es mit dem Erleben einer Relation. Ein Patient mit einer Schädigung im linken Schläfenlappen, die eine leichte Sprachstörung zur Folge hatte, berichtete, dass er nicht mehr so intensiv beten könne. Dies ist das Erschreckende, dass selbst die Trostmechanismen des Gehirns durch eine Hirnschädigung dem Menschen genommen werden können. Die Einsicht in die Hirnbedingtheit selbst von Religion bedeutet die Einsicht in den Sachverhalt: Why God may go away!“[385]

„Vielleicht brauchen wir in dem Maße, wie wir u. a. durch die Hirnforschung zusätzliche Erkenntnisräume eröffnen, auch deren Erfüllung und Begleitung durch das Gebet.“[386] Aus Sicht modernster Neurobiologie „...offenbart sich die Macht der inneren Bilder am Beispiel der großen Religionsstifter. Vor über zweitausend Jahren in den Köpfen einiger besonders begabter Visionäre entstanden, erwuchsen daraus die mächtigen Ströme der heutigen Weltreligionen.“[387] So könnten aus Inhalten spirituell geprägten Betens auch heute noch neue Formen von Religiosität entstehen. Gehirn und Geist sind wesentlich mehr als bloß Elemente perfekt funktionierender Neurobiologie, und was und wie das Gehirn beim Beten oder Verehren tatsächlich „denkt“, verstehen wir noch nicht wirklich. Wolf Singer, Direktor des Max-Planck-Instituts für Hirnforschung in Frankfurt am Main, zitiert gerne das berühmte Wort des Physiologen Emil Du Bois-Reymond, Mitglied der Preußischen Akademie der Wissenschaften, das dieser 1872 zu den Grenzen der Naturerkenntnis äußerte: „ignoramus et ignoramibus – Wir wissen es nicht, und wir werden es nicht wissen.“[388]

---

[382] Bernardi, Luciano et al., *Effect of rosary prayer* and yoga mantras on autonomic cardiovascular rhythms: comparative study, in: British Medical Journal 323, 2001, 1446–1449

[383] Vgl. Rauhe, Hermann/Schnack, Gerd, *Topfit durch Nichtstun,* RMT – die Formel für optimale Energie, Verlag Kösel, München 2002, 40f, 100ff.

[384] Mainz 1937, dort 64, z. n. Wunderle, Psychologie des hesychastischen Gebets, 24, Fussnote 8

[385] Linke, Detlef B., *Religion als Risiko* – Geist, Glaube und Gehirn, Rowohlt Verlag GmbH, Reinbek bei Hamburg 2003, 216ff

[386] Linke, Religion als Risiko, 68

[387] Hüther, Macht der inneren Bilder, 11

[388] Singer, Wolf, *Der Beobachter im Gehirn* – Essays zur Hirnforschung, Verlag Suhrkamp, Frankfurt a. M. 2002, 60f und 70

12. Ikonen und ihre rechtgläubige Verehrung

Hier erscheint ein weiteres Paradoxon: Das ins Bild verwobene Wortlose dennoch Wort werden zu lassen. Ikonen der Ostkirche repräsentieren die transzendente Wirklichkeit Gottes und alles Heiligen auf eine Weise, die nicht einzig den Auffassungen der Kirchenväter, sondern auch zeitgenössischer Theologie entspricht:

> „Wenn transzendente Wirklichkeit alles übersteigt, so übersteigt sie auch alle unsere Möglichkeiten, sie zu erfassen. Um erneut Anselm von Canterbury zu zitieren: Wenn Gott das ist, worüber hinaus Größeres nicht gedacht werden kann, dann muss Gott größer sein als alles, was gedacht werden kann (Proslogion 15). Auch zu dieser Einsicht finden sich, wie zuvor gezeigt, zahlreiche Parallelen innerhalb aller großen religiösen Traditionen.[43] Sie gebietet mit geradezu eherner Strenge, sich kein Bild von der göttlichen Wirklichkeit zu machen, auch kein theologisches! Oder genauer gesagt, diese Wirklichkeit erweist alle unsere menschlichen Bilder von ihr als vorläufig, da sie immer größer bleibt als alles, was diese Bilder erfassen und ausdrücken. Keines unserer Gottesbilder und keine unserer Transzendenzvorstellungen darf an die Stelle dieser Wirklichkeit selbst gesetzt werden. Die Demut angesichts der absoluten Transzendenz der letzten Wirklichkeit verbietet jede Verabsolutierung ihrer symbolischen, dogmatischen oder kultischen Repräsentationen. Kein endlicher Hinweis auf das Unendliche vermag dessen Unendlichkeit zu erschöpfen oder gar zu ersetzen. Diese Einsicht kann uns einerseits davor bewahren, die eigene religiöse Tradition absolut zu setzen. Und andererseits kann sie uns zu der Einsicht führen, dass dort kein Götzendienst vorliegt, wo in gleicher Radikalität die alles übersteigende Erhabenheit dieser letzten Wirklichkeit bekräftigt wird."[389]

„Durch die Ikone, die die Gegenwart göttlicher Kräfte symbolisiert, lebt der Mensch in einer fühlbaren Nähe Gottes. Er gibt sich willig in Seine Hand und er weiß sich demütig mit dem Kosmos und aller Kreatur verbunden, in die sein Schicksal eingeschlossen ist."[390] Damit können wir uns getrost den heiligen Bildern der Ostkirche, ihrer Theologie, Verehrung und Wirkung zuwenden.

12.1 Ikonentheologie

In der Ikone geht es „wesentlich um Vergegenwärtigung und Verkündigung der Heilswirklichkeit (genauer: um deren Epiphanie)."[391] Wer heilige Ikonen mit Ehrfurcht ansieht, erschaut das Wesen der Dargestellten. In der Ikone wird die Gegenwart Gottes, die Menschwerdung seines Sohnes, das Wesen der Gottesgebärerin und aller Heiligen erfahrbar. Ihr Bild ist Symbol, ist Träger ihrer Gegenwart. Deswegen wird die heilige Ikone mit großer Ehrfurcht behandelt, sie wird gesegnet, mit Öllämpchen erhellt, gegrüßt, geküsst, verehrt. „Jede Ikone, die wir verehren, sagt uns: ‚Du, der/die mich küsst und dich vor mir verneigst, bist auch Ikone und sollst immer mehr und immer neu Ikone werden!"[392] Ikonen sind heilige Elemente gelebter Eucharistie – sei es im Gottesdienst oder in der Wohnung der Gläubigen. Wenn wir essen, verwandeln wir die Speise in uns. In der Eucharistie ist es umgekehrt: Die geheiligte Speise, die wir dabei empfangen, verwandelt uns in sie selbst, wir werden gewandelt zum Leib Christi. Doch bedenken wir dabei: „Nur tot kann das andere Wesen den Menschen ernähren…Die Einverleibung ist ein Vorgang der Vernichtung...Essen und Trinken

---

[389] Schmidt-Leukel, Perry, *Gott ohne Grenzen* – Eine christliche und pluralistische Theologie der Religionen, Gütersloher Verlagshaus GmbH, Gütersloh 2005, 491f. Die originale Fussnote 43 im Zitat bezieht sich auf ebd. 202-205, wo gleiches breiter ausgeführt wird

[390] Lindenberg, Wladimir, *Die heilige Ikone* – Vom Wesen christlicher Urbilder im alten Russland, mit einem Beitrag von Prof. Dr. Wolfgang Kasack, Verlag Urachhaus Johannes M. Mayer GmbH, Stuttgart 1987, 55

[391] Jungclaussen, Emmanuel, Abt: Die *Marienfrömmigkeit* der Ostkirche, Schriften zur orthodoxen Spiritualität, Benediktinerabtei Niederaltaich, Nieder-Bayern, undatiert, 4

[392] Jungclaussen, Herzensgebet, 106

sind Weisen, wie der Mensch sich Wirklichkeit aneignet und wirklich erhält."[393] Die Ikone als Abbild alles Heiligen unterstützt auf geistiger Ebene diese Aneignung und Wandlung. Damit lehrt sie uns gnadenhaft, unsere Nächsten zu lieben wie uns selbst.[394] Denn je mehr wir Gott durch sein Abbild hindurch lieben mit Ehrfurcht, Zartgefühl und Heiligkeit, umso mehr lieben, absorbieren und verkosten wir das nach dem lebendigen Abbild Gottes Geschaffene: Seinen Sohn Jesus Christus, unseren Nächsten und uns selbst.[395] Ikonen vermitteln uns die Gegenwart der Heilsgeheimnisse. Sie schenken uns die Möglichkeit, uns in den Raum der Gegenwart Gottes hineinzubegeben, sie lehren uns, ehrfürchtig vor Gott zu stehen, Ihn anzubeten, Ihn anzuflehen – und nicht etwa das gemalte Bild als solches. Ikono*graphie* bedeutet nicht zwingend, dass Ikonen „geschrieben" statt gemalt würden, wie oft gesagt wird.[396] Ikonographie bedeutet vielmehr eine Methode zur Erschließung und Deutung einzelner Bildelemente von Ikonen. Diese sind selber „Heilige Schrift" und haben oft eine ähnlich offenbarende Kraft. So ist die berühmte „Hagia Trias" des russischen Malermönchs Andrej Rubljow eine symbolische und genaue Darstellung der Dreifaltigkeitslehre.

> „Den Stellenwert der Ikone im orthodoxen Glauben formuliert bereits die Synode von 870 in Konstantinopel: »Die heilige Ikone unseres Herrn Jesus Christus ist in gleicher Weise zu ehren wie das Buch der heiligen Evangelien. Denn was in Silben die Rede, das kündet und empfiehlt auch die Schrift, die aus den Farben besteht. Wer daher die Ikone unseres Erlösers nicht verehrt, der soll auch bei seiner zweiten Ankunft seine Gestalt nicht schauen. Auch malen wir die Ikone seiner allreinen Mutter und die Ikonen der heiligen Engel, wie diese ja auch die Heilige Schrift in ihren Worten charakterisiert, und weiter die aller Heiligen, und wir verehren sie und fallen nieder vor ihnen. Wer aber dies nicht annimmt, der sei ausgeschlossen!«"[397]

> „Über Jahrzehnte wütete seit Beginn des 8. Jahrhunderts der sogenannte »Bilderstreit«. Kaiser Leon III. (717-741) betrieb aus Gründen der Staatsräson einen Kampf gegen die religiöse Bilderverehrung. Die legendäre Beseitigung der Christusikone am Chalketor des Kaiserpalastes 726 war ein erstes Zeichen, dem 730 ein Edikt gegen den Ikonenkult folgte: Bilderkult sei Götzenkult. Vehementer Widerstand kam nicht nur aus dem Reich selbst, sondern auch von außerhalb, etwa in den Drei Reden zugunsten der Bilder des Johannes von Damaskus (670-750).[398] Mit den Argumenten dieses Johannes' setzte sich Kaiser Konstantin V. (741-775) in seiner Schrift Anfragen auseinander. Wenn Urbild und Abbild wesenseins seien, müsse in den Christusikonen die göttliche Natur des Inkarnierten mit präsent sein. Das zu glauben sei aber Blasphemie. Dieser Argumentation folgend verwarf die bilderfeindliche Synode von Hiereia im Jahre 754 den Bilderkult. Kaiser Konstantin V. ging in seinem Kampf so weit, dass er Klöster in Kasernen umwandeln ließ, da sich dort Widerstand gegen die Ablehnung der Bilder sammelte. Erst die für den minderjährigen Konstantin VI. (780-797) regierende Kaiserin Irene konnte auf dem 7. Ökumenischen Konzil von Nicäa 787 die Rechtgläubigkeit der Bilderverehrung festschreiben.[399] Als Leon V. (813-820) mit seiner Forderung an den Patriarchen Nikephoros (806-815), die Ikonen (nur die tiefer hängenden Bilder, nicht die Fresken) aus den Kirchen zu entfernen, auf den Widerstand des Patriarchen sowie des Abtes Theodor Studites (759-826) stieß, entbrannte die zweite Phase des Kampfes um die Bilder. Die besonders den Bilderkult stützenden Mönche mussten ins Exil gehen. Kaiser Theophilos (829-842) machte seinen früheren Grammatiklehrer zum Patriarchen. Dieser Patriarch, Johannes VII. (837-843), stellte einen der bedeutendsten Ver-

[393] Bachl, Gottfried, *Eucharistie* – Macht und Lust des Verzehrens, EOS Verlag, St. Ottilien 2008, 35f

[394] Lev 19,18

[395] Gen 1,26-27

[396] γράφειν „graphein" bedeutet im Griechischen sowohl „ritzen", „schreiben" als auch „malen". Der allgemeinen deutschsprachigen Gewohnheit folgend, sowie mit Rücksicht auf die leichtere Verständlichkeit des Textes, wird im Weiteren der Begriff „Ikonen malen" verwendet.

[397] Thon, Nikolaus, *Ikone und Liturgie*, Verlag Paulinus, Trier 1979, in: Fischer, Gottesmutterikone, 55

398 Johannes von Damaskus, Drei *Verteidigungsschriften* gegen diejenigen, welche die heiligen Bilder verwerfen, herausgegeben und eingeleitet von Gerhard Feige, übersetzt von Wolfgang Hradsky, St. Benno-Verlag, Leipzig 1994, 2. Aufl. 1996

[399] Dieses Konzil war bis heute das letzte ökumenische Konzil, das Ost- und Westkirche gemeinsam feierten

treter des Ikonoklasmus (der Bilderfeindschaft) dar. Doch der Kaiser hatte eine bilderfreundliche Frau, Theodora, die nach seinem Tod für ihren minderjährigen Sohn Michael III. (842-867) regierte und auf der Synode von Konstantinopel 843 den Bilderkult erneut positiv bestätigte. Seither wird dieser Akt als »Fest der Orthodoxie« im Kirchenkalender memoriert. Im Anschluss an den 117jährigen Kampf um die Verehrung der Bilder kam es unter dem Patriarchen Photios (820-897) zum erneuten Schisma mit Rom."[400]

Die beiden ersten der drei Bilderreden des Johannes von Damaskus waren Schutzreden zur Rettung der Bilder nach den bilderfeindlichen Edikten von 726 und 730 des griechischen Kaisers Leo III.[401] Sie enthalten jene grundlegenden Gedanken, die bis heute die wissenschaftlichen Grundlagen zugunsten der Bilderverehrung abgeben.[402] Die dritte Rede erscheint in ihrem sachlichen Duktus wie eine nüchterne Zusammenfassung aller bereits ausgeführten Argumente zugunsten der Bilder. Zentrale Stellen sind:

> „Denn wenn wir das Bild des fleischgewordenen, auf der Erde im Fleisch erschienenen Gottes, der mit Menschen verkehrte und um seiner unsagbaren Güte willen Natur, Dichte, Gestalt und Farbe des Fleisches annahm, betrachten, dann täuschen wir uns nicht; wir verlangen nämlich danach, sein Wesen zu sehen. Wie sagt doch der göttliche Apostel: ‚Wir sehen jetzt durch einen Spiegel rätselhaft' (1 Kor 13,12)."[403]
>
> „Wie kann das Unsichtbare abgebildet werden? Wie kann das Unabbildbare abgebildet werden? Wie kann man beschreiben, was ohne Maß, Größe und Grenze ist? Wie kann das, was ohne Gestalt ist, mit einer bestimmten Beschaffenheit versehen werden? Wie kann man etwas, das ohne Körper ist, in Farbe wiedergeben? Was also ist das rätselhaft Angedeutete? Es ist offensichtlich, daß Du, wenn Du den Körperlosen siehst, der um Deinetwillen Mensch geworden ist, dann das Abbild des Sichtbargewordenen schaffen wirst; wenn der Unsichtbare im Fleisch sichtbar geworden ist, dann wirst du das Abbild der menschlichen Gestalt schaffen; wenn der Körper- und Gestaltlose, der ohne Maß, Alter und Größe durch den Vorzug seiner Natur in der Gestalt Gottes ist, der Knechtsgestalt angenommen hat (vgl. Phil 2,6-7), durch eine solche Umhüllung Maß, Alter und Körpergepräge erhält, dann ritze ihn auf einer Platte ein und stelle ihn, der es auf sich genommen hat, gesehen zu werden, zum Anschauen aus! Präge in Metall sein unaussprechbares Herabsteigen, die Geburt aus einer Jungfrau, die Taufe im Jordan, die Verklärung auf dem Berge Tabor, die Leiden als Vermittler der Freiheit von Sünde, die Wunder[404], die Merkmale seiner göttlichen Natur, die durch Mitwirkung des Fleisches mit göttlichem Wirken geschaffen werden, das heilbringende Kreuz, das Begräbnis, die Auferstehung und das Aufsteigen in den Himmel! All das magst Du in Wort und Farbe darstellen! Fürchte dich nicht und hab' keine Scheu; ich kenne den Unterschied bei den Verehrungen...Denn der Dienst der Anbetung ist das eine und das andere das Darbringen aus Ehrfurcht denjenigen gegenüber, die einer bestimmten Würde nach uns überragen."[405]

Der alles entscheidende Unterschied zwischen dem Verehren menschgeschaffener Abbilder und dem Anbeten des göttlichen Urbildes, war absolut zentral bei Johannes und blieb es bis heute. Doch der Streit um das Verhältnis zwischen Abbild und Urbild beunruhigte bereits im 4. Jahrhundert das Leben der Wüstenväter und der frühen Kirchenväter. So schreibt Athanasius[406] am Ende des 74. Kapitels seiner Vita Antonii:

---

[400] Tamcke, Das orthodoxe Christentum, 16f

[401] Vgl. Stiefenhofer, Dionys, Des Heiligen Johannes von Damaskus genaue Darlegung des orthodoxen Glaubens, Die drei Apologien der *Bilderverehrung*, in: Bardenhewer, O./Weyman, K./Zellinger, J., Bibliothek der Kirchenväter, Eine Auswahl patristischer Werke in deutscher Übersetzung, Bd. 44, Verlag Josef Kösel & Friedrich Pustet KG, München 1923, LXVIIf

[402] Tamcke, Achtsamkeit, 25ff

[403] Johannes von Damaskus, Verteidigungsschriften, Or. II/5, 61

[404] „Das Wunder ist keine magische Handlung, die Übernatürliches vollbringt, sondern eine Wirkung des lebendigen Gottes, der die Zuwendung des Menschen zur Quelle des Lebens begleitet." In: Kallis, 100 Fragen, 161

[405] Johannes von Damaskus, Verteidigungsschriften, Or. I/8, 32f

[406] *295 †373, Kirchenvater, Bischof von Alexandria

„Unser Glaube lehrt die Gegenwart Christi zur Rettung der Menschen. Ihr aber irrt, wenn ihr von der unerzeugten Seele sprecht. Wir denken an die Macht und Menschenfreundlichkeit der Vorsehung, dass auch dies für Gott nicht unmöglich war. Ihr, die ihr die Seele ein Bild des Nus[407] nennt, schreibt ihr Unfälle zu und redet von ihrer Veränderlichkeit. Und dann behauptet ihr auch vom Nus selbst mit Rücksicht auf die Seele Veränderlichkeit. Denn wie das Bild, so muss notwendig auch das sein, dessen Abbild es ist. Wenn ihr aber über den Nus so denkt, dann überlegt doch, dass ihr auch den Vater des Nus selbst schmähet."[408]

„Die maßgebliche theologische Darlegung zur Ikonentheologie lieferte der christlich-arabische Theologe Johannes von Damaskus (670-750). Seine Bildertheologie erweist sich als mit der Christologie eng verbunden. Er wage nur deshalb ein Bild des unsichtbaren Gottes zu malen, weil es das Bild des um unseretwillen durch Fleisch und Blut sichtbar gewordenen Gottes sei. Er male also gar kein Bild des unsichtbaren Gottes, sondern vielmehr das sichtbare Fleisch Gottes. Wenn Gott, der Körper-lose und Unsichtbare, Mensch werde und sichtbar, dann dürfe auch das Bild seiner menschlichen Gestalt gemalt werden, die doch sichtbar war. Ja, Johannes forderte gerade dazu auf, alles im Bild zu beschreiben, was an Ereignissen im Leben Jesu zu beschreiben sei, von der Herablassung des Geistes über die Verklärung auf dem Tabor bis hin zu Auferstehung und Himmelfahrt. Dies alles sei zu beschreiben sowohl durch Worte als auch durch Farben. Für das Auge sei das Bild, was für das Ohr das Wort. Das Bild sei für den Analphabeten, was das Buch für den Leser. Wie das Wort bringe auch das Bild Verständnis. Johannes bewegte sich auch in seiner Bildertheologie bewusst in den Bahnen der von ihm mitgetragenen und mitgestalteten Tradition. Das fundamentale Schlüsselwort seiner Bildertheologie stellt ein Wort des Basilius von Cäsarea (329-379) dar, dass die Ehre, die dem Bild erwiesen werde, auf das Urbild zurückgehe. Es versteht sich, dass Johannes dies nicht als Formulierung seiner Theologie ausgab, sondern bewusst als ein Wort der Tradition. War er es doch gewesen, der von sich sagte, dass er nichts Eigenes sage. Daher schloss er gleich an das Zitat die Worte an, dass dies der heilige Basilius gesagt habe. Dies entsprach der Maxime all seiner theologischen Lehre. Die Verehrung der Ikonen fand ihren Niederschlag natürlich auch in den Kirchen und in der Liturgie, wo etwa am ersten Fastensonntag gesungen wird:

Das nicht umschreibbare Wort des Vaters hat durch seine Fleischwerdung aus dir,
Gottesmutter, sich selbst umschrieben. Und indem es das befleckte Bild in seiner
Urgestalt wiederherstellte, durchdrang es dieses mit göttlicher Schönheit.
Wir bekennen die Erlösung und bilden dies in Werk und Wort ab"[409]

Aus den beiden ersten Jahrhunderten sind bisher keine autonomen Marienbilder bekannt. Erst im 3. und 4. Jahrhundert wurde Maria auf römischen Sarkophagen dargestellt – jedoch immer in biblischen Szenen, die etwas über ihren Sohn aussagten, wie zum Beispiel auf Weihnachtsbildern. Selbst „der Kirchenvater Augustinus[410] stellt noch fest: Von der Gestalt der Jungfrau weiß man nichts."[411] Ende 5. und Anfang 6. Jahrhundert kommen Szenen aus Legenden und aus dem Prot-Evangelium des Jakobus' [412] hinzu. Für das Marienverständnis der Orthodoxie waren und sind jedoch nicht diese „Erzählbilder" zur Gottesmutter zentral wichtig, sondern autonome Bilder, die Jesus und seine Mutter allein oder die Gottesgebärerin mit ihrem Kind darstellen. Für die orthodoxe Theologie ist die Christus-Ikone die wichtigste Ikone schlechthin.[413]

---

[407] gr. „Nus" oder „Nous" meint die Fähigkeit des Menschen, etwas geistig erfassen zu können, meint die Möglichkeit, tiefere geistige Einsicht gewinnen zu können – dies jedoch in klarer Abgrenzung zur Logik

[408] Athanasius, *Leben des heiligen Antonius* (Vita Antonii), Bibliothek der Kirchenväter, 1. Reihe, Band 31, ausgewählte Schriften Bd. 2, aus dem Griechischen übersetzt von Anton Stegmann, München 1917, Ende 74. Kapitel

[409] Tamcke, Das orthodoxe Christentum, 68f

[410] *354 †430, grosser Kirchenlehrer und Philosoph, Bischof von Hippo Regius (heute Annaba in Algerien)

[411] Fischer, Gottesmutterikone, 75

[412] um 150 entstanden; *nicht* Teil des ostkirchlichen Kanons, enthält jedoch wichtige Elemente byzantinischer Liturgie

[413] Vgl. Felmy, Karl Christian, Das *Buch der Christus-Ikonen*, Verlag Herder, Freiburg i.Br./Basel/Wien 2004, 9ff

12.2 Grundlegendes zu Ikonen

Bilder sind wirkmächtig, Menschen sind seit alters her auf der Suche nach dem heilenden, weil heiligen Bild. Doch der heutige Mensch macht sich selbst zum Maßstab dessen, was sich ihm zeigt, „er lässt nur zu, was er sehen will. In extremer Weise stellt das Fernsehen nur noch ‚Ausschnitt' von Wirklichkeit dar. Das Fernsehbild rückt bereits durch [absichtsvolle Auswahl und] Weglassen nahe an die Lüge heran."[414] Das Sehen – und wie viel mehr das Schauen – soll ja nicht bloß das äußerlich Gesehene entfalten, sondern dessen innerliche, ja innerste Bedeutung. Darin liegt die schöpferische Kraft und Heilungsmöglichkeit des schönen, wahren und guten und damit heiligen Bildes. Bilder, die vom bösen Abfall und Unrat der Welt künden, vermehren diesen nur. Heilige Bilder widerstehen den bösen und beenden zumindest im Ansatz das Böse. Bereits die erste Bilderrede des Johannes von Damaskus enthält Hinweise auf die exorzistische Wirkung der Ikonen.[415] Freud formulierte in seiner Psychoanalyse den Wunschcharakter des Bildes deutlich, Bild und unbewusster Wunsch stehen in enger Verbindung zueinander. „Auf der Ebene des Unbewussten herrscht die Ordnung des Bildes mit seinen Gesetzen, die mit dem Gesetz der Traumarbeit zusammenfallen."[416] Das im Bild Dargestellte wirkt auf die inneren Triebsphären und weckt das Begehren. Der globale Erfolg bildhafter Werbung jeglicher Art spricht seit Jahrtausenden für sich selbst. Ziel des geweckten Verlangens ist Besitz oder Konsum des im Bild Dargestellten. Doch zunächst scheint das Bild radikal getrennt von der dargestellten Sache oder Person an sich. Kann dieser Zwiespalt gedanklich wie z. B. in der meditativen Einung, oder tatsächlich wie beim Konsumieren, überwunden werden, wird aus dem Wunsch Erfüllung. Bleibt jedoch der „Abstand" zwischen Sehendem und Gesehenen bestehen, bleibt auch die Spannung zwischen Wunsch und Erfüllung bestehen, wird das Begehren frustriert. Diese Frustration ruft nach Erlösung, ruft Gefühle hervor, bewegt zu Taten. An diesem Punkt ist aus menschlicher Sicht alles möglich: enttäuschtes Erstarren und Verharren, Ärger, Zorn, Jähzorn[417] und Wut über die vermuteten oder bekannten Gründe der Versagung, motiviertes neu Aufbrechen, geduldiges Wiederholen des gescheiterten Versuchs zum Erreichen des im Bilde Dargestellten, gläubiges Bitten um göttlichen Beistand, usw. Dies alles ist auch beim Sehen und Betrachten, beim Schauen und Verehren heiliger Bilder, von Ikonen möglich. Das 2. Idiomelon aus der großen Vesper vom „Sonntag der Orthodoxie" kann uns dies ahnen lassen:

> „Obwohl Du Deiner Natur nach unbegrenzt bist, hast Du Dich, o Herr, in jüngster Zeit gewürdigt, durch die Fleischwerdung begrenzt zu werden. Indem Du Fleisch annahmst, hast Du dessen Wesenheit völlig mit übernommen. Dieses Bild Deiner Ähnlichkeit stellen wir dar, um es würdig zu verehren und zu Deiner Liebe erhoben zu werden. Aus ihm schöpfen wir die Gnade unseres Heils, da wir der göttlichen Überlieferung der Apostel folgen."

---

[414] Gerl-Falkowitz, Hanna-Barbara, Menschliches Dasein *zwischen Bild und Bildfreiheit*, in: Una Sancta 4/2009, 250f

[415] Olewinski, Dariusz Józef , Um die *Ehre des Bildes* – Theologische Motive der Bilderverteidigung bei Johannes von Damaskus, EOS Verlag, Erzabtei St. Ottilien 2004, 491. Vgl. hierzu auch Gen 32,31: „Denn ich sah Gott von Angesicht zu Angesicht, und meine Seele wurde gerettet"

[416] H. Gekle, Bild, Wort, Geschlecht. Jüdische Perspektiven bei Sigmund Freud, in: *Bilderverbot*, hg. Von M. Rainer und H.-G. Janssen (Jb. Polit. Theol.. Bd. 2), Münster 1997, 95, z. n. Abt Dr. Marianus Bieber OSB, in: Die beiden Türme Nr. 96, Jg. 45, 2/2009, 59

[417] Evagrios erkannte im Jähzorn eine *positive*, „natürliche Aufgabe, für die Tugend zu kämpfen", er sei eine „Kraft der Seele, die die Gedanken vernichtet." Evagrios empfahl, „den Jähzorn vor dem Gebet gegen jene zu richten, die uns versuchen, d.h. die Dämonen. Dies ist jener *vollkommene Hass*, der uns so überaus nützlich ist." In: Evagrios, Der Praktikos, 131f. Weiteres über den Jähzorn, der nur durch die Liebe geheilt werden könne, ebd. 167

„…um zu Deiner Liebe erhoben zu werden“ – ein Wunsch und Begehren, wie es Christinnen und Christen kaum inniger formulieren könnten. Und aus dem Gott wesensähnlichen Christusbild wollen die Gläubigen die „Gnade unseres Heils schöpfen“. Was aber, wenn ausgerechnet diese Begehren frustriert werden? Dann schlägt die Stunde der Logotherapie: Das Leiden an der vorläufigen Versagung verwandeln in ein Leisten gläubigen Ausharrens. Damit sind wir beim scheinbar paradoxalen Bindeglied zwischen zärtlich-hingebungsvoller Ikonenverehrung, sinnorientierter Logotherapie und der besonderen Leidensfähigkeit der Gläubigen der Ostkirchen. Die drei logotherapeutischen „Hauptstraßen zum Sinn“[418] Frankls zeigen sich hier in schöner Klarheit: Ikonenverehrung kann zunächst und aus sozialpsychologischer Sicht als eine konstruktive Beziehungsleistung des gläubigen Menschen aufgefasst werden. Dann bewirkt sie aber auch ein Anwachsen des Willens zur guten Tat: die Schau des Schönen und Guten in der Ikone verlockt zur schöpferischen Nachahmung. Und schließlich kann diese Schau, dieser Blick durch die Ikone hindurch ins Heilige hinein, den Leidenden Trost schenken und sie eine neue Einstellung zum Leiden gewinnen lassen.

Ikonen sind symbolhafte, heilige Begegnungsräume von Gott und Mensch. Sie vergegenwärtigen das Menschwerden des Wortes Gottes und des damit verbundenen Heils. Ikonen repräsentieren den zentralen Gedanken der ostkirchlichen Erlösungslehre: Gott wurde Mensch, damit der Mensch wie Gott werde. Deswegen ist ein ostkirchlicher Gottesdienst nach byzantinischem Ritus selbst eine Ikone: Das durch den Priester im Kirchenraum vermittelte Wort und die sakralen Handlungen sind Teile einer Gesamtikone, die von den Gläubigen nicht nur geschaut, sondern körperlich, geistig und seelisch miterlebt wird. Ikonen gebührt ein ihrer Bedeutung angemessener Ort: Gelegt auf das Allerheiligste, den Altar; zur Verehrung gelegt auf „Lesepulte“ im Kirchenraum; gemalt auf Türen, Decken und Wände, befestigt am Ikonostas. Der Ikonostas (slawisch), die Ikonostase (deutsch) oder das Eikonostasion (griechisch) meint die „Bilderwand“, welche in orthodoxen Kirchen das Allerheiligste vom Kirchenschiff wohl scheidet, aber nicht trennt. Drei Türen heben während der Liturgie diese Scheidewand vorübergehend auf: Die mittlere, „die königliche Türe“ oder die „heilige Pforte“, führt direkt vor den Altar, sie darf nur von Priestern durchschritten werden. Die vom geosteten Kirchenraum aus gesehen linke oder „nördliche Türe“ führt in die „Prothesis“ – den Raum der Gabenbereitung. Die rechte Türe führt ins „Diakonion“, vergleichbar einer Sakristei.

Die Ikone ist ein Mittel der Glaubensverkündigung (Kerygma). Sie zeigt die Teilnahme der irdischen Dinge an den himmlischen Wirklichkeiten. Ihr kerygmatischer Charakter verschmilzt mit dem Gnade vermittelnden, mysterialen, in eins. Deshalb werden die heiligen Ikonen verehrt durch Kuss, Bekreuzigen, Verneigen, Niederwerfen, durch Kerzen und Weihrauch. Sie sind bildhafte Mysterien des Glaubens, sind Sakramente der Kirche. Ikonen wollen nicht die leicht erkennbare „vordergründige“ Ansicht des Gemalten darstellen, sondern die ihm innewohnende göttliche Wahrheit und Ordnung, welche sozusagen „hinter“ den vordergründig sichtbaren Phänomenen steht. Nicht alles Heilige kann auf Ikonen dargestellt werden: Westliche Heilige aus der Zeit des ersten Jahrtausends [419] gelten zwar auch der orthodoxen Kirche als Heilige, alle „späteren“ westlichen Heiligen jedoch nicht. Deswegen sind diese (z.B. der Hl. Franziskus) als Ikonen der

[418] Frankl unterscheidet drei "Hauptstraßen zum Sinn": 1. Das schöpferische Tun des homo faber, 2. die Beziehungsarbeit des homo amans und 3. das Gewinnen neuer Einstellungswerte und Haltungen des homo patiens

[419] Genauer: vor der Trennung vom 16.7.1054 in eine West- und eine Ostkirche

orthodoxen Kirche nicht möglich. Das erste Ziel der Ikone ist also nicht Pracht oder Zierrat – und schon gar nicht ein „korrektes Abbild“ der dargestellten Personen –, sondern sie ist eine schlichte Aussage über den Glauben. Aus diesem Glauben hat die Ikone ihre Schönheit. Es ist die Schönheit der Hoffnung auf Erlösung, die sich besonders im byzantinischen Ritus in unwiderstehlichen Formen zeigt: „Das Element der Schönheit als der Ruhm Gottes, der die Kirche erfüllt, nimmt im orthodoxen Gottesdienst einen eigenständigen Platz ein, neben Gebet und Erbauung;...“[420] Der Mensch ist getreu dem Bilde Gottes, dem Schöpfer alles Schönen, gut geschaffen. Es liegt damit in der menschlichen Natur, nach dem Guten und Schönen zu streben. Maximus Confessor [421] schreibt in der Philokalie:

> „»Das Schöne ist dasselbe wie das Gute, da alles aus allen möglichen Gründen nach dem Schönen und Guten strebt und es nichts unter den seienden Dingen gibt, welches keinen Anteil hätte am Schönen und Guten. Für alle nämlich ist das Schöne auch gut, da es wirklich bewundernswert, erstrebenswert, ersehnenswert, wohlgefällig, wünschenswert und liebenswert ist. Erkenne aber, wie die göttliche Sehnsucht, welche sich von vornherein im Guten fand, die in uns befindliche gute Sehnsucht gebar, durch welche wir nach dem Schönen und Guten streben, wie einer gesagt hat: ‚Ich wurde ein Liebhaber ihrer Schönheit; ersehne sie, und sie wird dich behüten; umhege sie, und sie wird dich erheben‘ (Weish 8,2)«.“[422]

Wie wahre Schönheit selbst einfachster Gegenstände auf den sie Schaffenden und auf den sie Betrachtenden wirkt, beschreibt Schopenhauer eindringlich – um wie viel stärker und inniger müssen geduldiges Malen und verehrendes Betrachten heiliger Ikonen auf uns wirken:

> „»Innere Stimmung, Uebergewicht des Erkennens über das Wollen, kann unter jeder Umgebung diesen Zustand hervorrufen. Dies zeigen uns jene trefflichen Niederländer, welche solche rein objektive Anschauung auf die unbedeutendesten Gegenstände richteten und ein dauerndes Denkmal ihrer Objektivität und Geistesruhe im Stillleben hinstellten, welches der ästhetische Beschauer nicht ohne Rührung betrachtet, da es ihm den ruhigen, stillen, willensfreien Gemüthszustand des Künstlers vergegenwärtigt, der nöthig war, um so unbedeutende Dinge so objektiv anzuschauen, so aufmerksam zu betrachten und diese Anschauung so besonnen zu wiederholen...« (§ 38, S. 266f.)“[423]

„Die Stimmung des Künstlers, der hier erstmalig so bezeichnet wird, überträgt sich durch das Gemälde, um das es sich in diesem Fall handelt, auf das Gemüt des Betrachters, der allein durch das Anschauen des Bildes in jenen erstrebenswerten Zustand der Ruhe versetzt werden kann.“[424] Nach Schopenhauer gibt es keinen Unterschied zwischen dem ergriffenen Wohlgefallen im Betrachten des reinen, schönen Objektiven und dem kontemplativen, entrückten Schauen eines ästhetischen Kunstwerks. Alles wahrhaft Schöne mindert und dämpft das unbewusst begehrliche Streben danach, „macht den Willen schwach“. Und es verlockt zugleich das Wesen des Menschen in seiner Herzenstiefe zur bewussten Hingabe an eben dieses Schöne. Dieses paradoxale Empfinden, diese innerlichste Umkehr und Umgewichtung ist es, welche hinführen kann zu dem uns im Innersten erschauern lassenden fascinosum et tremendum, jenem Zustand, der das Glücklichsein im Angesicht des Schönen bei weitem übersteigt, der den gläubigen Menschen seinem Ungemach oder Leiden

---

420 Bulgakov, Die Orthodoxie, 198
421 *580 †662, griechischer Theologe und kaiserlicher Sekretär
422 Z. n. Müller, Hesychasmus, in: Baier, Handbuch Spiritualität, 178
423 Schopenhauer, Arthur, Die Welt als *Wille und Vorstellung*, nach den Ausgaben letzter Hand hg. V. Ludger Lütkehaus, Bd. I u. II, Zürich 1988, in: Möbuß, Susanne, Schopenhauer für Anfänger – die Welt als Wille und Vorstellung, Deutscher Taschenbuch Verlag GmbH, München 1988, 122
424 Ebd. 122

entreißt und entrückt. Eben dies vermag die orthodoxe Ikonographie durch ihre bildgewordene Botschaft des Glaubens, durch die gemalte Predigt über die Schönheit des Glaubens in der Ikone. Hierin liegt ihr gnadenhaft tröstender und aufrichtender Sinn und Wert, liegt ihr Evangelium, ihre gute Botschaft. „...in dieser Betrachtung geht es nicht um das äußere Sehen, sondern um ein Inne-sein, einem der Dinge und sich selbst Gewahrwerden", um die Synästhetik, wie Plotin dies genannt hat.[425]

Hier liegt ein Unterschied zwischen der griechischen theoria und der wissenschaftlichen Theorie: In der theoria, der Schau des Göttlichen, geht es um innere Bilder und Gestalten, nicht um diskursives Denken. Vor Ikonen andächtig zu beten, ist Bitten um Gegenwart und Hilfe des Dargestellten, ist Eintreten in das ununterbrochene allgemeine Gebet der Kirche. Ikonen tragen den oder die Namen der Dargestellten – sonst wären es keine Ikonen. Diese Namen sind nicht bloße äußere Erkennungs- oder Benennungsmerkmale, sondern vielmehr eine geheiligte Wesensbezeichnung. Die enge Verbindung von Name und Bild der Dargestellten sind Symbole deren realen Gegenwart und macht den heiligen Charakter der Ikone aus. Deshalb gilt die Ikone bereits nach ihrer Beschriftung im kultischen Sinne als vollständig und gesegnet und bedarf keiner weiteren Segnung. Die altkirchliche Tradition kannte noch keine Ikonen-Segnung. Man kann den Akt des Beschriftens der Ikone als einen Segnungsakt verstehen und sollte diesen deshalb mit dem entsprechenden Bewusstsein durchführen. Das Segnen oder Weihen nach orthodoxem Ritus heiligt Ikonen jedoch auf besonders innige Weise: Durch die Weihe kommt die Gnade des Heiligen Geistes auf sie herab.[426] „In der Weihe der Ikone haben wir eine sakramentale Handlung, durch die eben die Verbindung zwischen Urbild und Abbild hergestellt wird, zwischen Darzustellendem und Darstellung. Durch die Weihe geschieht in der Ikone Christi ein geheimnisvolles Zusammentreffen des Beters mit Christus."[427] Nach orthodoxem Verständnis ist jede Ikone dann echt, wenn sie im Glauben verehrt wird. Ikonen haben ein theologisches und ein spirituelles Sinnziel: Sie sind Verkündigungen im Bild durch das Bild. Im Mysterium der göttlichen Liturgie spricht Christus selber zu uns. Deshalb spricht die Ikone in der Sprache des Kirchenvolkes, wo sie „wohnt". Sie ist ein Element der Symbolik der dortigen Kirche und wird – außer der Namen Jesu und seiner Mutter – in der lokalen Sprache beschriftet.

> „Über die Heiligung der Bilder durch die Aufschriften sagte schon Patriarch Nikephoros (806-815) von Konstantinopel: »Wie die Kirchen den Namen der Heiligen empfangen, so tragen ihn durch die Aufschrift auch deren Bilder, und sie werden dadurch geheiligt«, d.h., sie vergegenwärtigen gnadenhaft das Dargestellte, werden dadurch zum Mysterium (Johannes von Damaskus) und zum Zielpunkt der Bilderverehrung."[428]

> „Selbst wenn ein westlicher Künstler bereits im 10. Jahrhundert seinen Namenszug auf sein Werk gesetzt hätte – ein Ikonenmaler würde es nie tun, weil er sich selbst nur als Medium betrachtet. Insofern könnte man sagen, dass eigentlich jede Ikone ein Acheiropoieton ist, ein nicht von Menschenhand gemaltes Bild. Der Geist Gottes ist es, der durch ein menschliches Medium malt. Die dargestellte Person lebt ohne den Maler und unabhängig von seinem Bild. Das Bild ist nur eine Art Membran, durch die der Heilige aus sich selbst in diese Welt durchschimmert. Die Ikone will kein ästhetisches Kunst-

[425] Abt Dr. Marianus Bieber OSB, in: Die beiden Türme Nr. 96, Jg. 45, 2/2009, 66
[426] Vgl. Byzantijns Liturgikon, Tilburg-Zagreb 1991, 674, in: Schuh, Lidy: *Licht von Innen* – Ikonen für uns heute. Geb. Ausg., Verlag Der christliche Osten, Würzburg 2003, 134f
[427] Bulgakov, Die Orthodoxie, 213
[428] Musebrink, Philomena, *Gottesmutterikonen* betrachten, Verlag Der Christliche Osten, Würzburg 1994, 10

objekt eines genialen Künstlers sein, der eine Person nach seiner Vorstellung schafft und dies durch seine Signatur zum Ausdruck bringt."[429]

Ikonen sind nicht bloße Abbilder der auf ihnen Dargestellten, sondern sie sind Zeichen deren geheimnisvollen Gegenwart mitten unter uns. Deshalb sind die Dargestellten oft durch Stilisierung verfremdet: Ikonen zeigen z.B. Christus als menschliches Porträt, aber ebenso das Unsagbare, das Göttliche seiner Natur. Ikonen bilden nicht ab, was unsere Augen sehen, sondern machen sichtbar, was wir nicht sehen. Sie zeigen die Wesenheit der Dargestellten und lassen diese zu uns sprechen. Ikonen sind für die vor ihnen Betenden Fenster zur Ewigkeit. Für die darauf Dargestellten sind Ikonen Fenster zu unserer irdischen Welt, durch welche sie auf uns schauen und zu uns sprechen. Die deutlich sichtbare Umkehr der gewohnten Perspektive zeigt sich auf Ikonen besonders in architektonischen Details: ihr zeichnerischer Fluchtpunkt liegt nicht wie gewohnt „im" Bild, sondern vor ihm, bei den Betrachtenden. Selbst Bauliches dringt stilisiert aus der Ikone heraus auf uns ein, vermittelt uns eine Ahnung von der überwältigenden Schönheit und Macht des Reiches Gottes, wo andere Gesetze des Schauens und des Erlebens gelten.

In der Ikone wendet sich Gott selbst uns zu, sie zeigt Seine verklärte, jenseitige Welt, Seine Ideale und die Ziele Seiner Schöpfung. Unser Blick darauf ist jedoch nur sehr eingeschränkt und begrenzt möglich – dies symbolisiert die gemalte Umrahmung des Motivs – wir sehen nur bis zum Rand, dahinter beginnt das Wunder. Damit symbolisiert die Ikone sowohl die Einheit des Kosmos' als auch die Trennung von Diesseits und Jenseits. Sie ruft uns auf zur Rückverbindung mit dem Göttlichen durch betende Versenkung.

> „In der Ikonenmalerei erstand der Kirche eine Möglichkeit, in Bildern und Formen der stofflichen Welt die Offenbarung der göttlichen Welt wiederzugeben, indem sie dieselbe der Beschauung und dem Verständnis zugänglich machte. Die Ikonenmalerei drückt – wie der Gottesdienst – die Lehre der Kirche den Worten der Heiligen Schrift entsprechend aus. So enthält und predigt die Ikone dieselbe Wahrheit wie das Evangelium und ist folglich auf genauen, konkreten Angaben und nicht auf einer Erdichtung gegründet, denn sonst könnte sie weder das Evangelium erklären noch ihm entsprechen... Die Ikone ist also kein aus noch so frommem Wollen entstandenes Idealbild aus der Phantasie des Künstlers, sondern ein Abbild des jenseitigen Urbildes. In der Ikone ist etwas von der Kraft des Dargestellten real anwesend, wirkt in diese unsere Welt hinein und nimmt die Gebete und die kultische Verehrung an, um sie an den Dargestellten, dem sie ja eigentlich gilt, weiterzugeben. Die Ikone ist eines der Mittel zur Erkenntnis Gottes, ist einer der Wege zur Verbindung mit Ihm...Ikonenmalen ist Gebet: Der Maler steht während seiner Arbeit im geistigen Zwiegespräch mit der dargestellten Person."[430]

In diesem Zusammenhang sind auch Materialfragen bedeutungsvoll: Das Vergolden symbolisiert die Erfahrung des mystischen Lichtes Gottes, das alles überstrahlende und mit seiner Gnade das Leben erhaltende Göttliche selbst. Der dargestellte Heilige nimmt Anteil an dieser Gnade, er ist von göttlichem Licht umgeben und durchdrungen und strahlt nun selber in diesem Licht – ausgedrückt durch seinen Nimbus. Dieser ist weder Allegorie noch Attribut der Heiligkeit, sondern die zweidimensionale Darstellung einer dreidimensionalen, sphärischen Lichtwolke („Heiligenschein") um das Haupt des Dargestellten, die mit ihm untrennbar verbunden ist. Deshalb sind Nimben immer kreisrund und nie perspektivisch verformt.

Auch die Farbsymbolik der Ikonen ist klar geregelt: Weiß symbolisiert Auferstehung und Verklärung, es kann mit Orange, Gelb und Gold in Konkurrenz treten. Der kaiserliche Purpur, beziehungsweise Rot in allen

---

[429] Butzkamm, Aloys , *Faszination Ikonen*, Verlag Bonifatius GmbH, Paderborn 2006, 30

[430] Musebrink, Gottesmutterikonen, 8f

Mischungen symbolisiert auf dem Untergewand Jesu seine anfangs- und endlose göttliche Herrlichkeit und seinen Anspruch als König des Alls. Rot als Farbe des von Jesus für uns vergossenen Blutes manifestiert auch dessen Herrschaft über den Tod. Blau und Rot sind oft auch die Farben der Märtyrer. Blau als Farbe des Himmels kann – vor allem als Hintergrundfarbe – die Ewigkeit, beziehungsweise die Sehnsucht nach dem Himmel ausdrücken. Grün als Farbe der Erde, beziehungsweise der Verbundenheit mit ihr, findet sich oft beim Übergewand Christi. Die Gewandfarben seiner Mutter sind umgekehrt: Das grüne Untergewand verweist auf ihre irdische Herkunft, das rote, seltener blaue Obergewand soll ihre von Gott geschenkte Verherrlichung ausdrücken. Braun als Farbe der Erde symbolisiert Demut, Askese und Bescheidenheit.[431] Schwarz als Farbe der Finsternis [432] deutet auf den dunklen Bereich des Todes, der Hölle, der Verdammung und des Nichtwissens. „In orthodoxer Sicht bedeutet Nichtwissen Sünde, weil es uns vom Licht, von Gott trennt."[433] Ikonen werden – im Gegensatz z. B. zur Aquarellmalerei – immer vom Dunkel ins Licht gemalt, in Analogie zur betenden Versenkung, die vom Dunkel der eigenen Seele ins göttliche Licht führen will. Damit wurde klar: Ikonen nur interessiert zu betrachten, wird deren theologisch-spirituellen Selbstverständnis nicht gerecht.

> „Ikonen sind Botschaften…in der Sprache des Bildes. Wollen wir diese Botschaften verstehen, so müssen wir zum einen die Sprache dieser Bilder kennen und zum anderen mit Hilfe dieser Sprache den Inhalt der Botschaft lesen lernen. Beides ist deshalb nicht so selbstverständlich wie es scheinen mag, weil Ikonen nicht Bilder unserer westlichen Kultur, sondern Kultbilder der östlichen Christenheit sind. Sie stammen aus einer Welt, die sich nach Sprache und Inhalten in wesentlichen Punkten von unserer westlichen Kultur unterscheidet. Wer also Ikonen als Ikonen und nicht als westliche Bilder verstehen will, der muss sie so verstehen lernen, wie sie in der Kultur gemeint sind, aus der sie hervorgegangen sind. Das gilt in besonderer Weise für die Ikonen der Gottesmutter Maria."[434]

12.3 Das Verehren von Ikonen der Gottesgebärerin

Wenn jemand Maria nicht als Gottesgebärerin anerkenne, dann sei er von der Gottheit geschieden, so lehrte Gregor von Nazianz.[435] „Die Liebe und Verehrung der Gottesmutter ist die Seele der orthodoxen Frömmigkeit, ihr Herz, das den ganzen Körper erwärmt und belebt."[436] Marienverehrung ist immer auch ein Ausdruck von Dankbarkeit dafür, dass Gott wahrhaftig Mensch wurde. In den Ostkirchen hat sich das altkirchliche Marienverständnis der Synode von Chalcedon 451 ungebrochen bis heute bewahrt. Vergeblich suchen wir nach Anrufungen wie „unsere Mutter", „meine Mutter", „Mutter der Kirche", „Mutter der Christen" o. ä. – die Mutterschaft Marias wird in der Ostkirche immer und einzig im Hinblick auf ihren Sohn verstanden. Die

---

[431] Man denke an die oft braunen Mönchskutten

[432] Ein weiteres Paradoxon: „Dionysios schreibt zum Gottesbegriff, Gottes Transzendenz verbiete es, ihn mit materiellen Zeichen beschreiben zu wollen. Es sei »unschicklich«, ihn mit »Licht« zu umschreiben, da Er ebensosehr »Nichtlicht« sei. Folgerichtig nennt er Ihn »überlichtige Finsternis«[17] (eine complexio oppositorum in se). Auf Ikonen wird deshalb das Symbol Gottes, die »Sphaira«, meist dunkel, ja schwarz dargestellt. Dionysios ist der Ansicht, daß Gott nie verstehbar, wohl aber erfahrbar sei, indem man die absolute Finsternis seiner Unerklärbarkeit annimmt, oder: »Je tiefer man in das göttliche Geheimnis eindringt, desto dunkler wird es.«[18]", in: Hoerni-Jung, Bild des Weiblichen, 19. Die originalen Fussnoten 17 und 18 sind *hier* nebensächlich, sie beziehen sich auf Onasch, Konrad, z. n. C.G. Jung, Analytische Psychologie und dichterisches Kunstwerk, in: GW 15, 94

[433] Hoerni-Jung, Bild des Weiblichen, 44

[434] Fischer, Gottesmutterikone, 12

[435] *329 †390, Theologe, Bischof von Sasima, Metropolit von Konstantinopel

[436] Bulgakov, Die Orthodoxie, 179

tiefe Ehrfurcht vor dem Titel „Gottesgebärerin“[437] verbietet es den Hymnographen, in einem anderen, für die Gläubigen oder die Kirche abgeleiteten Sinn von ihr zu sprechen. So wird die Gottesgebärerin, die Allheilige[438], außer wortsprachlich hymnisch besungen, auch bildsprachlich in thematisch vielfältigster Weise auf Ikonen dargestellt und dementsprechend auch unterschiedlich motiviert verehrt. Heute kennen wir mindestens vierhundert (!) Varianten von Theotokos-Ikonen,[439] doch sie alle sind letztlich Bekenntnisse zu Christus. Die wichtigsten Untergruppen ihrer bildhaften Darstellungsweisen sind:

- Hodegetria – die den Weg Weisende, das am höchsten verehrte Bild der Gottesgebärerin. Die Mutter verweist den Betrachter durch ihren Zeigegestus[440] auf ihren Sohn
- Eleousa – die sich des Menschengeschlechts Erbarmende (russ.: Umilenie; hier für Rührung). Berühmtestes Beispiel ist die „Wladimirskaja“ aus dem 11./12. Jahrhundert
- Glykophilousa – die süß Küssende, die zärtlich Liebende oder Liebkosende (russ.: Umilenie; hier für Innigkeit), die mütterliche Gottesmutter. Sie verbindet in sich häufig die Bilder Hodegetria und Eleousa
- Galaktotrophousa – die stillende Gottesmutter, die Milch Spendende (lat.: Maria lactans). Man denke hier auch an die ägyptische Göttin Isis mit dem Horusknaben an ihrer Brust
- Die Orante – die Betende (lat.: Maria orans), meist stehend und mit erhobenen Armen abgebildet, mit dem Betrachter zugewandten offenen Handflächen, im Gestus der Frömmigkeit. Auch als „Orans mit Kind“: der kleine Jesus ist im „weiten Leib“ seiner Mutter in einem Rundschild dargestellt. „Weiter als“ heißt auf Griechisch „platytera“; hieraus ergibt sich der nächstfolgende Ikonentypus:
- Platytera – die Rundschild-Tragende (russ.: Znamenie – „Muttergottes des Zeichens“)
- Nikepoia – die Siegbringende. Sie sitzt und trägt ihren kleinen Sohn auf dem Schoss; so, wie junge Kaiser mit ihren Müttern damals dargestellt wurden
- „Gottesmutter der Passion“ – die römische „Passionsmadonna“ oder „Immerwährende Hilfe“, das beliebteste Ikonenthema des Westens
- „Gottesmutter vom nicht verbrennenden Dornbusch“ – bereits im 5. Jahrhundert ein symbolischer Hinweis auf ihre immerwährende Jungfräulichkeit
- Zoodochos Pege – die Gottesmutter als lebenspendende Quelle, als lebenspendender Brunnen. Jesus, das lebendige Wasser, strömt aus der Quelle Theotokos in unsere Welt hinein
- „Die Entschlafung der Gottesmutter“ – euphemistisch für das Sterben (lat.: „Dormitio“, gr.: „Koimesis“) der Gottesgebärerin; das höchste Marienfest der Ostkirche
- Tricheirousa – die „Dreihändige“. Johannes von Damaskus wurde für seine Ikonenverehrung die rechte Hand abgehackt. Verzweifelt betete er vor einer Ikone der Gottesgebärerin – und seine Hand wuchs wieder an. Dankbar ließ er eine silberne Votivhand auf der Ikone befestigen

12.4 Die erstaunliche Haltung eines großen Kirchenlehrers der Westkirche

Romano Guardini[441] schrieb in seinem Buch „Von heiligen Zeichen“[442] über sämtliche liturgisch relevanten Zeichen wie Brot und Wein, Kerzen, Kelch, Segen, Glocken, usw., – nur nicht über Bilder, geschweige denn

---

[437] Gr. Theotokos; dieser Begriff enthält gemäss „dem hl. Johannes von Damaskus die ganze Geschichte des göttlichen Heilsplanes“, z. n. Jungclaussen, *Marienverehrung*, 20

[438] gr. Panhagia

[439] Einen guten Überblick bietet Sirota, Ioann B., Die *Ikonographie der Gottesmutter* in der Russischen Orthodoxen Kirche – Versuch einer Systematisierung, Augustinus-Verlag/Verlag „Der Christliche Osten“, Würzburg 1992

[440] Einen interreligiösen, zwischen Christentum und Hinduismus vergleichenden Ansatz liefert Bäumer: „Entgegen der allgemeinen Ansicht, daß *mudra* nur die symbolischen Handgesten in Ritual und Ikonographie bedeutet…, sieht der kaschmirische Sivaismus *mudra* als den tiefen *Eindruck* und die vollkommene *Geste* Gottes in der Welt…*Mudra* hat mit Verkörperung zu tun – nicht als Verlust der ursprünglichen Schönheit und Göttlichkeit, sondern als Wirkung, *Prägung* der Welt und des Menschen mit eben dieser göttlichen Geste…Die Evangelien sind voll von Andeutungen und Beispielen für eine solche spontane *mudra* Jesu.[25] Es ist auch kein Zufall, daß die ostkirchlichen Ikonen bei der Darstellung von Christus, aber auch von Heiligen, ähnliche *mudras* – im Sinn von Handgesten – zeigen wie in der indischen Ikonographie.“ Die originale Fußnote 25 bezieht sich auf Joh 8,8. Bäumer, Sivaismus, 170ff

über Ikonen. Erstaunlich deshalb, weil er die Bedeutung der römischen Liturgie praktisch kongruent zur orthodoxen Auffassung charakterisiert:

> „In der Liturgie handelt es sich wesentlich nicht um Gedanken, sondern um Wirklichkeit. Und nicht um vergangene Wirklichkeit, sondern um gegenwärtige, die immer aufs Neue geschieht, an uns und durch uns geschieht; um Menschenwirklichkeit in Gestalt und Handlung...Die Liturgie ist eine Welt heilig-verborgenen, aber immerfort Gestalt werdenden und darin sich offenbarenden Geschehens: sie ist sakramental. Es gilt also vor allem, jenen lebendigen Akt zu lernen, mit dem der glaubende Mensch die »sichtbaren Zeichen unsichtbarer Gnade« auffasst, empfängt, vollzieht. Um »liturgische Bildung« handelt es sich in erster Linie, nicht um – davon natürlich nicht zu trennende – »liturgische Belehrung«. Um eine Anweisung, eine Anregung wenigstens zu lebendigem Schauen und Vollziehen »heiliger Zeichen«."[443]

Diese Charakterisierung Guardinis ruft geradezu nach Bildern als „sichtbare Zeichen unsichtbarer Gnade", wie er selber formuliert. Doch erst in seinem „Brief an einen Kunsthistoriker" schreibt er dann ausführlich...

> „...über die Ikonen, und man kann seinem Text sehr genau anmerken, wie nah ihm die Ikonen, die er Kultbilder nennt, stehen ohne dass er damit die Qualität und Intensität des Bildes, das er Andachtsbild nennt, herabsetzt...'Die Ikone enthält etwas Unbedingtes. Sie steht im Zusammenhang mit dem Sakrament (der orthodoxe Christ spricht vom Mysterium) der objektiven Wirklichkeit der Kirche. In der Ikone setzt sich das Mysterium fort, die objektive, nicht aus dem ‚Erlebnis', sondern aus der Darstellung, Auslegung und Entfaltung der [aus der] Heiligen Lehre hervortretenden Wahrheit.' "[444]

12.5 Exkurs „Kloster auf Zeit" – intensives Erfahren des byzantinischen Ritus'

Was „Erfahren byzantinischer Liturgie" konkret bedeutet, kann in der Benediktinerabtei Niederaltaich an der Donau zwischen Regensburg und Passau persönlich erlebt werden. 1924 wurde der Benediktinerorden vom Papst dazu aufgerufen, brüderliche Kontakte mit der Ostkirche aufzunehmen und damit eine geistliche Brücke zum Osten zu schlagen.[445] Seit 1930 werden in Niederaltaich sowohl der römische als auch der byzantinische Ritus gepflegt.[446] Die byzantinischen Gottesdienste finden seit 1986 in der dem Hl. Nikolaus geweihten Kirche und Kapelle statt, die beide im früheren Brauhaus des Klosters eingerichtet wurden.

Orthodoxe Gläubige stehen im Gottesdienst ununterbrochen und bekreuzigen und verneigen sich oft bis zum Boden, bis zu mehrere Hundert Mal. Wir besuchten in zwei Wochen 54 Gottesdienste nach byzantinischem Ritus, darunter auch das Hochfest Mariä Schutz. Insgesamt standen wir rund 63 Stunden an fast derselben Stelle, bekreuzigten und verneigten uns, wie es sich gehört. Der längste Gottesdienst – einschließlich der „Göttlichen Liturgie unseres Vaters unter den Heiligen Johannes Chrysostomos" – dauerte vier Stunden, der kürzeste fünfzehn Minuten. Die byzantinische Liturgie wird in Niederaltaich in deutscher Sprache gehalten, gesprochen wird traditionell schnell und scheinbar monoton, doch die Priester und Diakone singen wunder-

---

[441] *1885 †1968, römisch-katholischer Priester, promovierter Theologe und Kandidat für die Liturgiekommission des II. Vatikanums. Er lehrte von 1948 bis zur Emeritierung 1962 an der Ludwig-Maximilians-Universität in München christliche Weltanschauung und Religionsphilosophie

[442] Guardini, Romano, *Von heiligen Zeichen*, Verlagsgemeinschaft topos plus, Kevelaer 2008

[443] Ebd. 10f

[444] Guardini, Romano, Über das *Wesen des Kunstwerks*, München 2005, z. n. Warning, Wilhelm, Zwischen Abstraktion und Figuration – Auf der Suche nach dem wahren Bild, in: Una Sancta 4/2009, 306f

[445] „Die Anstöße dazu gingen im weiteren Sinne aus von Papst Pius XI. In einem Schreiben [*Equidem verba*] vom 21. März 1924 an den damaligen Abtprimas Fidelis von Stotzingen forderte er die Benediktiner zum Studium der Ostkirchen auf, damit sie nach dem Zusammenbruch des Kommunismus in der Sowjetunion dort missionieren könnten." Aus: http://www.abtei-ettal.de/byzantinum.html

[446] In ganz Europa gibt es eine einzige weitere Benediktinerabtei, die seit 1925 gleiches tut: Chevetogne in Belgien.

schön und emotional anrührend. Slawische Kirchenmusik wird oft gesungen von wahren Meistern ihres Fachs, von irdischen Chören, die im Himmel studiert haben müssen. Diese Menschen singen derart schön und innig, dass man meint, die Liebe der Söhne und Töchter gegenüber dem himmlischen Vater und alle ihre schon erfahrenen Leiden herauszuhören aus ihrem Gesang. Sie loben den Herrn auf eine wunderbar ergreifende Weise, alles Geistige und Seelische kommt in der ostkirchlichen Musik zu glühendem Ausdruck. Orthodoxe Hymnen sind Anrufe und Aufrufe zugleich, sich in gläubiger Weise den Heilsgeheimnissen hinzugeben, um an ihnen teilzuhaben, sie zu verehren. Hieraus erklärt sich die „unwahrscheinlich meditative Kraft des byzantinischen Gottesdienstes."[447] Das Loblied auf den Heilsplan Gottes im Brief des Paulus an die Epheser [448] umfasst bereits, was in orthodoxen Hymnen zu glühendem Ausdruck kommt: Sie sind „Antwort auf die Offenbarung des Mysteriums, in der Gottes rettende Taten präsent werden und erscheinen. Das Mysterium erweckt selbst als die Epiphanie Gottes seinen Lobpreis."[449]

Die hinreißende Kraft besonders der russischen Sangeskunst liegt in ihrer rückhaltlosen Begeisterung für harmonische Klänge und für die tiefen Gefühle, die in diesen Klängen besonders auch in Kirchen zum Ausdruck gebracht werden.[450] Die gesungenen Gebete, Lobpreisungen und Hymnen wirken trotz der Kraft ihrer Aussagen fast wie scheue Entschuldigungen vor Gott. In diesen Liedern dürfen aller Schmerz und alles Leid ungeteilt hervorbrechen, angehäufte Sorgen und herrliche Verzückung haben genau so ihren Platz darin wie die verzweifelten Schreie der Menschen nach Frieden, Arbeit, Brot und Liebe. Wenn wir diesem Gesang, dieser Musik lauschen, fühlen wir die kommende Erlösung der Geknechteten in unerschöpflicher Gnade und unfasslicher Schönheit, wir fühlen uns wie außerhalb unser selbst, schwimmend in einem unendlichen Meer reinster Liebe Gottes. Alte slawische Kirchenmusik kann tiefe Gefühle herzlicher Brüderlichkeit, stiller Größe und wärmender Gemeinsamkeit in uns wecken. Das Leben selbst, die erdhaft-erotische Liebe und das Mitgefühl mit allen leidenden Geschöpfen – dies alles können wir in dieser Musik empfinden. Ostkirchliche Musik vermag all das zu sagen, was wir ohne sie nicht aussprechen könnten. Sie weckt in uns eine tiefe alte Sehnsucht nach etwas, das wir oft in uns verleugnen: Sie lehrt und zeigt uns, wer und wie wir in unserem Innersten wirklich sind, wie Gott uns gemeint hat, wenn gesagt ist: „Und Gott schuf den Menschen ihm zum Bilde, zum Bilde Gottes schuf er ihn".[451] Welch unauslöschlichen Eindruck ostkirchliche Hymnen auf Gläubige und Ungläubige machen können, mögen die Worte der Boten des russischen Großfürsten Wladimir I. ausdrücken, die in der Hagia Sophia in Konstantinopel eine orthodoxe Liturgie miterlebten: „Wir haben den Himmel auf Erden erlebt!" Daraufhin ließ sich der Großfürst Wladimir bei seiner Vermählung mit der byzantinischen Prinzessin Anna 988 in Kiew – und in der Folge das ganze russische Volk [452] – christlich-orthodox taufen.[453,454]

---

[447] Jungclaussen, Herzensgebet, 107
[448] Eph 1,3-14
[449] E. Schlier, Der Brief an die Epheser, Düsseldorf 1958, 42, in: Jungclaussen, Marienverehrung , 9f
[450] Zur sakralen vokalen Musik der russischen Kirche vgl. besonders Totzke, Dir singen wir, 67ff
[451] Gen 1,27
[452] Genauer: die Kiewer Rus, das damalige heidnische „russische" Grossreich oder „russisches Land" (*русская земля)*
[453] Vgl. Gitermann, Valentin, Geschichte Russlands, Bd. 1, Büchergilde Gutenberg, Zürich 1944, 47f
[454] Zu ostkirchlicher Musik vgl.: Totzke, Irenäus, Mystik und Musik, in: Kuchinke, Norbert/Totzke, Irenäus/Berdjajew, Nikolaj, Missa Mystica – Spiritualität und Kunst in Russland, Kreuz Verlag GmbH & Co. KG, Stuttgart 2003, 148ff

13. Verehrung der Gottesgebärerin in den Ostkirchen

Eigentliche Mariendogmen zur größeren Ehre Mariens kennt die orthodoxe Kirche nicht. Die dogmatische Grundlage orthodoxer Marienverehrung lässt sich zusammenfassen in den Worten „allheilige Gottesgebärerin und immerwährende Jungfrau Maria". Weitere dogmatische Definitionen zu Maria empfinden orthodoxe Gläubige als nicht notwendig, so überlassen sie „lieber das ‚Wie' des Heimgangs Mariens – als Geheimnis – der anbetenden Verehrung."[455] Ebenso Mariens heilige und freie Allreinheit, welche die orthodoxe Kirche als fortgesetztes Bewahren vor jedem Angriff der Sünde und als das Ergebnis ihrer fortgesetzten Reinigung von alters her versteht.[456] Im Vergleich mit der römisch-katholischen ist die Marienverehrung der Ostkirche eine liturgische, „und zwar nicht nur in der Feier der großen Marienfeste, sondern es vergeht keine Tagzeit des Stundengebetes und keine Eucharistiefeier, ohne dass Maria darin hymnisch gepriesen würde, und zwar mehrfach!"[457] Nach dem russisch-orthodoxen Theologen Sergeij Nikolajewitsch Bulgakow[458]

> „...rettet Maria dadurch, dass sie zu ihrem Sohn hinführt, dass sie ihrem Sohn das Fleisch gab, durch das die Menschen erlöst und gerettet wurden, dadurch, dass sie ihr ‚Siehe die Magd des Herrn' sprach und auf Golgota Gott das Leben ihres Sohnes zum Opfer darbrachte, und schliesslich dadurch, dass sie als Geistträgerin besonderes Werkzeug des Heiligen Geistes bei der Rettung und Heiligung aller Menschen ist."[459]

13.1 Die Theotokos – die Allreine Gottesgebärerin und immerwährende Jungfrau

„Gott ward Mensch, auf dass der Mensch wie Gott werde" (Irenäus von Lyon). Pantheismus ist damit nicht gemeint; manche Theologen betonen sogar, dass zwischen Mensch und Gott nach wie vor ein Abgrund bestehe und dass deswegen die Transzendenz Gottes zu verteidigen sei. Die Mariologie der Ostkirche hebt demgegenüber die durch die Gottesgebärerin aktiv geschaffene und erfahrbare Gottesnähe hervor. Die orthodoxe Mariologie ist viel mehr im liturgischen Leben als in dogmatischen Lehren verankert.[460] In der orthodoxen Kirche ist der Ehrentitel „Gottesgebärerin" unverzichtbarer Bestandteil des christlichen Bekenntnisses. Dieses zeigt sich jedoch nicht (wie in der römisch-katholischen Kirche) als verstandesmäßige Zustimmung zu einer von Gott geoffenbarten Lehre oder als kommerzialisierte, regressive Marienverehrung, sondern im herzhaft-hymnischen Lob der Gottesgebärerin in der Liturgie. Wenn die Gottesmutterschaft Mariens in der orthodoxen Liturgie besungen wird, geht es letztlich stets um Aussagen zur Herrlichkeit ihres Sohnes. Dies zeigt beispielhaft die folgende Passage aus einem Hymnos zu Ehren der Gottesmutter:

> „ ‚Du hast ohne Vater den Sohn im Fleische geboren, der vor der Zeit vom Vater ohne Mutter geboren wurde, und dabei keiner Veränderung oder Vermischung oder Trennung unterlag, sondern die Eigenheiten beider Wesenheiten unversehrt bewahrte...'. Dieser Hymnus übersetzt die berühmte theologische Bekenntnisformel der Synode von Chalcedon 451, in der gesagt wird, dass die göttliche und die

[455] Jungclaussen, Emmanuel, Abt, Die *Marienfrömmigkeit* der Ostkirche, Schriften zur orthodoxen Spiritualität, Benediktinerabtei Niederaltaich, Nieder-Bayern, undatiert, 9

[456] Die Allreinheit der Gottesgebärerin ist das Ergebnis nicht „nur" göttlichen Schutzes, sondern zusätzlich auch deren eigene, vorbildliche Leistung als reife, erwachsene Frau. Denn „je mehr die Seele voranschreitet, desto mächtigere Widersacher lösen sich gegen sie ab...Schon der weise Jesus ben Sirach sagte: Mein Kind, wenn du herzu trittst, um Gott dem Herrn zu dienen, bereite deine Seele auf die Versuchung vor!" u. ä. m. in: Evagrios, Der Praktikos, 216f

[457] Ebd. 4

[458] russ. Сергей Николаевич Булгаков, *1871 †1944

[459] Jungclaussen, Marienfrömmigkeit, 13

[460] Vgl. Larentzakis, Maria in der orthodoxen Kirche, 25f

menschliche Natur in Christus zur Personeinheit zusammenfinden und dabei doch unvermischt, unverwandelt, ungetrennt und ungesondert bleiben."[461]

Aus orthodoxer Sicht wurde im II. Vatikanum eine neue Sicht und Haltung der römischen zur byzantinischen Schwesterkirche deutlich. Denn im Ökumenismusdekret kommt nicht nur die Anerkennung der besonderen orthodoxen Marienverehrung zum Ausdruck, sondern insbesondere auch das Anerkennen der engen Verbindung der Christologie mit der Mariologie, wie sie das 3. Ökumenische Konzil von Ephesus 431 lehrte:[462]

> „Bei diesem liturgischen Kult preisen die Orientalen mit herrlichen Hymnen Maria, die allzeit Jungfräuliche, die das Ökumenische Konzil von Ephesus feierlich als heilige Gottesgebärerin verkündet hat, damit dadurch wahrhaft und eigentlich Christus als Gottes- und Menschensohn gemäß der Schrift anerkannt werde. Ebenso verehren sie viele Heilige, unter ihnen Väter der gesamten Kirche."[463]

Das apostolische Schreiben „Marialis Cultus"[464] von Paul VI. enthält zwei Textstellen, welche die Bedeutung der Marienverehrung auch der anderen christlichen Kirchen für die gesamte Ökumene hervorheben:

> „Den voraufgehenden Ausführungen, die sich aus der Betrachtung der Beziehungen der Jungfrau Maria mit Gott – Vater, Sohn und Heiliger Geist – und mit der Kirche ergeben, wollen Wir, indem Wir auf der Linie der konziliaren Unterweisung fortfahren,(91) noch einige Orientierungspunkte biblischer, liturgischer ökumenischer und anthropologischer Natur hinzufügen, die zu beachten sind, um bei der Überprüfung oder Neuschöpfung von Andachtsformen das Band, das uns mit der Mutter Christi und unserer Mutter in der Gemeinschaft der Heiligen verbindet, lebendiger und bewußter zu gestalten."[465]

> „Wegen seines kirchlichen Charakters spiegeln sich im Marienkult die Sorgen und Anliegen der Kirche selbst, unter denen in unseren Tagen der sehnliche Wunsch nach der Wiederherstellung der Einheit der Christen besonders hervorragt. Die Ausdrucksformen der Verehrung der Mutter des Herrn werden somit offen für die Nöte und Ziele der ökumenischen Bewegung, das heißt, sie erhält selbst eine ökumenische Prägung. Vor allem, weil sich die katholischen Gläubigen mit den Brüdern der orthodoxen Kirchen vereinen, in denen die Verehrung der Seligen Jungfrau Ausdrucksformen hoher Poesie und tiefgründiger Lehre besitzt, indem sie mit besonderer Liebe die glorreiche Gottesmutter (Theotokos) verehren und sie als "Hoffnung der Christen" (94) anrufen. Sie verbinden sich mit den Anglikanern, deren klassische Theologen schon die solide biblische Grundlage des Kultes der Mutter unseres Herrn aufgezeigt haben und deren zeitgenössische Theologen zum großen Teil die Bedeutung der Stellung hervorheben, die Maria im christlichen Leben einnimmt.[466] Ferner verbinden sie sich auch mit den Brüdern der reformierten Kirchen, in denen die Liebe zu den Heiligen Schriften besonders lebendig ist, wenn sie Gott mit denselben Worten der Jungfrau (vgl. Lk 1, 46 – 55) verherrlichen."[467]

Nebst allen von der orthodoxen Kirche gefeierten Marienfesten bekommen die Feiertage der großen, siebenwöchigen Fastenzeit vor Ostern ein ganz besonders berührendes Gepräge durch den erhebenden

---

[461] Fischer, Gottesmutterikone, 18

[462] Vgl. Larentzakis, Grigorios, *Maria – Mutter der Kirche*, Marienverehrung in der orthodoxen Kirche, in: Katholische Nachrichtenagentur KNA – Ökumenische Information Nr. 20, 12.5.1982, 5f

[463] „Unitatis Redintegratio über den Ökumenismus" vom 21. November 1964, Kapitel III, 15, http://www.vatican.va/archive/hist_councils/ii_vatican_council/documents/vat-ii_decree_19641121_unitatis-redintegratio_ge.html

[464] http://www.vatican.va/holy_father/paul_vi/apost_exhortations/documents/hf_p-vi_exh_19740202_marialis-cultus_ge.html

[465] MC, Kap II, Abs B, 29; die in dieser Passage zitierte originale Fussnote 91 verweist auf LG 66-69

[466] Die christkatholische, respektive altkatholische Kirche, der ich angehöre, hat seit 1931 volle Kirchengemeinschaft mit der anglikanischen Kirche. Einzelheiten unter http://www.alt-katholisch.de/oekumene/full-communion.html

[467] MC, Kap II, Abs B, 32; die in dieser Passage zitierte originale Fussnote 94 heisst: „Vgl. Officium magni canonis paracletici, Magnum Orologion, Athenis 1963, S. 558; gelegentlich in den canones und den liturgischen Hymnen: vgl. Sophronius Eustradiadou, Theotokarion, Chennevières-sur-Mame 1931, S. 9, 19."

Hymnos Akathistos[468]. Dieser ist nicht nur der liturgische Höhepunkt der Fastenzeit, sondern der gesamten byzantinischen Mariendichtung, „eine frühchristliche Summe der Theologie des Ökumenischen Konzils von Ephesus 431."[469] Als Verfasser gilt Romanos der Melode.[470]

> „Der Hymnos Akathistos gilt als die älteste und schönste Mariendichtung und wird seit über 1'200 Jahren in der Ostkirche gebetet und gesungen...Im ersten (Strophen 1-6) und zweiten (7-12) Viertel orientiert sich der Text weitgehend am Lukas-Evangelium, verwendet daneben geringfügig verschiedene Apokryphen und setzt mit einer Fülle von Begrüßungen der Mutter Gottes den Englischen Gruß Gabriels fort. Das dritte (Str. 13-18) und vierte (19-24) Viertel meditieren über das neue Schöpfungswunder der Menschwerdung Christi aus Maria und über die Wirkungen dieses seines Erlösungswerkes durch die Zeiten bis zu den beispiellosen Gedankengängen einer umgreifenden kosmischen Frömmigkeit. Hier können sich urchristlich chaldäische Weisheit und Erkenntnisse des Raumfahrtzeitalters dialogisch ergänzen."[471]

> „Strophe 17 beginnt, wörtlich übertragen: „geschwätzige [= vielredende] Redner sehen wir stumm wie Fische". Da erwiesen ist, dass Fische nicht stumm sind, da das Bild Fisch aber gleichzeitig Wendigkeit assoziiert, da endlich das Verstummen vor dem Mysterium gemeint ist, übertrage ich: Sprachlos werden die wortwendigen Redner vor dir. Im weiteren Verlauf der Strophe wird unter anderem abgehoben auf die Apostelgeschichte (17, 14-34), wo der sophistische Angriff epikureischer und stoischer Gelehrter gegen Paulus auf dem Athener Areopag beschrieben steht. Von da her resultiert der uns fremd gewordene Akathistos-Vers, „die Stricke der Athener zerrissen habend"; stattdessen schreibe ich: „spitzfindige Denkgeflechte hast du zerrissen". Zwar ist in diesem speziellen historischen Bezuge auch einzusehen, dass „Weise [Philosophen] als unweise" und „Wissenschaftler als Nichtswisser" apostrophiert werden; in der Verallgemeinerung aber und angesichts der erfahrenen Annäherung zwischen Philosophie, Naturwissenschaft und Theologie ist es falsch und wirkt hyperb. „Philosophen hast du an die Grenzen geführt; Wissensforschern hast du das Unerforschliche gezeigt" entspricht dagegen einer immerwährenden Erfahrung."[472]

Die folgenden Zeilen und Elemente aus dem gesamten Hymnos Akathistos könnten auch als Anregung zur Veränderung pathogener Denk-, Fühl- und Handlungsmuster gelesen und verstanden werden:

> „Sei gegrüßt, den glühenden Irrtum löschest du aus, Gewalt verwirfst du und Unmenschlichkeit, du befreist uns von heidnischem Götzendienst, du bewahrst uns vor der Ausgeburt der Zwietracht, du setzest der Anbetung des Feuers ein Ende, du befreist die von Begierden Besessenen. Den Gläubigen weisest du den Weg zur Weisheit, zu Grunde gehen lässt du die Verführer. Zertreten hast du den betrogenen Betrüger, die vergötterten Abgötter hast du entthront. Sei gegrüßt, Sieg der Gewaltlosigkeit. Denen, die ohne Zuversicht wandern, bist du ein Gewand. Unversöhnliches hast du versöhnt, sprachlos werden die wortwendigen Redner vor dir, o Gottesmutter. Philosophen hast du an die Grenzen geführt, Wissensforschern hast du das Unerforschliche gezeigt, die gelehrten Streiter schwindelte, spitzfindige Denkgeflechte hast du zerrissen. Sei gegrüßt, du Hafen derer, die das Leben erfahren. Sei gegrüßt, denn du begeisterst die Entgeisterten. Sei gegrüßt, weil du vernichtest, was die Seelen verdirbt. Sei gegrüßt, du Wetterstrahl, der unsere Seelen trifft, wie vor dem Donnergroll entsetzen sich die Feinde. Sei gegrüßt, meine Seele geleitest du, meinen Leib machst du heil."[473]

---

[468] a-káthistos (gr.) bedeutet „nicht im Sitzen zu singen"

[469] Maltzew, Alexios, *Akathistos* zu unserer hochgelobten Gebieterin, der Gottesgebärerin und Immerjungfrau Maria, Verlag Der Christliche Osten, Würzburg 1996, 3 (Alexeij Petrowitsch Maltzew [*1854 †1915] war russisch-orthodoxer Probst von Berlin, „der als einer der ersten Orthodoxen die Schätze der byzantinischen Liturgie und Hymnologie dem deutschsprachigen Leser erschlossen hat", ebd.) Gesamtwerk 11 Bände, Verlagsatelier Michael Pfeifer, Aschaffenburg

[470] *485 †ca. 555

[471] Zumbroich, Eberhard Maria, *Das Geheimnis der Gottesmutter*, Verlag M. Theresia Zumbroich-Lochner, 27. Aufl., Gaildorf 2007, aus dem Kommentar I am Schluss des nicht paginierten Heftes

[472] Ders., aus dem Kommentar III am Schluss des nicht paginierten Heftes

[473] Ders., vom Autor zusammengefasst aus dem ganzen, nicht paginierten Heft

14. Die Gottesgebärerin Maria als idealtypische Frau der West- wie der Ostkirche

„In Maria scheint Gott den vollkommensten Ausdruck seiner selbst gefunden zu haben, wie er sich am liebsten sieht.“[474] Was könnte es idealtypischeres geben? „Eine liebende Frau kann eine Situation gegen jede Übermacht, gegen Tod und Teufel halten und mit völliger Überzeugung Ordnung im Chaos schaffen.“[475] Dies soll hier als die „irdische“ Leistung der Gottesgebärerin gelten. Was sie für uns im Himmel tun kann, dürfte inzwischen hinreichend deutlich geworden sein. Die Mutter Gottes gibt uns idealtypisches Zeugnis davon, was wahre Liebe wirklich bedeutet:

> „Sie [die Liebe] verlangt eine unbedingte Einstellung, sie erwartet völlige Hingebung. Und wie nur *der* Gläubige, der sich seinem Gotte ganz ergibt, der Erscheinung der göttlichen Gnade teilhaft wird, so enthüllt auch die Liebe ihre höchsten Geheimnisse und Wunder nur dem, der der unbedingten Hingebung und Treue des Gefühls fähig ist. Weil diese Leistung so schwierig ist, so können sich wohl nur sehr wenige der sterblichen Menschen rühmen, sie auch vollbracht zu haben. Gerade aber weil die am meisten hingebende und die treueste Liebe auch die schönste ist, sollte man nie suchen, was die Liebe leicht machen könnte.“[476]

Entgegen erster, flüchtiger äußerer Eindrücke mancher Kritikerinnen und Kritiker erfährt das Weibliche in Religion, Religiosität und Spiritualität des Christentums tiefe Verehrung.

> „Die *katholische Kirche* hat von jeher das Recht des weiblichen Prinzips in allen menschlichen und göttlichen Dingen anerkannt und vertreten. Sie stillte ein edles Verlangen, als sie den Madonnenkult schuf, der in der Urlehre nicht vorgezeichnet ist. Er bildet die Mitte des slavischen Christentums. Besonders das russische Volk, Matjuschka Rassija, das Mütterchen Russland, sehnt sich nach weiblichen Göttern. Diesem Bedürfnis entsprangen die Heilighaltung der Mutter Erde in der Volksreligion, die Verehrung der Kasan´schen und der Iberischen Mutter Gottes in der rechtgläubigen Kirche, die Sofija-Lehre Solowjows und A. Blocks Bekenntnis, er könne sich das Göttliche nur in weiblicher Gestalt denken; mannigfache Blüten an gemeinsamem Stamme.“[477]

Das Einigende des Weiblichen kann sich in innerlicher Schau unter dem Blick der Gottesgebärerin wohl am heilsamsten zeigen. Pierre Teilhard de Chardin, in Theologie promovierter französischer Jesuit und Mystiker des 20. Jahrhunderts, beschreibt diese Möglichkeit der Vollendung des Mannes in knappen Worten: „…da ich, viele der alten familiären und religiösen Formen ablegend, begann, zu mir selbst zu erwachen und mich wirklich selbst auszudrücken, sich nichts mehr in mir entfaltete, es sei denn unter dem Blick und unter dem Einfluss einer Frau.“[478]

15. Zusammenfassung und Diskussion

Einleitend werden zentrale Ergebnisse dieser Arbeit ihrer Kapiteleinteilung folgend zugespitzt zusammengefasst: Europa ist dominant vom christlichen Wertekanon durchdrungen, Politik und Sexualität werden

[474] Bachl, Gottfried, Spuren im Gesicht der Zeit – Ein wenig Eschatologie, Otto Müller Verlag, Salzburg/Wien 2008, 124f

[475] Jung, Carl Gustav, Traumanalyse, Hg. McGuire, William, Olten/Freiburg i.Br., 1991, 744, in: Schiess, Marianne (Hg.), C. G. Jung, *Über die Liebe*, Patmos Verlag GmbH & Co. KG, Düsseldorf 2000, 20

[476] Jung, GW 10, § 231f, in: Schiess, Über die Liebe, 21

[477] Schubart, Seele des Ostens, 188

[478] Teilhard de Chardin, Pierre, *Das Herz der Materie* – Kernstück einer genialen Weltsicht, Patmos Verlag GmbH & Co. KG, Düsseldorf 2005, 84f

deutlich getrennt vom Glauben gelebt, viele Gläubige gehören nur noch der Form nach einer Kirche an, jede/r vierte Konfessionslose bezeichnet sich dennoch als religiös und folgt dabei einer pantheistischen Spiritualität (Religionsmonitor). Immer mehr Menschen distanzieren sich von den Kirchen, nicht aber von Religion an sich. Das Faktum unserer Gottebenbildlichkeit übersteigt alle Milieugrenzen. Auftreten und Sprache der Kirchen müssen mutiger, verstehbarer und sinnlicher werden (Sinus-Studie). Logotherapie und Existenzanalyse Frankls können Wesentliches zum Beantworten offener Sinnfragen auch in spirituellen Belangen und Krisen beitragen. Die technokratischen Triumphe des cartesianischen Denkens und Handelns haben teilweise verheerende Nebenwirkungen: Depressionen und Angsterkrankungen nehmen besonders in so genannt hoch entwickelten Weltgegenden deutlich zu und produzieren neue Gewaltphänomene. Selbstentfremdung und Selbstverlust sind die Schatten fehlgeleiteter, typisch westlicher individualistischer Pseudo-Selbstverwirklichung.[479] Süchte jeglicher Art entfremden uns von allem Göttlichen und von uns selbst. Ekklesiogene Neurosen erwachsen aus oft absichtsvoll konstruierten, beängstigenden Gottesbildern, aus fanatischer, zwangsneurotischer Frömmigkeit oder aus fehlgeleiteten Vorstellungen von Erotik und Sexualität. Machtphantasien, seelische Bedürftigkeit, Sexismus, Ängste vor der Frau an sich, Leistungsstreben und Verlustängste können besonders Männer zu neurotischer „Anbetung“ oder im Gegenteil zum rücksichtslosen Unterdrücken alles Weiblichen verleiten. Diesen pathologischen Bildern entzieht sich die Gottesgebärerin souverän durch wahre demütige Liebe, welche gerade durch ihre Ohnmacht alle Dämonen deren Gewalt beraubt. Angebote geistlicher und geistiger Therapie solcher Störungen bestehen zuhauf.

15.1 In theologisch-spiritueller Hinsicht

Nachdenken gebiert Umdenken – auch in theologisch-spiritueller Hinsicht. Einsicht in die eigene Erlösungs-*bedürftigkeit* ist die conditio sine qua non möglicher Erlösung und Heilung. Jesus selbst ruft immer wieder auf zur Umkehr, zur Heimkehr zum Vater, wo das letzte Heil ist. Das persönliche Erfahren, Durchleiden und Überstehen menschlicher Tiefen und Höhen kann das Gottvertrauen stärken – oder Schwache vernichten. Hier schlägt die Stunde spiritueller Begleitung und professioneller Hilfe:

> „Religiöse Denkweisen und spirituelle Praktiken (wie Meditation und Beten) spielen im Alltag bei vielen depressiven Menschen eine wichtige Rolle, auch wenn dies in psychiatrischen Therapien und psychologischen Untersuchungen lange Zeit nicht zur Kenntnis genommen worden ist…Die religiöse Tradition verfügt über einen großen Fundus an Leidenserfahrungen und deren Bewältigung. Man kann die biblischen Schriften zu großen Teilen – vom Buch Hiob über die Psalmen bis hin zu den Passionsgeschichten – auch als Anleitung lesen, wie mit Not und Leid umzugehen ist.“[480]

In rechtgläubiger Verehrung weckt die Gottesgebärerin in uns den *Sinn für das Mysterium*, weckt die Schau des Weiblichen im Menschsein, auch im Menschsein des Mannes. „Aber wo sich eine wissenschaftlich forschende und kritische Exegese als einzig kompetente Instanz zu etablieren vermag, da führt sie in der Tat

[479] Vgl. Abhinavagupta: „Es geht im Wesentlichen um Gebundenheit und Befreiung. Wie in fast allen indischen Heilssystemen ist die Ursache der Unfreiheit, des Leidens und der Entfremdung im Nichtwissen (*ajñāna*) zu finden, nicht als Mangel an partikulärem Wissen, sondern als mangelnde Erkenntnis der Wirklichkeit und des eigenen Selbst.“ In: Bäumer, Wege ins Licht, 75f

[480] Hell, Daniel, *Seelenhunger* – Der fühlende Mensch und die Wissenschaft vom Leben, Verlag Hans Huber, Bern/Göttingen/Toronto/Seattle 2003, 237f

zu Ergebnissen, die für den Glauben ruinös sind."[481] Das Evangelium ist unendlich viel mehr als Bibelbuchstaben. Die Gottesgebärerin ist der ökumenische Treffpunkt aller Christen. In ihr begegnen und verwirklichen sich Göttliches und Menschliches, uns als Beispiel und Urbild: „Fügung vor der Allmacht Gottes und Dienst für den Menschen, eine vertikale und eine horizontale Verbindung als ein Ganzes, als eine Einheit."[482] „Marias Hören auf Gott bleibt nicht passiv, sondern bedeutet verantwortete, bereitwillige Übernahme eigener, eigenständiger, gegenüber Menschen sogar eigenwilliger Aktivität."[483] Die Menschwerdung Gottes in ihr und durch sie begründet ihre Vorrangstellung unter allen Heiligen und unsere Verehrung ihrer Person und Leistung; davon leiten sich ihre Bedeutung und Rechtfertigung ab. Sie ist unsere Schwester, unser „Fleisch und Blut"[484], in ihr verkörpert sich unser gnadenhaftes Angenommensein bei Gott. Sie ist nach ihrem Sohn der zweite Mensch, der alle 30 Holme der Himmelsleiter des Klimakos – „...ihre erste Stufe ist das Aufgeben alles Irdischen, ihre letzte aber der Gott der Liebe"[485] – emporgestiegen ist in die barmherzigen Arme Gottes. Und die Gottesgebärerin ist gemäß der Weihnachtsgeschichte „der erste Mensch, der das volle Evangelium vernimmt, und zwar durch die Worte, die ihr die Hirten ansagen."[486] Als zweite Eva ist die Allreine Gottesgebärerin die Mutter des neuen Lebens, sie hat das anmaßende Versagen der ersten demütig aufgehoben, indem sie in freiem Glauben den Knoten des Ungehorsams löste durch zustimmenden Gehorsam. Sie neutralisierte den tödlichen Beitrag Evas, wendete „EVA" in „AVE". Sie ist eine Frau, unzweifelhaft weiblich und mütterlich, sie ist das weibliche Sinnbild Gottes:

> „Das arabische Wort *rahman* ist einer der häufigsten Bezeichnungen Gottes: Gott ist barmherzig und gnädig. Im Hebräischen gibt es eine Gruppe von Wörtern, die auf dieselbe Wurzel zurückgehen wie das arabische *rahman* oder *rahmat*, ‚Erbarmen'. Hebräisch *racham* bedeutet ‚sich erbarmen', *rachamim* bezeichnet das ‚Mitgefühl' oder ‚Mitleid'. In allen diesen Wörtern steckt ein noch einfacheres, ursprünglicheres, nämlich *rächäm*, das Wort für den weiblichen Schoß, den Mutterschoß oder die Gebärmutter. Neben dem Herz ist *rächäm* das am häufigsten erwähnte innere Organ im Ersten Testament. Aber obwohl dieser Begriff im biblischen Menschenbild eine so zentrale Stellung einnahm, haben ihn viele männliche Bibliker und Theologen völlig außer acht gelassen.[76] Erst durch die feministische Bibelforschung ist diese patriarchale Bildungslücke teilweise geschlossen worden.[77]"[487]

Der Prophet Hosea schildert Gottes mütterliches Wesen deutlich: Gott birgt Israel voller Liebe in seinen Armen und stillt es an seinem Busen, sein „Mutterschoss ist entbrannt", „denn Gott bin ich und nicht Mann".[488] Das Judentum sieht in der Schechiná die Formen der weiblichen göttlichen Kraft. „Sie wird als Frau, Braut und Tochter der männlichen Kraft beschrieben."[489]

Die Gottesgebärerin will weiterhin Heiliges gebären: Bedrohliche Zeichen der Zeit wie extreme Hungersnöte, blutige Kriege, Klimaschäden, hohe Kindersterblichkeit, soziale Ungerechtigkeit, wirtschaftliche und

---

[481] Beinert, Maria heute ehren, 74f

[482] Larentzakis, Grigorios, *Maria in der Ostkirche*, in: Gruber, Winfried (Hg.), Marienpredigten – 31 Ansprachen für Marienfeiern, Verlag Styria, Graz/Wien/Köln 1975, 135

[483] Müller, Glaubensrede, 129

[484] In Analogie zu Hebr 2,14

[485] Blum, Byzantinische Mystik, 73f

[486] Dantine, Wilhelm, Maria in den Kirchen der Reformation, ebd. 139

[487] Schroer, Silvia/Staubli, Thomas, Die *Körpersymbolik der Bibel*, Gütersloher Verlagshaus, Gütersloh 2005, 57f. Die originalen Fussnoten 76 und 77 im zitierten Text beziehen sich auf Arbeiten von Wolff 1973 und Trible 1993

[488] Ebd. 64

[489] Dan, Joseph, Die Kabbala – Eine kleine Einführung, Verlag Philipp Reclam jun. GmbH & Co., Universal-Bibliothek Bd.18451, Stuttgart 2007, 68f. Weiteres zum jüdischen Konzept der Schechiná auf den Seiten 135, 141, 142

politische Unterdrückung, Migrationsströme, brutale Gewalt gegen Minderheiten – dies alles ist Teil unserer gemeinsamen und einzigen realen Welt und will geheilt werden. Ebenso will die Gottesgebärerin in uns immer wieder neu gebären alles Schöne, Wahre und Gute in derselben Welt, einschließlich zärtlicher Erotik und erfüllender Sexualität.[490] Eine erhabene „Mutter Kirche", die zwar von alledem redet, sich aber nicht *wirklich* damit beschäftigt, die nicht wirklich und wirksam für alles Göttliche kämpft – und dementsprechend auch ihr eigenes und das *tatsächliche* Leben ihrer männlichen Amtsträger nicht wirklich hinterfragt –, verliert jede Legitimation vor den Menschen, vielleicht sogar vor Gott.[491] Denn die Schrift sagt:

> „An ihren Früchten sollt ihr sie erkennen, nicht an ihren Wurzeln…Die *Wurzeln* der Tugend eines Menschen sind für uns unzugänglich. Es gibt kein äußeres Zeichen, das uns einen untrüglichen Beweis für das Wirken der Gnade geben könnte. Unser Handeln ist das einzige sichere Zeugnis – auch für uns selbst –, daß wir wahre Christen sind."[492]

Überzeugend dargestellt wird diese Haltung auch der Gottesgebärerin seit Jahrzehnten von der Orthodoxie:

> „Wichtig ist…festzuhalten, dass gemäß christlicher Auffassung die Menschen nach dem Bild Gottes geschaffen wurden.[56] Diese Qualifizierung ist ehrenvoll für die Menschen, sie hat aber zugleich Konsequenzen für das Verhalten der Menschen Gott gegenüber, aber auch der Menschen untereinander, miteinander und füreinander. Diese Qualifizierung verpflichtet. D. h., dass alle Menschen, Männer und Frauen,[57] gemäß dem Urbild, in einer harmonischen Koinonia, in Gemeinschaft, existieren müssen, verbunden mit dem Band der Liebe, was nicht nur eine bloße Koexistenz erlaubt, sondern eben eine perichoretische, innigste und solidarische Einheit aller Menschen gewährleistet. Die Kirchenväter betonen auch die Gleichwertigkeit aller Menschen, indem sie sogar den Ausdruck, ‚wesensgleich' verwenden.[58] Das bedeutet nun auch für die Menschen, dass die Gemeinschaft der Menschen in der Vielfalt der Geschlechter und der Völker den Reichtum der Kulturen und der Traditionen einschließt und fördert. Die klare Konsequenz daraus ist, dass von orthodoxer Seite theologisch nicht begründet werden kann, dass ein Geschlecht oder einzelne Menschen oder ein Volk bzw. eine Ethnie, qualitativ besser sein kann als andere. Ein anderer theologischer Punkt ist auch sehr wichtig. *Die Universalität des Heils.* Die Ikone der Auferstehungsdarstellung in der orthodoxen Kirche, in der Jesus Christus die Hand Adams und die Hand Evas hält und heraufzieht, weist gerade in augenfälliger Weise auf die umfassende Dimension der Versöhnung und des Heils für alle Menschen hin. Die orthodoxe kirchliche

---

[490] Auch bei diesem Topos formuliert die Orthodoxie deutlich: „Hier ist es klar, daß Gott uns die Liebe und den Eros geschenkt hat, damit die Eheleute die Freude und die Wonne in ihrer Beziehung erleben können. Die Sexualität in der Ehe darf nicht als eine triebhafte und sündhafte Betätigung der Eheleute betrachtet werden. Sie hat einen positiven Wert an sich, unabhängig von Folgen und Konsequenzen. Die Ehe und die ehelichen sexuellen Beziehungen werden also generell von der Kirche schon in der Frühzeit positiv angesehen. Es gibt sogar kirchliche Bestimmungen von Synoden, die es ausdrücklich formulieren und die rigorose Ablehnung der Ehe verurteilen: Ein Kanon besagt, daß derjenige, der die Ehe verwirft und die Frau, die mit ihrem Mann zusammen schläft, verurteilt, als ob sie durch die eheliche Verbindung nicht das Reich Gottes erlangen könne, exkommuniziert werden muß. Es muß allerdings gesagt werden, daß weder das ehelose noch das eheliche Leben verabsolutiert werden dürfen. Wenn jemand die eine oder die andere Form frei wählt, ist es zu respektieren. Beide Formen stellen zwei Charismen dar, die für sich genommen einen eigenen Wert besitzen. Leider wurden viele Christen mit einer formalistisch-juristischen Fundierung der Ehe und mit einer Angstpädagogik erzogen. So konnten sie keine echte Freude an der Ehe genießen, weil ihnen die ehelichen Beziehungen als sündhaft und unrein eingeredet wurden; es sei denn, man rechtfertige sie durch die Kinderzeugung." In: Larentzakis, Die orthodoxe Kirche, 79f

[491] Mt 7,16 und 7,20. Hier darf nachdenklich beigefügt werden, dass Tausende aktueller, durch Kleriker begangener Missbrauchsfälle zumindest vorsichtig fragen lassen, ob nicht aus „heilspsychologischer" Sicht die römische Kirche ihrem Klerus den Zwang des Zölibats erlassen sollte, um ihm die vor Gott verantwortete freie Wahl zu lassen zwischen Ehelosigkeit und Ehe, um damit dem Klerus das Erfahren des göttlichen Willens auch in ehelicher Erotik und Sexualität zu ermöglichen, und um das „Ausweichen" in jegliche strafrechtlich verfolgte Perversion einzudämmen

[492] James, Vielfalt religiöser Erfahrung, 53

Architektur und die Ikonographie bezeugen diese Grundauffassung der Heilsgemeinschaft sehr deutlich."[493]

Mit Freude und Begeisterung kann hier festgestellt werden, dass das Verehren und Lobpreisen der Gottesgebärerin seit der Frühkirche über alle Zeiten bis heute *das* zentrale, die Einheit der Kirchen, Traditionen und Gläubigen stärkende und bewahrende Bindeglied zwischen der Ost- und der Westkirche war, ist und bleibt.[494] Die Zahl der Konvergenzen und Konsensus übersteigt jene der Divergenzen bei weitem.[495] Daraus ergibt sich und darin zeigt sich die zentrale Stellung der Gottesgebärerin besonders in der byzantinischen und in der römischen Liturgie. Sie ist unser lebendiges Zeichen sicherer Hoffnung und zärtlichen Trostes.

> „Alle Christgläubigen mögen inständig zur Mutter Gottes und Mutter der Menschen flehen, daß sie, die den Anfängen der Kirche mit ihren Gebeten zur Seite stand, auch jetzt, im Himmel über alle Seligen und Engel erhöht, in Gemeinschaft mit allen Heiligen bei ihrem Sohn Fürbitte einlege, bis alle Völkerfamilien, mögen sie den christlichen Ehrennamen tragen oder ihren Erlöser noch nicht kennen, in Friede und Eintracht glückselig zum einen Gottesvolk versammelt werden, zur Ehre der heiligsten und ungeteilten Dreifaltigkeit."[496]

15.2 In psychologisch-logotherapeutischer Hinsicht

Logotherapie und Existenzanalyse bieten sich als adäquate Hilfestellungen auch in religiös-spirituellen Krisen an, weil sie explizit das Geistige ins Zentrum auch des religiösen Menschseins rücken und damit die Leidenden ihre eigenen, an ihrem persönlichen Lebenssinn orientierte Lösungsmöglichkeiten finden lassen. Ressourcenorientierte Therapien wie die Logotherapie oder die Salutogenese [497] stützen sich im Tiefsten auf die Bibel: Der Mensch ist gut geschaffen, unser innerster Kern – Gott in uns allen, der Logos, das Geistige – bleibt ungeachtet aller menschlichen Anfechtung und Schwäche auf ewig und unverletzbar bestehen.[498]

> „Der Weg der Re-Integration besagt darum immer auch einen Prozess der Läuterung, in dem die Leben zerstörenden Kräfte in gesteigerte Vitalität verwandelt werden. Dieser Weg zeigt sich dem Menschen in der intuitiven Betrachtung seiner Innenwelt, im Hinabsteigen in die eigene Tiefe. Ohne solches ‚In-sich-Gehen' gibt es keine Heilung. Der Prozess der Heilung ist also ein Weg, auf dem man über die Selbsterkenntnis und Läuterung zur Versöhnung, zur Integration, zum Heil fortschreiten muss. Das Phänomen der Entfremdung war dem mittelalterlichen Menschen also durchaus bewusst; doch wusste er auch, dass die Entfremdung gegenüber der eigenen Natur in einem inneren Zusammenhang mit der Entfremdung gegenüber Gott steht. Darum war für den mittelalterlichen Menschen der

---

[493] Larentzakis, Grigorios, Die Erklärung des II. Vatikanums *Nostra Aetate* über das Verhältnis der Kirche zu den nichtchristlichen Religionen aus orthodoxer Sicht, in: Henrix, Hans Hermann (Hg.), Nostra Aetate – Ein zukunftsweisender Konzilstext, Schriftenreihe der Bischöflichen Akademie im Bistum Aachen, Bd. 23, einhard verlag Aachen 2006, 124 (die originalen Fussnoten 56, 57 und 58 im zitierten Text dürfen *hier* übergangen werden)

[494] Vgl. Larentzakis, Die orthodoxe Kirche, 109f

[495] Ebd. 143f

[496] Rahner/Vorgrimler, Konzilskompendium, 196f

[497] Gesundheit wird sowohl bei Viktor E. Frankl als auch bei Aaron Antonovsky, dem Begründer der Salutogenese, als dynamischer Prozess immer wieder neu generiert. Im salutogenetischen Paradigma befindet sich das Individuum auf einem bestimmten Punkt X des Kontinuums zwischen den beiden Polen Gesundheit und Krankheit. Diese Position auf dem Kontinuum ist nicht konstant, sondern variiert je nach persönlicher Verfassung. Ziel ist, immer wieder möglichst weit in Richtung gesunder Pol zu gelangen und damit hin zur optimalen individuellen Gesundheit. Auch in der Logotherapie als positiver Psychologie wird nicht „absolute" Gesundheit angestrebt. Worauf es ankommt, ist, die verfügbaren Ressourcen für eine sinnzentrierte Lebensgestaltung einzusetzen. Das Hauptinteresse gilt nicht den kranken Anteilen, sondern es geht darum, das jeweils Mögliche und Sinnvolle zu tun. Im Unterschied zur Salutogenese betrachtet die Pathogenese Krankheit unter dem Gesichtspunkt des Entgleisens homöostatischer Prozesse

[498] Vgl. Gen 1,26-28

Weg der Re-Integration ein Weg des Aufstiegs, der Rückkehr zu Gott und in gleichem Maß ein Weg zu sich selbst."[499]

Die Ausdrucksformen gelebter Orthodoxie zum Beispiel im byzantinischen Ritus bieten eine geradezu überwältigende Fülle sinnlich heilender Selbstfindungs- und Individuationsmöglichkeiten an. Insbesondere die göttliche Liturgie mit ihren wunderbaren, repetitiv-hymnischen Texten zur Verehrung der Gottesgebärerin vermag verstockte und verstörte Herzen zu öffnen, zu besänftigen und zu trösten – und damit das Heilwerden einzuleiten. Wer in der Liturgie in tiefster Zerknirschung des Herzens seine willentlich und unwillentlich begangenen Sünden beweinen kann, wäscht seine Seele rein vor Gott. Wer im Angesicht der Gottesgebärerin wahrhaft demütig und ohnmächtig werden kann, empfängt ihren zärtlich heilenden Kuss.

15.3 In ganz einfach menschlicher Hinsicht

Wer „Du" sagt – auch beim Begrüßen, Küssen und Verehren heiliger Ikonen –, stiftet mehr als nur Beziehung: Er oder sie wird ganz besonders in der Begegnung mit der Gottesgebärerin erneut zum Menschen wiedergeboren, kann durch ihre Fürbitte und Gnade zu einem neuen Menschen werden. „Der Mensch wird am Du zum Ich."[500] „Ich werde am Du; Ich werdend spreche ich Du. Alles wirkliche Leben ist Begegnung."[501] Diese Sätze von Martin Buber drücken in letztgültiger Form aus, was uns in der Begegnung, im innigen „Du" zur Gottesgebärerin, geschenkt werden kann. „Wir werden, was wir schauen."[502] Wer Ikonen der Gottesgebärerin – besonders jene der Gottesmutter von Vladimir, auch bekannt unter dem Namen „Unsere Liebe Frau der Zärtlichkeit" – still und ehrerbietig mit den Augen des Herzens erschaut, wird spüren, welch eine heilende und erlösende Kraft durch sie hindurch uns zuströmt:

> „Maria hilft mir, wieder mit der empfänglichen, kontemplativen Seite meines Wesens in Berührung zu kommen und zu meiner einseitig aggressiven, feindseligen, machtlüsternen, konkurrenzneidischen Haltung ein Gegengewicht zu finden...Ich hoffe und bete, dass ich durch die wiedererwachte Verehrung Mariens, der Gottesmutter, meiner anderen Seite zum Wachstum und zur Reife verhelfen kann, damit meine Ichbezogenheit, mein Argwohn und mein Zorn abnehmen und ich fähiger werde, Gottes Gaben zu empfangen, fähiger, ein Kontemplativer zu werden, fähiger, Gottes Herrlichkeit in mir wohnen zu lassen, so wie sie zutiefst in Maria gewohnt hat."[503]

Im Respekt vor allen verbleibenden, kontrovers diskutierten oder noch unentschiedenen Fragen darf „...nicht übersehen werden, dass eine schlichte und warmherzige Marienfrömmigkeit zahllose Christinnen und Christen zum Guten hingetragen hat, und das selbst durch das theologisch und anthropologisch Anfechtbare hindurch."[504] Dem ersten Satz des ökumenischen Glaubensbekenntnisses folgend, ist alles Geschaffene, alles Seiende, das Werk Gottes. Gott selbst kann nicht ohne seine Schöpfung – einschließlich des Menschen – verstanden werden. Die ehrfürchtige Schau dieser Schöpfung – auch durch heilige Ikonen hindurch –

[499] Voss, Astrologie, 61
[500] Buber, Ich und Du, 28
[501] Ebd. 12
[502] Leitspruch in: Nouwen, Henri/Dyckhoff, Peter, *Bilder göttlichen Lebens* – Ikonen schauen und beten, Verlag Herder, Freiburg i.Br./Basel/Wien 2007, 10
[503] Aus einem persönlichen Gebet von Henri J. M. Nouwen, seit 1983 Professor für Pastoralpsychologie und Spiritualität an der Harvard-University, Cambridge, Massachusetts, USA. Er lebte mit den Armen in Südamerika und arbeitete zusammen mit Gustavo Gutiérrez, einem Mitbegründer der Befreiungstheologie, in: Ebd. 41
[504] Müller, Glaubensrede, 130

schließt jeglichen menschlichen Wahn aus, auch den einer künstlich übersteigerten ökumenischen Anstrengung, denn…

> „Wenn es uns gelänge, einander gerade in dem, was uns voneinander trennt, besser kennenzulernen, obwohl wir unseren verschiedenen Grundhaltungen treu bleiben, dann wäre dies gewiß ein viel sicherer Weg als jener, der die Unterschiede ignoriert."[505]

Besonders Männer sollten sich ihrer Winzigkeit, Endlichkeit und Begrenztheit wieder neu bewusst werden, um weitere zerstörerische Hybris in Forschung, Finanzwelt oder psychosozialen Beziehungen zu vermeiden.[506] Die Schöpfung gehört uns nicht uneingeschränkt, sie ist uns nur geliehen, und wir sollen sie gut verwalten nicht als Eigentümer, „sondern als Oikonómon, als vernünftige und umsichtige Verwalter.[246]"[507] Die gegen Gott revoltierende Ursünde übertriebener Autonomie und Selbstüberhebung würde damit ausgemerzt. Ausbeuterische, anmaßende, egoistische oder gierige Übertreibungen und Machtmissbräuche würden unmöglich. Wir Menschen wären alle wieder so, wie wir in Wahrheit im Innersten sind: Geschöpfe und Abbilder eines mütterlichen und väterlichen, eines gerechten, liebenden, zärtlichen und sanften Gottes, Teilhaberinnen und Teilhaber am Kreuzesmysterium Seines Sohnes Jesus Christus und in Ihm Kinder seiner wundervollen Mutter, der Theotokos, der Gottesgebärerin.

---

[505] Lossky, Mystische Theologie, 31

[506] Man(n) denke hier konkret und beispielsweise an „verbrauchende Embryonenforschung", an rücksichtslose Ruhmsucht, Geld- und Machtgier, an die „Abwesenheit der Väter", und ähnliches mehr

[507] Larentzakis, Die orthodoxe Kirche, 157. Die originale Fussnote 246 bezieht sich u. a. auf eine Homilie des Johannes Chrisostomos zu 1 Kor 2

16. Bibliographie

16.1 Quellen

Athanasius, Leben des heiligen Antonius (Vita Antonii), Bibliothek der Kirchenväter, 1. Reihe, Band 31, ausgewählte Schriften Bd. 2, aus dem Griechischen übersetzt von Anton Stegmann, München 1917, http://www.unifr.ch/bkv/kapitel44.htm

Dekret über die Missionstätigkeit der Kirche: http://www.vatican.va/archive/hist_councils/ii_vatican_council/documents/vat-ii_decree_19651207_ad-gentes_ge.html

Die Bibel, Einheitsübersetzung der Heiligen Schrift, Gesamtausgabe, Ökumenischer Text, Katholisches Bibelwerk GmbH, Stuttgart 2002

Dogmatische Konstitution Lumen Gentium über die Kirche, http://www.vatican.va/archive/hist_councils/ii_vatican_council/documents/vat-ii_const_19641121_lumen-gentium_ge.html

Evagrios Pontikos, Über die acht Gedanken, Weisungen der Väter Bd. 3, eingeleitet und übersetzt von P. Gabriel Bunge OSB, Beuroner Kunstverlag, Beuron 2007

Evagrios Pontikos, Der Praktikos (Der Mönch), Hundert Kapitel über das geistliche Leben, Weisungen der Väter Bd. 6, Hg. P. Gabriel OSB Bunge/Kaffanke, Jakobus OSB, Beuroner Kunstverlag, Beuron 2008

Glaubensbekenntnis Professio fidei und Treueid, http://www.vatican.va/roman_curia/congregations/cfaith/documents/rc_con_cfaith_doc_1998_professio-fidei_ge.html

Johannes von Damaskus, Drei Verteidigungsschriften gegen diejenigen, welche die heiligen Bilder verwerfen, herausgegeben und eingeleitet von Gerhard Feige, übersetzt von Wolfgang Hradsky, St. Benno-Verlag, Leipzig 1994, 2. Aufl. 1996

Konzilserklärung Nostra aetate: http://www.vatican.va/archive/hist_councils/ii_vatican_council/documents/vat-ii_decl_19651028_nostra-aetate_ge.html

Kraus, Wolfgang/Karrer, Martin, Septuaginta Deutsch – Das griechische Alte Testament in deutscher Übersetzung, Deutsche Bibelgesellschaft, Stuttgart 2009

Liturgiekonstitution http://www.vatican.va/archive/hist_councils/ii_vatican_council/documents/vat-ii_const_19631204_sacrosanctum-concilium_ge.html

Ökumenismusdekret Unitatis Redintegratio, http://www.vatican.va/archive/hist_councils/ii_vatican_council/documents/vat-ii_decree_19641121_unitatis-redintegratio_ge.html

Pastoralkonstitution Gaudium et spes des II. Vatikanischen Konzils über die Kirche in der Welt von heute, http://www.vatican.va/archive/hist_councils/ii_vatican_council/documents/vat-ii_const_19651207_gaudium-et-spes_ge.html

Quadro-Bibel 5.0, Deutsche Bibelgesellschaft, Verlag Katholisches Bibelwerk GmbH, Stuttgart 2010

Rosenkranzenzyklika Supremi Apostolatus Officio: http://www.vatican.va/holy_father/leo_xiii/encyclicals/documents/hf_l-xiii_enc_01091883_supremi-apostolatus-officio_fr.html

Stiefenhofer, Dionys, Des Heiligen Johannes von Damaskus genaue Darlegung des orthodoxen Glaubens, Die drei Apologien der Bilderverehrung, in: Bardenhewer, O./Weyman, K./Zellinger, J., Bibliothek der Kirchenväter, Eine Auswahl patristischer Werke in deutscher Übersetzung, Bd. 44, Verlag Josef Kösel & Friedrich Pustet KG, München 1923

Über die Selige Jungfrau Maria im Leben der Pilgernden Kirche, Redemptoris mater, http://www.vatican.va/holy_father/john_paul_ii/encyclicals/documents/hf_jp-ii_enc_25031987_redemptoris-mater_ge.html

Utrechter Union, http://www.alt-katholisch.de/utrechter-union/utrechter-erklaerung.html

Weisung der Väter, Apophtegmata Patrum, auch Gerontikon oder Alphabeticum genannt, übersetzt von Bonifaz Miller, Paulinus Verlag, 8. Unveränderte Auflage, Reihe Sophia – Quellen östlicher Theologie, Trier 2009

16.2 Sekundärliteratur

Alt, Franz, Jung Carl G., Die Flamme des Eros, Textauswahl, Patmos Verlag GmbH & Co. KG, Zürich 2001

Bachl, Gottfried, Der schwierige Jesus, Verlagsgemeinschaft topos plus, Kevelaer 2005

Bachl, Gottfried, Spuren im Gesicht der Zeit – Ein wenig Eschatologie, Müller Verlag, Salzburg/Wien 2008

Bachl, Gottfried, Eucharistie – Macht und Lust des Verzehrens, EOS Verlag, St. Ottilien 2008

Baier Karl (Hg.), Handbuch Spiritualität – Zugänge, Traditionen, interreligiöse Prozesse, Verlag Wissenschaftliche Buchgesellschaft, 1. Aufl. 2006

Bäumer, Bettina, Abhinavagupta – Wege ins Licht, Texte des tantrischen Sivaismus aus Kaschmir, ausgewählt, aus dem Sanskrit übersetzt und eingeleitet von der Autorin, Benziger Verlag AG, Zürich 1992

Bäumer, Bettina, Trika – Grundthemen des kaschmirischen Sivaismus, Verlag Tyrolia, Innsbruck/Wien 2008

Bäumer, Bettina, Vijñana Bhairava – Das göttliche Bewusstsein, Verlag der Weltreligionen im Insel Verlag, Frankfurt a. M./Leipzig 2008

Beinert, Wolfgang (Hg.), Maria heute ehren – Eine theologisch-pastorale Handreichung, Verlag Herder, Freiburg i. Br./Basel/Wien 1977

Ben-Chorin, Schalom, Mutter Mirjam – Maria in jüdischer Sicht, dtv/List Sachbuch 1784, Deutscher Taschenbuch Verlag GmbH & Co. KG, München 1982

Bernardi, Luciano et al., Effect of rosary prayer and yoga mantras on autonomic cardiovascular rhythms: comparative study, in: British Medical Journal 323, 2001, 1446–1449

Berner-Hürbin, Annie, Hippokrates und die Heilenergie – Alte und neue Modelle für eine holistische Therapeutik, Schwabe & Co. AG Verlag, Basel 1997

Bjergsø, Michael, Kierkegaards deiktische Theologie – Gottesverhältnis und Religiosität in den erbaulichen Reden, Kierkegaards Studies, Monograph Series Vol. 20, Verlag de Gruyter, Berlin/New York 2009

Blum, Georg Günter, Byzantinische Mystik – Ihre Praxis und Theologie vom 7. Jahrhundert bis zum Beginn der Turkokratie, ihre Fortdauer in der Neuzeit, LIT Verlag Dr. W. Hopf, Berlin 2009

Böschemeyer, Uwe (Hg.), Wertorientierte Imagination – Theorie und Praxis, Grundlagen – Methodik – Anschauung, Libri Books on demand, Hamburg 2000

Buber, Martin, Ich und Du, Verlag Philipp Reclam jun., Stuttgart 1995

Bulgakov, Sergij Nikolaevic, Die Orthodoxie – Die Lehre der orthodoxen Kirche, Paulinus Verlag, Trier 1996, 2. Aufl. 2004

Buschan, Christian, Spuren suchen – Sinn finden, Institut für Logotherapie (ILE, Hg.), Chur 2004

Butzkamm, Aloys , Faszination Ikonen, Verlag Bonifatius GmbH, Paderborn 2006

Dan, Joseph, Die Kabbala – Eine kleine Einführung, Verlag Philipp Reclam jun. GmbH & Co., Universal-Bibliothek Bd.18451, Stuttgart 2007

Denzinger, Heinrich/Hünermanns, Peter, Kompendium der Glaubensbekenntnisse und kirchlichen Lehrentscheidungen, Herder, Freiburg 2009

De Waal, Esther, Gottsuchen im Alltag – Der Weg des heiligen Benedikt, Vier-Türme-Verlag, Münsterschwarzach 1999

Dietz, Matthias/Smolitsch, Igor, Kleine Philokalie – Betrachtungen der Mönchsväter über das Herzensgebet, Verlag Patmos, Düsseldorf 2006

Ebertz, Michael N., Was sind soziale Milieus? in: Lebendige Seelsorge 57. Jg. 4/2006

Ebertz, Michael N., Brillen putzen ist vorbei, Einige Ergebnisse der SINUS-Studie, (aus: Herder-Korrespondenz spezial unter anderem Titel im Mai 2006), online-Publikation Mainz Juli 2006

Eliade, Mircea, Das Heilige und das Profane – Vom Wesen des Religiösen, Anaconda GmbH, Köln 2008

Felmy, Karl Christian, Das Buch der Christus-Ikonen, Verlag Herder, Freiburg i. Br./Basel/Wien 2004

Fischer, Helmut, Maria im Verständnis der Kirchen und die Gottesmutterikone, Verlag Michael Imhof, Petersberg 2006

Frankl, Viktor E., Theorie und Therapie der Neurosen, Verlag Ernst Reinhard, München/Basel1999

Garhammer Erich (Hg.), Bilderstreit – Theologie auf Augenhöhe, Echter Verlag GmbH, Würzburg 2007

Gerl-Falkowitz, Hanna-Barbara, Menschliches Dasein zwischen Bild und Bildfreiheit, in: Una Sancta 4/2009

Gitermann, Valentin, Geschichte Russlands, Büchergilde Gutenberg, Bd. 1-3, Zürich 1944

Gogol, Nikolaj Vassiljewitsch, Betrachtungen über die göttliche Liturgie, Verlag Der Christliche Osten, Würzburg 1989

Gruber, Winfried (Hg.), Marienpredigten, Verlag Styria, Graz/Wien/Köln 1975

Guardini, Romano b), Von heiligen Zeichen, Topos Taschenbücher Bd. 365, Verlagsgemeinschaft topos plus, Kevelaer 2008

Guggenbühl, Allan, Männer, Mythen, Mächte – Was ist männliche Identität? , Kreuz-Verlag, Stuttgart 1994
Hark, Helmut, Religiöse Neurosen – Ursachen und Heilung, Kreuz Verlag, Stuttgart 1984
Hell, Daniel, Welchen Sinn macht Depression? – Ein integrativer Ansatz, Rowohlt Taschenbuch Verlag GmbH, Reinbek bei Hamburg 1999
Hell, Daniel, Seelenhunger – Der fühlende Mensch und die Wissenschaft vom Leben, Verlag Hans Huber, Bern/Göttingen/Toronto/Seattle 2003
Hell, Daniel, Leben als Geschenk und Antwort, Weisheiten der Wüstenväter, Herder, Freiburg i.Br. 2005
Hell, Daniel, Die Sprache der Seele verstehen – Die Wüstenväter als Therapeuten, Verlag Herder GmbH, Freiburg i.Br. 2009
Henrix, Hans Hermann (Hg.), Nostra Aetate – Ein zukunftsweisender Konzilstext, Schriftenreihe der Bischöflichen Akademie im Bistum Aachen, Bd. 23, Einhard Verlag Aachen 2006
Hoerni-Jung, Helene, Maria – Bild des Weiblichen, Ikonen der Gottesgebärerin, Kösel-Verlag GmbH & Co., München 1991
Hofrichter, Peter Leander, Auf der Suche nach der Seele Europas – Marienfrömmigkeit in Ost und West, Studientagung der PRO ORIENTE-Sektion Salzburg aus Anlass ihres 20jährigen Bestehens 7. und 8. Oktober 2005, Tyrolia-Verlag Innsbruck/Wien 2007
Hüther, Gerald, Die Macht der inneren Bilder – Wie Visionen das Gehirn, den Menschen und die Welt verändern, Verlag Vandenhoeck & Ruprecht, Göttingen 2005
Hüther, Gerald, Die Evolution der Liebe – Was Darwin bereits ahnte und die Darwinisten nicht wahrhaben wollen, Verlag Vandenhoeck & Ruprecht GmbH & Co. KG, Göttingen 2007
Hüther, Gerald/Roth Wolfgang/von Brück, Michael, Damit das Denken Sinn bekommt – Spiritualität, Vernunft und Selbsterkenntnis, Verlag Herder GmbH, Freiburg i.Br. 2008
Jalics, Franz, Kontemplative Exerzitien – Eine Einführung in die kontemplative Lebenshaltung und in das Jesusgebet, Echter Verlag, Würzburg 2008
James, William, Die Vielfalt religiöser Erfahrung, Insel Verlag, Frankfurt a. M./Leipzig 1997
Jordahl, David, Die zehn Ängste der Kirche, Kreuz Verlag, Stuttgart 1993
Jung, Carl Gustav, Gesammelte Werke, 20 Bde., hg. von Lilly Jung-Merker, Elisabeth Rüf und Leonie Zander, Verlag Walter, Olten/Zürich/Düsseldorf (1957-1984)
Jung, Carl Gustav, Archetypen, Deutscher Taschenbuchverlag GmbH & Co. KG, 4. Aufl., München 1993
Jungclaussen, Emmanuel (Hg.), Aufrichtige Erzählungen eines russischen Pilgers – Die vollständige Ausgabe, Freiburg i. Br./Basel/Wien, Verlag Herder 2007
Jungclaussen, Emmanuel (Hg.), Unterweisung im Herzensgebet, eos-Verlag St. Ottilien, 3. verb. Aufl. 2008
Jungclaussen, Emmanuel, Abt: Das Jesusgebet als geistlicher Weg, Schriften zur orthodoxen Spiritualität, Benediktinerabtei Niederaltaich, Nieder-Bayern, undatiert
Jungclaussen, Emmanuel, Abt: Die Marienfrömmigkeit der Ostkirche, Schriften zur orthodoxen Spiritualität, Benediktinerabtei Niederaltaich, Nieder-Bayern, undatiert
Jungclaussen, Emmanuel, Abt: Marienverehrung im östlichen Christentum, Schriften zur orthodoxen Spiritualität, Benediktinerabtei Niederaltaich, Nieder-Bayern, undatiert
Jungclaussen, Emmanuel, Abt: Orthodoxe Spiritualität, Schriften zur orthodoxen Spiritualität, Benediktinerabtei Niederaltaich, Nieder-Bayern, undatiert
Kallis, Anastasios, Das hätte ich gerne gewusst – 100 Fragen an einen orthodoxen Theologen, Theophano Verlag, Münster 2003
Kallis, Anastasios, Orthodoxie – Was ist das? , Theophano Verlag, Münster 2004
Kant, Immanuel, Grundlegung zur Metaphysik der Sitten, Akademie-Ausgabe Kant Werke IV, Gruyter 1963 (Nachdruck der Ausgabe 1903)
Kessler, Hans, Den verborgenen Gott suchen – Gottesglaube in einer von Naturwissenschaften und Religionskonflikten geprägten Welt, Verlag Ferdinand Schöning, Paderborn/München/Wien/Zürich 2006
Kuchinke, Norbert/Totzke, Irenäus/Berdjajew, Nikolaj, Missa Mystica – Spiritualität und Kunst in Russland, Kreuz Verlag GmbH & Co. KG, Stuttgart 2003
Küng, Hans, Maria ökumenisch gesehen, in: Moltmann-Wendel, E. u. a. (Hg.), Was geht uns Maria an? , Gütersloh 1988, 9-14, z. n. Fischer, Helmut: Maria im Verständnis der Kirchen und die Gottesmutterikone. Verlag Michael Imhof, Petersberg 2006
Kurz, Wolfram/Sedlak Franz (Hrsg.), Kompendium der Logotherapie und Existenzanalyse, Verlag Lebenskunst, Tübingen 1995
Larentzakis, Grigorios, Maria – Mutter der Kirche, Marienverehrung in der orthodoxen Kirche, in: Katholische Nachrichtenagentur KNA – Ökumenische Information Nr. 20, 12.5.1982

Larentzakis, Grigorios, Maria in der orthodoxen Kirche, in: Ökumenisches Forum Nr. 11, 1988
Larentzakis, Grigorios, Die orthodoxe Kirche – ihr Leben und ihr Glaube, Styria Graz/Wien/Köln 2000
Leutwyler, Samuel/Nägeli Markus (Hg.), Spiritualität und Wissenschaft, Forum für Universität und Gesellschaft Universität Bern, vdf Hochschulverlag ETH Zürich 2005
Lindenberg, Wladimir, Die heilige Ikone – Vom Wesen christlicher Urbilder im alten Russland, mit einem Beitrag von Prof. Dr. Wolfgang Kasack, Verlag Urachhaus Johannes M. Mayer GmbH, Stuttgart 1987
Linke, Detlef B., Religion als Risiko – Geist, Glaube und Gehirn, Rowohlt Taschenbuch Verlag GmbH, Reinbek bei Hamburg 2003
Lossky, Vladimir, Mystische Theologie – Betrachtungen über die mystische Theologie der Ostkirche, übers. v. Ines Kallis, Theophano Verlag, Münster 2009
Maltzew, Alexios, Akathistos zu unserer hochgelobten Gebieterin, der Gottesgebärerin und Immerjungfrau Maria, Verlag Der Christliche Oste, Würzburg 1996
Meves, Christa: Die Bibel antwortet uns in Bildern – Zugänge zu Lebensfragen aus tiefenpsychologischer Sicht. Eigenverlag / Book on demand, Hamburg und Frankfurt 2000
Möbuß, Susanne, Schopenhauer für Anfänger – die Welt als Wille und Vorstellung, Deutscher Taschenbuch Verlag GmbH, München 1988
Müller, Alois, Glaubensrede über die Mutter Jesu – Versuch einer Mariologie in heutiger Perspektive, Matthias-Grünewald-Verlag, Mainz 1980
Müller, Paul M., Die katholischen Milieus in Deutschland – Ergebnisse der Sinus-Studie, imprimatur 5+6/2006
Musebrink, Philomena, Gottesmutterikonen betrachten, Verlag Der Christliche Osten, Würzburg 1994
Nouwen, Henri/Dyckhoff, Peter, Bilder göttlichen Lebens – Ikonen schauen und beten, Verlag Herder, Freiburg i. Br./Basel/Wien 2007
Olewinski, Dariusz Józef , Um die Ehre des Bildes – Theologische Motive der Bilderverteidigung bei Johannes von Damaskus, EOS Verlag, Erzabtei St. Ottilien 2004
Perner, Rotraud A., Mythos Frau: Madonna oder Hure? Über Rituale des Dienens und Bedienens, in: Kulturverein Schloss Goldegg (Hg.), Bd. 15, Goldegger Dialoge, Mythen, Rhythmen, Rituale, 1997
Pohl, Rolf, Feindbild Frau – Männliche Sexualität, Gewalt und die Abwehr des Weiblichen, Offizin-Verlag, Hannover 2004
Rahner, Karl, Maria, Mutter des Herrn – Theologische Betrachtungen, Verlag Herder, Freiburg i. Br. 1956
Rahner, Karl, Gotteserfahrung heute, Verlag Herder GmbH, Freiburg i. Br. 2009
Rahner, Karl/Vorgrimler, Herbert, Kleines Konzilskompendium – Sämtliche Texte des Zweiten Vatikanischen Konzils, Verlag Herder, Freiburg/Basel/Wien 2008
Rauhe, Hermann / Schnack, Gerd, Topfit durch Nichtstun. RMT – die Formel für optimale Energie, Verlag Kösel, München 2002
Religionsmonitor 2008, EUROPA, Überblick zu religiösen Einstellungen und Praktiken
Renz, Monika, Erlösung aus Prägung – Botschaft und Leben Jesu als Überwindung der menschlichen Angst-, Begehrens- und Machtstruktur, Verlag Junfermann, Paderborn 2008
Riedel, Christoph/Deckart, Renate/Noyon, Alexander, Existenzanalyse und Logotherapie – Ein Handbuch für Studium und Praxis, Verlag Primus 2002
Rohr, Richard, Vom wilden Mann zum weisen Mann, Claudius Verlag, München 2006
Rutishauser, Christian, Spiritualität im Kontext – Eine zeitgeschichtliche und religionswissenschaftliche Verortung, in: Leutwyler, Samuel/Nägeli Markus (Hg.), Spiritualität und Wissenschaft, Forum für Universität und Gesellschaft, Universität Bern, vdf Hochschulverlag ETH Zürich 2005
Salzburger Äbtekonferenz (Hg.), Die Regel des heiligen Benedikt, Beuroner Kunstverlag, Beuron 2006 (elektronisch zugänglich unter: http://www.benediktiner.de/regula/RB_deutsch01.htm#Kap_13)
Sander, Hans-Joachim, Die Zeichen der Zeit – Die Entdeckung des Evangeliums in den Konflikten der Gegenwart, in: Fuchs, Gotthard/Lienkamp, Andreas, Visionen des Konzils – 30 Jahre Pastoralkonstitution „Die Kirche in der Welt von heute“, Schriften des Instituts für christliche Sozialwissenschaften der Westfälischen Wilhelms-Universität Münster 1997
Schiess, Marianne (Hg.), C. G. Jung – Über die Liebe, Patmos Verlag GmbH & Co. KG, Düsseldorf 2000
Schmidt, Margot/Riedlinger, Helmut (Hg.), Mystik in Geschichte und Gegenwart – Texte und Untersuchungen, Abteilung I – Christliche Mystik, Bd. 11, Mechthild von Magdeburg, Das fliessende Licht der Gottheit, I. Buch, Verlag Friedrich Frommann & Günter Holzboog, Stuttgart/Bad Cannstatt 1995
Schmidt-Leukel, Perry, Gott ohne Grenzen – Eine christliche und pluralistische Theologie der Religionen, Gütersloher Verlagshaus GmbH, Gütersloh 2005

Schroer, Silvia/Staubli, Thomas, Die Körpersymbolik der Bibel, Gütersloher Verlagshaus, Gütersloh 2005
Schubart, Walter, Religion und Eros, hrsg. von Friedrich Seifert, Verlag C. H. Beck, München 1966/2001
Schuh, Lidy: Licht von Innen – Ikonen für uns heute, Verlag Der Christliche Osten, Würzburg 2003
Schütz, Christian, Gesegneter Alltag – Lebensweisheit aus der Regel Benedikts, EOS-Verlag, Erzabtei St. Ottilien 2003
Selawry, Alla: Das immerwährende Herzensgebet – Ein Weg geistiger Erfahrung; russische Originaltexte. Verlag Turm, Bietigheim 2005
Sellmann, Matthias, Milieuverengung als Gottesverengung, in: Lebendige Seelsorge 57. Jg. 4/2006
Siebenrock, Roman, Christliches Martyrium – Worum es geht, Verlagsgemeinschaft topos, Kevelaer 2009
Simon, Werner/Delgado, Mariano (Hg.), Lernorte des Glaubens – Glaubensvermittlung unter den Bedingungen der Gegenwart, Morus-Verlag Berlin 1991
Sirota, Ioann B., Die Ikonographie der Gottesmutter in der Russischen Orthodoxen Kirche – Versuch einer Systematisierung, Augustinus-Verlag/Verlag Der Christliche Osten, Würzburg 1992
Spielberg, Bernhard, …et nos mutamur in illis, Wenn die Analyse stimmt – was dann? in: Lebendige Seelsorge 57. Jg. 4/2006
Stiefenhofer, Dionys, Des Heiligen Johannes von Damaskus genaue Darlegung des orthodoxen Glaubens, Die drei Apologien der Bilderverehrung, in: Bardenhewer, O./Weyman, K./Zellinger, J., Bibliothek der Kirchenväter, Eine Auswahl patristischer Werke in deutscher Übersetzung, Bd. 44, Verlag Josef Kösel & Friedrich Pustet KG, München 1923
Suttner, Ernst Christoph, in: Der Christliche Osten, LXIV/2009/6
Tamcke, Martin, Achtsamkeit in jedem Atemzug – Einführung in die ostkirchliche Spiritualität, Verlagsgemeinschaft topos plus, Kevelaer 2007
Tamcke, Martin, Das orthodoxe Christentum. Beck'sche Reihe, Verlag C.H. Beck, München 2007
Teilhard de Chardin, Pierre, Das Herz der Materie – Kernstück einer genialen Weltsicht, Patmos Verlag GmbH & Co. KG, Düsseldorf 2005
The World Health Report, WHO 2008
Thon, Nikolaus, Ikone und Liturgie, Verlag Paulinus, Trier 1979, in: Fischer, Gottesmutterikone
Tolstoj, Lew, Meine Beichte (Originaltitel: исповедь, 1882), Insel TB 3485, Insel Verlag Berlin 2010
Totzke, Irenäus (Hrsg.), Geburt in der Höhle – Das Weihnachtsfest in der Überlieferung der Ostkirche, Texte zum Nachdenken Bd. 1662, Verlag Herder Freiburg i. Br. 1989
Totzke, Irenäus, Dir singen wir – Beiträge zur Musik der Ostkirche, EOS Verlag, Erzabtei St. Ottilien 1992
Van Quekelberge, Renaud, Transpersonale Psychologie/Psychotherapie, Quantenpsychologie – Konzepte zur Spiritualität in der Transpersonalen Psychologie und Psychotherapie, in: Reiter A./Bucher A. (Hg.), Psychologie – Spiritualität – interdisziplinär, Naturwissenschaftliche Fakultät Universität Salzburg, Verlag Dietmar Klotz, Eschborn b. Frankfurt a. M. 2008
Vinzent, Markus, Der Ursprung des Apostolikums im Urteil der kritischen Forschung, Forschungen zur Kirchen- und Dogmengeschichte 89, Vandenhoeck & Ruprecht, Göttingen 2006
Von Brück, Michael, Wie können wir leben? Religion und Spiritualität in einer Welt ohne Maß, Verlag C.H. Beck oHG, München 2002
Vorgrimler, Herbert, Neues Theologisches Wörterbuch (mit CD-ROM), Herder Freiburg/Basel/Wien 2000
Voss, Gerhard, Dich als Mutter zeige – Maria in der Feier des Kirchenjahres, Verlag Herder, Freiburg i.Br./Basel/Wien 1991
Voss, Gerhard, Musik des Weltalls wiederentdecken – Christliche Astralmystik, Verlag Friedrich Pustet, Regensburg 1996
Voss, Gerhard, Astrologie christlich, Verlagsgemeinschaft topos plus, Kevelaer 2010
Wanke, Joachim, Was uns die Sinus-Milieu-Studie über die Kirche und ihre Pastoral sagen kann – und was nicht, in: Lebendige Seelsorge 57. Jg. 4/2006
Wendel, Saskia, Christliche Mystik – Eine Einführung, Verlagsgemeinschaft Topos plus, Kevelaer 2004
Wuchse, Ludwig (Hg.), Isnard, Clemente José Carlos, Gedanken eines Bischofs zu den heutigen kirchlichen Institutionen, Edition Neue Wege, Gösing 2008
Wunderle, Georg, Zur Psychologie des hesychastischen Gebets – mit einer Einleitung von Altabt Emmanuel Jungclaussen, Verlag Der Christliche Osten GmbH, Würzburg 2007
Zilbergeld, Bernie, Die neue Sexualität der Männer, Verlag Deutsche Gesellschaft für Verhaltenstherapie dgvt, Tübingen 1994, 4. Aufl. 2000
Zumbroich, Eberhard Maria, Das Geheimnis der Gottesmutter, Verlag M. Theresia Zumbroich-Lochner, 27. Aufl., Gaildorf 2007

Printed by Books on Demand GmbH, Norderstedt / Germany